# DIE GROSSEN GESÄNGE

Gerd Koenen

# Die großen Gesänge

Lenin, Stalin, Mao, Castro...
Sozialistischer Personenkult und seine Sänger
von Gorki bis Brecht –
von Aragon bis Neruda

Scarabäus bei Eichborn

Scarabäus Reihe:
Herausgegeben von Albert Sellner

CIP-Kurztitelaufnahme der Deutschen Bibliothek

**Koenen, Gerd:**
Die großen Gesänge – Lenin, Stalin, Mao, Castro...
Sozialistischer Personenkult und seine Gesänge von Gorki bis Brecht
– von Aragon bis Neruda / Gerd Koenen.
– Frankfurt am Main: Eichborn 1987
ISBN 3-8218-0403-3


© Vito von Eichborn GmbH & Co. KG, Frankfurt am Main, 1987. Cover: Uwe
Gruhle. Satz: L. Huhn, Maintal, Druck: Fuldaer Verlagsanstalt GmbH. ISBN
3-8218-0403-3, Verlagsverzeichnis schickt gern: Eichborn-Verlag, D-6000
Frankfurt 70

# INHALT

# HERR DES FRIEDENS UND DER HIRSE . . . . . 125

Brechts »Herrnburger Bericht« ● Das junge Deutschland an Generalissimus
Stalin ● Korea an Stalin ● K. Dedecius ● Günther Kunert ● F.C. Weiskopf, R.
Leonhard: Lieder auf Mao Tse-tung ● Aragon und Thorez ● P. Eluard ● M.
Andersen-Nexö ● A. Zweig ●Jorge Amados »Welt des Friedens« ● Pablo Neru-
das »Großer Gesang«

# PERSONEN, UNPERSONEN . . . . . . . . . . . . . 142

Stalins Tod ● »Anti-Zionismus« und Verfolgungswahn ● Deutsches Requiem:
A. Seghers, S. Hermlin, Kuba, P. Huchel, B. Brecht, A. Zweig ● J.R. Bechers
große »Danksagung« ● Aragon, Triolet, Picasso ● Ilja Ehrenburg ● A. Twardowski ● A. Fadejew ● Die Spottgesänge der Lager ● Stefan Heyms späte
Antworten an fragende Arbeiter ● Chruschtschows Enthüllungen ● Ernst
Blochs reiches Wegtun ● B. Brechts stoische Nachrede ● S. Hermlins »Epilog
1956« ● Der zerbrochene Becher ● Ungarn, Freund- und Feindbilder, rechte
und linke Abweichungen ● Curzio Malaparte: sentimentale Errinnerungen
eines Faschisten in Moskau ● »Entstalinisierung« ● Jewtuschenko über »Stalins Erben« ● Twardowski ● Unperson Chruschtschow

# SONNENKULT
# DES GROSSEN STEUERMANNES . . . . . . . . . 168

Mao und Stalin ● Der Dekan von Canterbury in Peking ● Simone de Beauvoir
»Der lange Marsch« ● J.P. Sartres »Ultrabolschewismus« (Merleau-Ponty) ●
Die »Große Proletarische Kulturrevolution« ● Lin Piao, Tschiang Tsching:
Rotes Buch und Tigerberg-Arien ● Alain Peyrefitte, Kuo Muo-jo und der Kon-
fuzianismus ● Konservative Chinafreunde (Mehnert, Rockefeller) ● Revolutionäre Touristen (Myrdal, Broyelle, Macchiocchi) ● Snow befragt Mao: einsamer Mönch, undichter Regenschirm ● Langes Sterben, kurzes Gedenken

# DIE UNSICHTBARE KIRCHE . . . . . . . . . . . . 188

Ho-Ho-Ho-Chi-Minh ● Ché oder die Bewußtwerdung ● Antiautoritarismus
und Heldenkult ● Humanismus der Annihiliation ● Caudillo Castro, Intel-
lektuellentraum Fidel: Sartre, Sweezy, Cardenal, Mailer ... ● Kim Il Sung,
Luise Rinser und der Gottesstaat ● Der junge Kim ● Erinnerungen an Enver
Hodscha ● Ceaucescu der Erste ● Breschnew-Lametta und Stalin-Gedenken
● Gorbatschow oder das Bild vom guten Fürsten

*Entwurf für einen Palast der Sowjets, 1934*

»Auf der Sitzung des Palastbaurats vom 10. Mai 1933 machte Stalin daher den Vorschlag, Iofans Gebäude mit einer Lenin-Statue zu krönen, die um vieles höher sein sollte, als die vom Architekten zunächst vorgesehene Statue des ›Befreiten Proletariers‹ ... Der Palast sollte 420 Meter in die Höhe ragen; sein Gesamtvolumen sah 7,5 Millionen Kubikmeter vor. Die große Kongreßhalle, die sich im Sockel des turmähnlichen Gebäudes befand, war für 21.000 Menschen gedacht ... Gekrönt wurde der Palast von einer über 70 Meter hohen Lenin-Statue ... Der Palastturm war umgeben von einer gewaltigen Ebene mit Aufmarschplätzen, Triumphbogen und Paradealleen. ...
Aber gibt es tatsächlich keine Spur? Muß nicht ein Gebäude, mit dem man fast dreißig Jahre lang sich krampfhaft identifiziert hatte, Spuren hinterlassen haben ... Und ist es so: die sieben Hochhäuser, die bis heute die Skyline Moskaus bestimmen wenden sich alle einem einzigen Punkt zu. Doch heißt dieser Punkt nicht Kreml, sondern – ›Palast der Sowjets‹ ... Hieß es zunächst, der Palast sollte sich dem Stadtbild einfügen, so bedeutete die Annahme des monströsen Palastprojektes praktisch doch das Gegenteil – daß die Stadt sich den Dimensionen und dem Bild des Palasts zu unterwerfen habe.« (Karl Schlögel, Moskau lesen, Berlin 1984)

*Bertolt Brecht*

Die rote Fastnacht

(Aus den »Vorstellungen«)

Den großen Maskenzügen der roten Fastnacht
Werden die Götter vorausgetrieben
Die alten heidnischen
Die sich als erste zum Christentum bekehrten
Und durch die grauen Eichenhaine wandelten
Gebete murmelnd und sich bekreuzigend.
Die sich wie zerstreut in die steinernen Nischen
Mittelalterlicher Gotteshäuser stellten, überall
Wo göttliche Gestalten gebraucht wurden.
Die zur Zeit der französischen Revolution
Sich als erste die goldenen Masken der reinen Vernunft anlegten
Und als mächtige Begriffe, alte Blutsäufer und Gedankenknebler
Über die gebeugten Rücken der schuftenden Menge schritten.

Hinter ihnen, zu Fuß
Gehen die verdienstvollen Häupter der Regierung
Leiter der Fabriken und Landwirtschaften
Und ziehen
Einen kleinen Wagen mit einigen
Ämterlosen.

Ihnen folgen, mit riesigen Masken
Zeigend die Züge der Mächtigen
Die Parodisten und kopieren ihre Lächerlichkeiten, bedacht
Das Vertrauen des Volkes zu untergraben.

8

# EINLEITUNG

Der sozialistische Personenkult und seine GROSSEN GESÄNGE – das alles scheint einem längst vergangenen Zeitalter anzugehören. Die großen Toten sind toter als tot. Und eine Ode auf Stalin liest sich heute wie ein Stück politischer Dadaismus – was sie übrigens in gewissem Sinne auch war.

Die letzten Objekte einstiger Verehrung oder Faszination, ein Fidel Castro oder Kim Il Sung, beginnen zu Lebzeiten fossil zu wirken. Ihr Altmännercharme mag noch eine katholische Schriftstellerin aus Süddeutschland betören oder für diesen oder jenen metropolitanen Nachwuchspolitiker einen Publicity- und Nostalgiewert haben (man war schließlich jung und radikal). Ihr *Nimbus* ist jedoch längst ebenso verblaßt wie die Hoffnungen einer geschichtlichen Befreiungsbewegung, für die sie einmal gestanden haben.

Dann wäre dieses Buch also nur noch eine bizarre Revue einstiger Verwirrungen und Verirrungen? Das auch. Wenn Lachen aufklärerisch wirken kann – hier ist entschieden noch Nachholbedarf.

Freilich, wer sich näher auf das Thema einläßt, wird sich schnell genug auch einer erheblichen Verstörung ausgesetzt sehen. Denn vom Ende dieses 20. Jahrhunderts betrachtet, stellt sich das Führerprinzip als *das* durchgängige Organisations- und Wirkungsprinzip aller großen Massenbewegungen der Neuzeit heraus, eher Regel als Ausnahme, in direktem Verhältnis zur Steigerung der politischen Gewaltmittel.

Für die demokratischen und sozialistischen Massenbewegungen revolutionären Ursprungs gilt das womöglich am reinsten. Der Führerkult der faschistischen Bewegungen etwa erscheint im nachhinein wie eine kurzlebige, blutig-primitive Hanswurstiade – verglichen mit dem alles übergipfelnden Kult um Stalin als dem Sieger der Geschichte, Vater der Völker, Leuchte der Menschheit, Koryphäe aller Wissenschaften usw. usw.

**Stephan Hermlin** hat in eigener Sache gesprochen, als er (auf Nachfragen von Klaus Wagenbach) sagte:

>»Man muß sich die Frage vorlegen, wie es kommt, daß so viele große Dichter des Jahrhunderts Stalin gerühmt haben, von Majakowski ... bis Neruda, von Brecht und Becher bis Tristan Tzara, Eluard und Aragon, von Alberti und Viteslav Nezval bis Nazim Hikmet. Ich erinnere mich an Picassos Stalin-Portrait ... Ich erinnere mich an das monumentale Gemälde Diego Riveras, das Stalin und Maozedong verherrlicht. Mit Hitler verhielt es sich da ein wenig anders. Welchen Wert besitzen die Leute, die Mach-

werke zu seinem Ruhm schufen? Ich halte Agnes Miegel nicht gerade für eine epochale Dichterin. Mir scheint es wichtiger, die Frage aufzuwerfen, als sie gleich zu beantworten. Warum haben sich so viele wichtige Dichter in ihrem Gegenstand geirrt? *Haben sie sich geirrt?*«

Stephan Hermlin nämlich ist bis heute der Meinung: im Grunde nein. Von Günther Gaus (in einem andern Gespräch) gefragt, ob er sich *seiner* Stalin-Gedichte schäme:

> *»Nicht im mindesten!* Man muß diese Dinge nur nachlesen. Es sind utopische Gedichte, Gedichte, in denen eine Gestalt und ein Name, wenn sie so wollen zu Unrecht, als Symbol für eine große Sache stehen.«

Eben das macht die Angelegenheit so verstörend (und das unbeirrt gute Gewissen eines Stephan Hermlin trägt dazu nur noch bei). Denn jene GROSSE SACHE, gegründet auf unzweifelhaft humanistische Motive, wissenschaftliche Weltsicht, utopische Menschheitsträume – eben sie hat zu den eigentlichen Paroxysmen* des Führerkults geführt, dem sozialistischen »Personenkult« (wie die reichlich harmlose Bezeichnung lautet).

»Den Unterdrückten von fünf Erdteilen ... muß der Herzschlag gestockt haben, als sie hörten, Stalin ist tot. Er war die Verkörperung ihrer Hoffnungen.« Mit diesen lakonisch-schweren Sätzen gab **Bertolt Brecht** im April 1953 seine Empfindungen zu Protokoll. Die Einschreinung Stalins an der Seite Lenins im Mausoleum der Menschheit auf dem Roten Platz wurde von einer letztmaligen, alles frühere womöglich noch übergipfelnden Orgie der Idolatrie, der puren Vergötzung, begleitet.

Dabei sollte der ungeheuchelte Schmerz jener, von Hermlin herbeizitierten großen Geister der Zeit nicht vorschnell in eins gesetzt werden mit der unbestimmten Hysterie, die Hunderttausende auf den Straßen Moskaus während der Begräbnisfeier befiel und eine unbekannte Zahl von Opfern forderte. Wie volkstümlich der Stalin-Kult wirklich war, ist nämlich keineswegs ausgemacht. Und ganz sicher verfehlte Brecht den *wesentlichen* Punkt, als er – nach Chruschtschows Enthüllungen über Stalin und der Verurteilung des »Personenkults« – notierte: Es habe »das Mittel der Idealisierung und Legendisierung einer führenden Person zur Gewinnung der großen rückständigen Massen« gedient und dienen müssen. Brecht reproduzierte damit nur eine typische Denkfigur kommunistischer Intellektueller. Denn *ihnen selbst* – und nicht den »Massen« – waren die eigentlichen Blüten des Kultes zu verdanken.

---

* *Paroxysmus* = Krankheitsanfall; starke Erregung; Vulkanausbruch

Mehr noch: Gerade jemand wie Brecht, der zum Kult Stalins stets auf halbkritische Distanz gehalten hatte (zugunsten eines Kultes Lenins, der Partei, der »Massen«) –, gerade Brecht hielt nun auch zu den *Enthüllungen* über Stalin auf halbkritische Distanz. Während Alexander Fadejew, der langjährige Sekretär des sowjetischen Schriftstellerverbandes, sich nach der Geheimrede Chruschtschows in der Manier eines weißen Offiziers, dessen Ehre dahin ist, mit dem Revolver in die Schläfe schoß, notierte Brecht ungerührt:

> »Die geschichtliche Würdigung Stalins bedarf der Arbeit der Geschichtsschreiber. Die Liquidierung des Stalinismus kann nur durch eine gigantische Mobilisierung der Weisheit der Massen durch die Partei gelingen. Sie liegt auf der geraden Linie zum Kommunismus.«

Mao Tse-Tungs junge Volksrepublik war schon in den 50er Jahren die geheime erste Liebe vieler Intellektueller inner- und außerhalb der Kommunistischen Parteien sowjetischer Observanz. Mao selbst erfüllte nach Stalins Tod – erst recht dann nach den Enthüllungen über ihn, gefolgt vom Aufstand und der sowjetischen Invasion in Ungarn – für wichtige Teile der linken Intelligentsia (von Brecht bis Simone de Beauvoir) eine psychologische und weltanschauliche Brückenfunktion. China stand für die idée fixe des »Zweiten-Versuchs-der-schon-leichter-sein-wird«.

Begnügen wir uns mit der Feststellung, daß von hier eine Staffette hinüberreicht zur »Neuen Linken« der späten sechziger und frühen siebziger Jahre, die nicht so neugeboren war, wie sie selbst zunächst glaubte. Dafür versammelte sie einen womöglich noch größeren Umkreis »bürgerlicher« Sympathisanten um sich, als es die alte Kommunistische Internationale jemals vermocht hatte. Im Widerschein der »... zwei, drei vielen Vietnams«, auf den Tribünen der neuen anti-imperialistischen Weltrevolution, stand mit MAO, ENVER, FIDEL, KIM und HO gleich ein ganzes Ensemble illustrer Führerpersönlichkeiten, für jeden Geschmack etwas. Und wem diese zu konventionell waren, der hielt sich an die christusgleiche Ikone des CHÉ, der für die Sünden der Welt kämpfend gestorben war.

Was uns dann schon bis auf ein knappes Jahrzehnt an die Gegenwart heranbringt. Da starb Mao, die Erde tat sich auf, und alle Schweinsteufel kamen auf einmal hervor. Auf den Feldern Indochinas, über denen bereits ein ominöser Blutgeruch lag, stießen die Enkel Maos und Onkel Hos sich Bajonette in den Leib. Die ganze weltweite Befreiungsbewegung begann im Morast des Bürgerkriegs, Rot gegen Rot oder Schwarz gegen Schwarz, zu versinken. Das Mausoleum auf dem Platz des himmlischen Friedens, kaum errichtet, wurde wegen Bauarbeiten geschlossen.

Und doch fällt es schwer, an mehr als eine kurze Atempause der Ernüchterung zu glauben. Unserm eurozentrischen Blick entgeht vielleicht, was sich an neuen großen Aufbrüchen gegenwärtig vorbereitet. Vielleicht *verdeckt* die sinistre Gestalt des Ayatollah nur, was sich unter der grünen Fahne des Propheten alles formiert, welche *neuen* Soziallehren, Parteien und Führer da um die Köpfe und Herzen der barfüßigen Mostazafin der Vorstädte kämpfen. Was wissen wir denn schon über den »Leuchtenden Pfad«, der von den Zentren der alten Inkamacht in die Barrios von Lima hinunterführt. Und wir mögen ja nur nicht hinschauen, wenn in den Townships von Kapstadt schwarze Comrades unter dem würdigen Bild ihres gefangenen Führers täglich und rituell die Verräter im »Halsband« verbrennen. Wer wollte auch Richter spielen.

Je blinder diese Prozesse der Entladung sozialer Elementargewalten verlaufen, um so stärker stets auch das Bestreben, nicht nur den *feindlichen* Mächten eine Charaktermaske aufzulegen, um sie (real oder vermeintlich) zu identifizieren, sondern auch der inbrünstige Drang, der *eigenen* Großen Sache ein Gesicht und eine Gestalt zu geben.

Dabei wird tatsächlich ein hochverdichteter mythologischer Akt vollzogen. Nichts aussichtsloser als der Versuch, verstehen zu wollen, *wer* ein Josef Stalin zum Beispiel gewesen ist. Je näher man hinschaut, um so mysteriöser wird er als Mensch. Was ihn zu »Stalin« macht, sind eben nicht primär seine individuellen Eigenschaften, sondern die Bedürftigkeit der vielen, die sich seiner Führung unterwerfen.

Das ist auch und gerade wahr im Kontext einer Schreckensherrschaft. »Um es – scheinbar – paradox auszudrücken: Die Angst der Beherrschten verrät den Diktatoren die Wege, die zu ihrer unbeschränkten Macht führen«, ja, *verführt* sie gleichsam dazu, »die Tyrannis zu errichten und totalitär zu vervollkommnen« (Manès Sperber).

Insofern führt das Studium der Führer- und Personenkulte geradewegs ins Zentrum des modernen Totalitarismus der Macht. Und gerade der (bisherige) Höhepunkt dieser Machtkulte, der mit dem Zenith der Kommunistischen Weltbewegung dieses Jahrhunderts zusammenfällt – der Kult um STALIN also –, ist, frei nach Brecht, ein nur scheinbar Einfaches, das sehr schwer zu entschlüsseln ist.

# HELDEN DES OKTOBER

Schon der erste Auftritt Lenins auf der Bühne der russischen Revolution 1917 *erscheint* wie eine Vorahnung des künftigen Kultes um seine Person. Kaum hat der kleine Mann im steifen Advokatenanzug, der noch nie im Leben vor einer größeren Menschenmenge gestanden hat, den Perron des Finnischen Bahnhofs in Petrograd betreten, als er sich im Wirbel einer lärmenden, von seinen Parteifreunden mühelos arrangierten Massenaktion sieht. Eine Kompanie Matrosen steht Spalier, eine Kapelle schmettert die »Internationale«, der Vorsitzende des eben gegründeten hauptstädtischen Sowjet (ein Menschewik) begrüßt ihn zeremoniell; man stellt ihn auf einen Panzerwagen, Flakscheinwerfer lassen die Tausende auf dem Platz dunkel erkennen, und er muß eine Rede halten an alle, die gekommen sind, um den geheimnisvollen, nie gesehenen Führer der Bolschewiken (den die Deutschen im Salonwagen durchexpediert haben sollen!) aus der Nähe zu begucken.

Das war's aber auch schon. Kein so besonderes Ereignis in diesen turbulenten Februartagen, wo die Bolschewiki erst eine kleine, radikale Minderheit links außen darstellen. Und Lenin selbst – so erinnerte sich Trotzki später der Szene – wartete nur auf den Moment, wo sich die Menge endlich verlief, »wie ein ungeduldiger Spaziergänger in einer Toreinfahrt, der auf das Ende des Regens wartet«.

Für ihn handelte es sich gerade darum, seine Partei aus diesem Massentaumel herauszulösen, um sie auf eine ganz *andere* Aufgabe vorzubereiten, an die bis dahin niemand im Traum gedacht hatte: die *eigene* Machtergreifung unter der Fahne einer Arbeiter- und Bauern-Diktatur. Nicht draußen auf der Straße also, sondern drinnen im Saale, wo Lenin seinem konsterniert dasitzenden Parteikader die »April-Thesen« verkündet, findet sie in Wirklichkeit statt – jene »Sternstunde der Menschheit«, die **Stefan Zweig** nur wenige Jahre später einem Millionenpublikum nahebringen wird, eine »Sternstunde«, der Entdeckung Amerikas vergleichbar, dem Auftauchen eines neuen Kontinents der Geschichte ...

Daß es sich um eine »Sternstunde« handeln würde, war keineswegs schon sichtbar. Der aus dem Exil zurückgekehrte Vorsitzende stieß mit seinen Thesen auf heftige Opposition. »Lenin hat soeben seine Kandidatur für einen Thron in Europa angemeldet, der dreißig Jahre lang leer gestanden hat: Ich meine den Thron Bakunins«, erklärte einer der Teilnehmer.

Daran war etwas. Lenin appellierte an mythische Arbeiter- und Bauern-Massen, die es in diesem Aggregatzustand überhaupt nicht gab, so wenig wie das universelle russische »Volk« und die kühnen «Banditen« Bakunins. Und überhaupt war diese Oktoberrevolution (frei nach Shakespeare) eine einzige »Tragödie der Irrungen«. Denn niemand täuschte sich über das, was er gerade im Begriff war zu tun, so gründlich und anhaltend wie die siegreiche Partei der Revolutionäre. Insofern aber war die Aura kultischer Selbstüberhebung, in die sie sich zu jener Zeit hüllte, eines der Geheimnisse ihres Sieges.

Die Bedingungen des Sieges, und damit der Entstehung des Kultes, lassen sich näher aufschlüsseln. Als erstes ist sicher das Vakuum der Autorität nach dem Sturz der mehrhundertjährigen Selbstherrschaft des Zarentums zu nennen. Dieses Vakuum ermöglichte erst den Zustand galoppierender Anarchie, der nun eintrat, weniger machtmäßig zunächst als psychologisch. Es war wie beim Sturz heidnischer Gottheiten – einmal gefällt und entweiht, ist ihr Nimbus mit einem Schlag dahin, als hätte es sie nie gegeben, und das Volk fühlt sich verwaist, wie sehr es zuvor mit ihnen auch gehadert hatte.

Mit der Anarchie des Jahres 1917 hat wiederum niemand bitterer gehadert als der alte Bolschewik **Maxim Gorki**. Seine Leitartikel in der »Nowaja Shisn« betitelt er demonstrativ »*Unzeitgemäße Gedanken*«. Zum Beispiel wendet er sich heftig gegen die Art und Weise, wie die gefangengesetzte Zarenfamilie in Zarskoje Zelo täglich dem Pöbel zur Schau gestellt wird: die »deutsche« Zarin im Rollstuhl, die bleichen, verängstigten Töchter, der Zarewitsch (der Bluter), von einer Bonne geführt, Zar Nikolaj und sein alter Kammerdiener, beide fast schon ununterscheidbar ...

Für Gorki handelt es sich nicht nur darum, für die Zarenfamilie ein Recht auf Menschenwürde einzuklagen, »unzeitgemäß«, wie das ist. Mehr noch ängstigt ihn, was im Verhalten der Leute zum Ausdruck kommt:»Die hier lachen, sind die gleichen russischen Menschen, die noch vor fünf Monaten in Furcht und Schrecken vor den Romanows gelebt haben ...« (*20. Juli*)

Das ganze Revolutionsjahr 1917 erscheint ihm als ein gigantisches Pogrom, worin die kulturelle Substanz des Landes in rasendem Tempo aufgezehrt wird. Und diejenigen, die diese schwarze, saugende Flamme planvoll schüren, sind gerade die Bolschewiki – seine eigene Partei, deren Umsturzvorbereitungen Gorki denn auch öffentlich und schonungslos anprangert. Er sieht die Partei »in den Händen schamlosester Abenteurer und wahnsinniger Fanatiker« (*18. Oktober*) – obgleich diese doch ihre historischen Führer sind, zumal Lenin, Gorkis strenger, bewunderter Freund. Jetzt nennt er ihn den »Simbirsker Edelmann Uljanow-Lenin«, assistiert von »Bronstein-

Die klassische Lenin-Szene, hier in der Fassung von P. N. Staronossow, 1936,
(Holzstich)

Trotzki«, lauter Leute, »die sich für die Napoleons des Sozialismus halten« (*8./10. November*).

Das ist bereits *nach* dem Oktoberumsturz. Als die »Prawda« (die Gorki jahrelang aus seinen Einnahmen als Schriftsteller finanziert hat) ihn nun ultimativ auffordert, damit aufzuhören, »die Sprache der Feinde der Arbeiterklasse zu sprechen«, denn sonst werde für ihn kein Platz sein beim »kommenden Festmahl der Völker« – da grollt Gorki zurück: »Bei dem Fest, an dem der Despotismus der halbanalphabetischen Massen einen leichten Sieg feiert ... – bei einem solchen Fest habe ich nichts zu suchen.« (*19. November*)

Das »Kommende Festmahl der Völker« ... In solchen plakativen Allegorien, den Heiligenbildern vergangener Zeiten oft durchaus ähnlich, entrollt sich nun die betäubende Massenpropaganda der Sieger des Tages, die eine ihrer stärksten Waffen sein wird.

Daß sie gesiegt haben, ist einem Großteil der Hauptstädter entgangen. Die Straßenbahnen fahren, die Cafés und Geschäfte sind geöffnet, aber am Winterpalast und beim Telegraphenamt soll es Schießereien gegeben haben ... »Am Tag danach« werden dann allerdings die Glocken eines neuen Zeitalters geläutet – und wie! Eine von Lenins ersten Handlungen als Vorsitzender des Provisorischen Rats der Volkskommissare ist es, aus einer von Lunatscharski hastig zusammengestellten Liste Losungen für eine »*Monumentalpropaganda*« der Revolution auszuwählen. An die erste Stelle setzt er die Prophezeiung Ovids: »Ein goldenes Zeitalter wird anbrechen, die Menschen werden leben ohne Gesetze, ohne Strafen; völlig freiwillig werden sie tun, was gut und gerecht ist.«

Freilich verdeutlicht die Losung nur den Grad »monumentaler« Selbsttäuschung, in der die Bolschewiki leben. Der Aufbau ihrer Machtposition vollzieht sich inmitten einer allgemeinen gesellschaftlichen Desintegration und Atomisierung. Um so totaler sind ihre Visionen, etwa der unvermittelten Errichtung eines »Kriegskommunismus« (eines Kommunismus, direkt aus der Kriegswirtschaft heraus). Weit entfernt, Produktion und Reproduktion überhaupt organisieren zu *können*, wirkt der »Kriegskommunismus« als Mittel der restlosen Destruktion aller noch existierenden alten Verkehrs- und Austauschbeziehungen.

Aber inmitten dieser allgemeinen Destruktion formt sich das neue, synthetische Subjekt der Geschichte. Es ist, als was es sich bezeichnet: eine Rote Armee. Mit überraschendem Sinn für die Historie spricht Stalin zu jener Zeit einmal von einem »*Schwertbrüder-Orden*« (nach dem mittelalterlichen Ritterorden, der das Baltikum eroberte und kolonisierte). Freilich, der politische Kern, der *innere* Orden, bleibt die Partei.

Denn die kultische Selbstüberhebung ist – jenseits aller sozialdarwinistischen Motive – das Lebenselixier, von dem die Revolution täglich trinkt. Man kennt das von den unzähligen Revolutionsplakaten – diese gigantischen, lachenden Gestalten, die mit grobem Besen das Kroppzeug der Vergangenheit, die großen und kleinen Ausbeuter, mitsamt allen Thronen, Altären und Kathedern, in den Orkus hinabfegen, breitbeinig auf einem Erdball stehend, dessen Herren nun sie sind.

Wenn es bereits einen Flüsterkult um eine bestimmte Person gibt, dann wohl eher um TROTZKI. Er ist der Kriegsgott dieser Jahre, der die eigentliche Rote Armee aus dem Boden gestampft hat und nun in einem Panzerzug von Front zu Front eilt, umgeben von einem Korps furchterregender schwarzer Ledermänner, Schrecken aller Feinde, Zuversicht all derer, die zur roten Fahne stehen. Und was wie eine Rundumverteidigung der Revolution aussieht (und auch ist), das ist, anders betrachtet, die schrittweise Eroberung und Kolonisierung der immensen Flächen und Völkerschaften des alten Großrussischen Reiches.

Lenin, vom Attentat der Sozialrevolutionärin Fanny (»Charlotte«) Kaplan im Sommer 1918 mühsam genesen, ist noch kein märtyrisierter Marat, sondern der unsichtbare Führer im Kreml, von dessen späterer, überdimensionaler Gestalt sich erst die hohe Stirn und der ausgestreckte Arm in schwachen Umrissen abzuzeichnen beginnen.

Die subjektiven Motive, die die Revolution samt ihrer »Monumentalpropaganda« anspricht, sind ziemlich unterschiedlicher Natur. Mit dem strikten Kommunismus der Bolschewiki haben sie oft wenig zu tun. Was sich da um die neue Macht wie um einen magnetischen Pol zu scharen beginnt, ist mittels soziologischer Interessens- oder gar marxistischer Klassen-Kategorien kaum zureichend zu bestimmen.

Schon **Majakowski**, der so ganz und gar seine Feder »in den Dienst – merken Sie es sich: *in den Dienst* – des Heute, der heutigen Wirklichkeit und ihres Transmissionsriemens, der Sowjetregierung und der Partei, gestellt« hatte – schon dieser Majakowski war ja mehr Futurist als Kommunist. Über seine Verwandlung der Revolution in ein modernes Mysterienspiel, ein »*Mysterium buffo*«, war Lenin wenig erbaut. Für das Schöpfungs-Requiem »150 Millionen« fand er überhaupt das Papier zu schade.

Das war kurzsichtig. Majakowskis ungereimt dahindonnernder Größenwahn –

Einhundertfünfzig Millionen: / Das ist der Name des Dichters dieses Gedichts ... Marschiert! Marschiert! / Heute noch werdet ihr das Paradies erschauen, ihr Völker Rußlands! ... Dein Wille geschehe, Revolution! / Dein

Wille sind wir! ... Dies sei / der Revolution Iliade! / Der Hungerjahre /
Odyssee!

– sowas gehörte gerade unter die Zaubertränke der Zeit.

Aber ähnlich verhielt es sich mit der ganzen bunten Szene von
Avantgardisten, für die der Theatermann Tairow vielleicht sprach,
wenn er sagte:»Die Revolution zerstört die alten Lebensformen. Wir
aber zerstören die alten Kunstformen. Folglich sind auch wir Revolutionäre ...«
Die Oktoberrevolution der Kunst – das ist aber nicht nur El Lissitz-
kys »Roter Keil«, das sind auch die Gedichte **Sergej Jessenins**, des
»Imaginisten«, Dorfdichters und großen Dandys, dessen Verse für
den Seelenhaushalt der jungen Menschen, zumal der jungen Frauen
von 1918, völlig unverzichtbar waren. Das war ein anderer, stillerer
Ton, ein Kult des Schmerzes, der in seinen Intensitäten allerdings
auf künftiges Heil verweist – auf eines, das noch keinen Namen trägt,
wie in Jessenins Ode an »*Inonien*« (russ.»inoi«, anders), also Ander-
land, Utopia:

Dort, auf der Stute: / Er naht, er naht!
Der Heiland, der neue, / Er kommt, er ist da.
Ja, unser Glaube: / In der Kraft, nur da!
Ja, unsere Wahrheit: / In uns, ja!

Oder **Alexander Blok**, der Dichterfürst der Vorkriegsjahre: hun-
gernd, langsam dahinsiechend (er stirbt 1921 an Entkräftung), gilt
ihm die Revolution gleichwohl als ein »läuterndes Feuer«, durch das
Rußland hindurch muß um aller seiner Sünden willen. Frappierend
genug der Schluß seines Revolutionspoems »Die Zwölf«, das eine
Bande losgelassener junger Rotgardisten verfolgt entlang der blutigen Spur, die sie ziehen:

Und sie schreiten majestätisch. / Hinten: Hund und Hungerleid;
Aber vorn: mit blutiger Fahne, / Unter Wind- und Schneegeleit
Gegen Blick und Blei gefeit, / Eisperlschimmer, Flockenglosen
Um den Kranz aus weißen Rosen / Und voll Sanftheit jeder Schritt,
Schreitet Jesus Christus mit.

Religiöser und revolutionärer Messianismus gehen die vielfältig-
sten Verbindungen ein. Man hätte nicht immer sagen können, was
überwiegt. Etwa im berühmten Tagesbefehl des ehemaligen Garde-
offiziers und Roten Kommandeurs Michail Tuchatschewski an seine
Westarmee, als diese am 2. Juli 1920 zum Angriff auf Warschau antrat:

»Soldaten der Roten Armee! Der Tag des Gerichts ist gekommen... Über
den Leichnam Weißpolens hinweg führt der leuchtende Weg zum allgemeinen Weltenbrand. Auf den Spitzen unserer Bajonette werden wir der werktätigen Menschheit Glück und Frieden bringen. Nach Westen! Marsch
Marsch!«

Das Echo, das dieser russische Messianismus im Westen fand, war für die Entstehung der revolutionären Kulte, und gerade des Lenin-Kults, von vielleicht ausschlaggebender Bedeutung. Nur als Fanal der Weltrevolution machte die bolschewistische Revolution überhaupt einen Sinn.

Wenn das, von heute aus, wie eine grandios verfehlte Spekulation erscheint, verkennt man allerdings, in welchem Grad der Weltkrieg, die anschließend wirtschaftliche Depression und soziale Zerrüttung auch im Westen selbst apokalyptische Stimmungen nährten. Und nirgendwo trieb das so fieberhafte Blüten wie im besiegten Deutschland, das sich in Versailles zu einem bloßen Dahinvegetieren als »Industriekolonie« des westlichen Finanzkapitals verurteilt wähnte.

Rußland, als Schauplatz eines mörderischen Bürgerkriegs, in dem erstmalig eine proletarisch-kommunistische Partei triumphiert, wird zur überdimensionalen Projektionsfläche jeder Art von Untergangs-, Bestrafungs- oder Erlösungsphantasien.

»Menschheitsdämmerung« heißt eine 1919 erschienene Anthologie deutscher Expressionisten, die fast alle (persönlich oder »im Geiste«) Kriegsfreiwillige gewesen waren, um sich in Stahlgewittern existentiellen Bewährungen auszusetzen – und nun als Pazifisten und Pessimisten der modernen technischen Zivilisation heimzukehren. »Kameraden der Menschheit« apostrophieren sich die Autoren einer weiteren Anthologie. »Sturm« oder »Aktion« nennen sich die führenden Zeitschriften.

Daß es in irgendeinem Sinne um Revolution zu gehen hat, um den Untergang einer alten und die Geburt einer neuen Welt, ist Gemeinplatz, zumal angesichts der russischen Revolution. »Die Welt muß umgeboren werden«, verkündet Friedrich Wolf, »von oben nach unten, von unten nach oben ...« René Schickele hofft auf »eine Revolution, durch keine andere Gewalt als die der Herzen, der Überredung und des frohen Beispiels«. Weniger fromm Gottfried Benn: »Finale! Huren! Grünspan der Gestirne! Verkäst die Herrn! ... Rast, salometert bleiche Täuferstirnen!« Weniger »Kopf ab!« als »Dreht-die-Kanonen-um!«-Stimmung bei Franz Werfel:

> Komm, Sintflut der Seele, Schmerz, endloser Strahl! / ... Brich aus Eisenkehle! / Dröhne, du Stimme von Stahl! / Blödes Verschweinen! Behaglicher Sinn, / Geh mir mit deinem toten ›Ich bin‹! / ... Renne, renne, renne gegen die alte, die elende Zeit!

Das Gedicht heißt dann schon »Revolutionsaufruf«.

Einer unter den »Kameraden der Menschheit« geht über solche rein literarischen Ausbrüche weit hinaus. Er ist noch keiner der Bekannteren unter den expressionistischen Vielschreibern. Seine Gedichtsammlungen der Vorkriegszeit heißen »Der Ringende« und »De Profundis Domine« und sind genauso gottsucherisch, wie sie klingen. Denn er hatte sich tief verstrickt, der Herr Sohn aus bürgerlichem Hause, verbummelte Student, Morphinist und designierte Offizier im Leibregiment:

> Sie war die beste Nummer im Programm / des Tanzpalastes: Little Lunch. / Sie hatte rotes Haar / und ein Gesicht so kreideweiß ... / Meine Freunde sagten: sie geht auf dem Strich ... / Ich erschoß sie und schoß dreimal auf mich ... / Ich ließ sie bluten. Sie ließ mich schrein. / Wir ließen einander im Sterben allein...

Nur mit Hilfe des § 51 (Unzurechnungsfähigkeit) entgeht er der Mordanklage – und dem Krieg! Dennoch: Persönliche Krise und Weltkrise fließen kathartisch zusammen. Dann ist es vollbracht: »Wir wollen voneinander Abschied nehmen: Ich: der ich bin, ich: der ich war«. So steht es als Motto über einem autobiographischen Gedicht 1918. »Ich legte ab meinen Namen, ich heiße Genosse«. **Johannes R. Becher** wird Kommunist, kein gewöhnlicher allerdings, sondern ein faustisch-klassischer:

> »O Trinität des Werkes: Erlebnis, Formulierung, Tat. Ich lerne. Bereite mich vor. Ich übe mich ... Bald werden sich die Sturzwellen meiner Sätze zu einer unerhörten Figur verfügen. Reden. Manifeste ... Gesänge von Tribünen herab vorzutragen. Der neue, der heilige Staat sei gepredigt ... Rastlos sei er gestaltet. Paradies setzt ein.«

Zwei Wesenselemente einer besonderen Becherschen Klassizität fallen schon zu Anfang auf. Das eine verbirgt sich, noch etwas undeutlich, im »Gruss des Deutschen Dichters an die Russische Föderative Sowjetrepublik« von 1919:

> Die goldene Sichel! Und der goldene Hammer! / O Ozean-Röte! Morgen! Ähren-Kranz! / Der feiste Bürger schrumpft in sich zusammen. / Nun windet er sich, euere Knie umklammernd ...
> Ihr werdet hart sein! Und sehr unerbittlich ... / Und: nicht vergessen! Nie: Vergebung weich. / An dir, mein Volk, nur kann die Welt gesunden ... / Durch euere Macht kommt uns das heilig Reich.
> Der Dichter grüßt dich –: Sowjet-Republik. / Zertrümmert westliche Demokratien! / Schon sternt ein Beil ob Albions Stier-Genick. / Dein Sieg, o Frankreich, muß dich niederziehen!

Deutlich genug erscheint hier die Sowjet-Republik als Rächerin der *deutschen* Niederlage, unterstrichen noch durch die wenig gehemmte Benutzung des Jargons der vormaligen Kriegspropaganda (vom »falschen Albion« etc.) Dafür verschwimmen deutsche Reichsphantasien in entgrenzter Weise mit Bildern vom großen Rußland – Elemente, die die späteren »klassischen« Hymnen Bechers ebenfalls prägen.

Sein spezifisches Talent jedoch, und darin ist Becher im Jahr 1919 noch ein lyrischer Bahnbrecher für die ganze junge kommunistische

Weltbewegung, entfaltet sich erst in seiner »Hymne auf Rosa Luxemburg«. An sich erscheint eine Hymne auf diese von einer Soldateska erschlagene Frau, charismatisch, wie sie in ihrem Leben gewesen ist, kaum anstößig, und die Verehrung, die »Rosa« umgab und noch umgibt, gehört sicher zum Authentischsten, auch Begreiflichsten auf diesem Gebiet. Bemerkenswert ist diese erste Becher-Hymne dennoch durch die Maßlosigkeit ihrer Einvernahme. Diese Tote ist schon nicht mehr sie selbst, sondern eine Ophelia der Weltgeschichte, und der Sänger ihr Prinz:

> Durch die Welten rase ich –: / Einmal noch deinen Mund, diesen Mund zu fühlen: / Licht-Atmer, Schmetterlings-Grund, / Oboen Gewalt-Strom, Ambrosia-Hügel-Land, / Seligster Speise ...
> Prophetische Schwermut dämmernd am Lippen-Schwung, / Alle tragen, / einen jeden süßt dein Kuß: / Schimmernde Dolde der Feuchte. ...
> Durch die Welten rase ich –: / Den geschundenen Leib / Abnehmend vom Kreuz, / In weichste Linnen ihn hüllend. / Triumph dir durch die Welten blase ich: / Dir, Einzige!!! / Dir Heilige!! / O Weib!!!

Die Ausrufezeichen und überhaupt alles ist hier echt. Dagegen mag der nekrophile Erotizismus etwas irritieren. Und dann der etwas abenteuerliche Wechsel der Metaphern: Ophelia – Maria (Magdalena) – Jesus – Little Lunch ... Alles zusammen läßt aber bereits die Steigerungen ahnen, zu denen dieser große, frühe Sänger des sozialistischen Personenkults noch fähig war.

Der authentische Lenin-Kult wird gleichfalls erst der Kult des *Toten* sein. Nicht zuletzt, weil Lenin sich mit einer gewissen Starrköpfigkeit weigert, schon zu Lebzeiten in sein eigenes Standbild verwandelt zu werden.

Es ist interessant, die frühen diesbezüglichen Bemühungen zu verfolgen. Die Schaltfigur aller Revolutions-Kulte ist **A.W. Lunatscharski**, den Lenin mit sicherem Instinkt als »Volkskommissar für Aufklärung« ausgewählt hat. Das könnte erstaunen, wenn man bedenkt, mit welcher Heftigkeit er sich in den Vorkriegsjahren gegen die sogenannten »Gottbildner« um eben jenen Lunatscharski und Alexander Bogdanow gewandt hatte, eine Fraktion der Bolschewiki (auch Gorki hatte ihr zugeneigt), die den Rückgang der revolutionären Bewegung nach 1907 hatte aufhalten wollen, indem sie den Sozialismus in einen *tatsächlichen* religiösen Kult »DES MENSCHEN« verwandeln wollte. Lenin hatte das für allerschlimmsten Verrat am Historischen Materalismus erklärt. Und nun sind es gerade diese »Gottbildner«, die er zu seinen Kulturkommissaren macht.

»In einer Atmosphäre, die von ... den Nöten und Entbehrungen des Bürgerkriegs gekennzeichnet war, in der fast ausgehungerten Stadt mit ihren Schlangen vor den Bäckereien, wurde ... unter den Klängen

der ›Internationale‹ ein Monument nach dem anderen enthüllt.«
Darin eben verwirklichte sich der Leninsche Plan der »Monumentalpropaganda«. Man ist nicht engherzig zu Anfang. Neben den Größen
der russischen Geistesgeschichte stehen Marx, aber auch Lassalle
und Bakunin, Blanqui und Garibaldi, die Perowskaja und Alexander
Herzen. Wettbewerbe werden im Frühjahr 1919 ausgeschrieben für
Denkmäler von Liebknecht und Luxemburg, Marat und Stepan Ra-
sin, Rousseau und Ibsen usw. usw. Es gibt mehr Aufträge als Bildhauer. »Diese ›Monumentalpropaganda‹ war überwältigend und
fand weder in der Geschichte der russischen Kultur noch der Welt-
kultur ihresgleichen.« So M. Etkind in einem Werkband über **Nathan
Altman**, Maler und Bildhauer mit »futuristischen« Neigungen, der
selbst der Organisator dieser Abteilung von Lunatscharskis Volks-
kommissariat ist.

Den Denkmälern der großen Toten folgen bald die ersten Bildnisse
von großen Lebenden. Wer sich gern als erster zur Verfügung stellt,
ist Lunatscharski selbst. Kaum zwei Jahre im Amt, läßt er sich von
Altman in einer Büste und einem Basrelief wie für die Ewigkeit ab-
bilden. Er ist vom Ergebnis recht entzückt – und eilt zu Lenin, um
diesen zu überreden, endlich auch einmal für eine Büste Modell zu
sitzen. Zwar weigert der sich weiterhin, gestattet Altman aber
schließlich, ihn in seinem Arbeitszimmer zu beobachten.

Von April bis Juni 1920 (Lenin arbeitet gerade am ›Linken Radika-
lismus‹) macht Altman zahllose Skizzen und modelliert im Neben-
zimmer. Herauskommt die erste Büste, das erste Werk überhaupt in
jener unendlichen »Leniniana«, die bis heute Fortsetzungen findet.
Wahrscheinlich ist sie von allen plastischen Abbildungen die beste
geblieben (mit Altmans Zeichnungen zusammen, die er 1921 in einem futuristisch aufgemachten Bändchen veröffentlicht), einfach
weil das noch Züge eines lebenden Menschen sind.

Natürlich gibt es weitere Portraits zu Lebzeiten. Auch in den Erzählungen, Gedichten und den zahllosen »Tschastuschki« (Spottliedern)
tauchen, neben Denikin und Koltschak, Churchill oder Poincaré als
Verkörperung der Gegenrevolution, hier und da Lenin und Trotzki
als Verkörperung der Revolution auf. Das entspricht freilich eher der
volkstümlichen Sichtweise, wie sie Trotzki irgendwo einmal anekdo-
tisch kolporiert hat: als ein Muschik ihm ganz im Vertrauen erklärte,
Lenin, dieser Jude im Kreml, sei ein übler Mensch – aber Trotzki,
das sei »einer der unseren«...

Trotzdem kann von keinem Kult keine Rede sein. Das revolutionäre
Subjekt ist *Kollektivsubjekt*, und die dominierende künstlerische
Schule neben dem Futurismus ist der Proletkult (dessen Oberhaupt

eben der »Gottbildner« Bogdanow ist).

**Majakowski** jedenfalls hält es in seinem 1921 veröffentlichten Poem »150 Millionen« noch für Ehrensache zu erklären:

> Weder Trotzki widme ich dieses Gedicht
> Noch beweihräuchere darin ich Lenin.
> Ein Millionenvolk preise ich ...

Es werden allerhand Experimente unternommen, um das kollektive Subjekt auch irgendwie zur Darstellung zu bringen. Das ist die Zeit der Monumentalkonzerte unter Beteiligung der Fabriksirenen einer ganzen Stadt. Zum 1. Mai 1920 führt man in Petrograd eine »Hymne der befreiten Arbeit« auf, in Samara gar eine »Apotheose der Arbeit«, jeweils mit gewaltigen Chören und Schauspielerscharen, oder man spielt noch einmal »Sturm auf den Winterpalast« (zum 8. November 1920), wobei die »Aurora« einen echten Böllerschuß abgibt. Und ein gewisser Höhepunkt auf diesem Weg der Mimikry sozialer Massenaktivität ist wohl erreicht, als nach einem Szenarium des jungen Autors Wsewelod Wischnewski in Noworissisk im Frühjahr 1921 ein »Gericht über die Meuterer von Kronstadt« abgehalten wird.

Ein gewisser offizieller Kult um Lenin wird in diesem Jahr in sehr undeutlicher Weise zum Vehikel der beginnenden Kämpfe um die Nachfolge, vor allem in der Verknüpfung mit dem Kult Trotzkis als dem Sieger des Bürgerkriegs. **Karl Radek**, (noch) Parteigänger Trotzkis, hatte das Treiben schon im Oktober 1922, aus Anlaß von Lenins kurzzeitiger Wiederaufnahme der Amtsgeschäfte, mit einem Artikel eröffnet, der die beiden Männer absichtsvoll nebeneinander stellte:

> »Wenn man den Genossen Lenin die Vernunft der Revolution nennen kann, die durch die Transmissionsriemen des Willens herrscht, so kann man den Genossen Trotzki als stählernden Willen charakterisieren, der durch die Vernunft gezähmt wird. Wie die Stimme einer Glocke, die zur Arbeit ruft, klingt die Rede Trotzkis ...« usw.

Monate drauf (Lenin ist durch einen zweiten Schlaganfall völlig gelähmt, und es geht unverhohlen bereits um die Nachfolge) verfolgt **Lunatscharski** gerade entgegengesetzte Ziele, wenn er Trotzki gleich Lenin lobhudelt:

> »Lenin und Trotzki sind gewiß die populärsten (geliebten oder gehaßten) Gestalten unserer Epoche geworden, vielleicht auf der ganzen Erdkugel. Sinowjew tritt hinter ihnen ein wenig zurück; aber Lenin und Trotzki galten ja in unseren Reihen schon längst als Menschen von so ungeheurer Begabung, waren so unbestrittene Führer, daß ihre ungeheure Erhöhung in der Revolution bei niemandem besonderes Erstaunen hervorrufen konnte.«

Weshalb man – das ist der Sinn dieser Eloge – lieber Sinowjew ins Auge fassen sollte, wenn es um die Nachfolge ginge. Denn die künftige Führung sollte kollektiv sein. Lunatscharski betont die *»ungeheuere Erhöhung«* Trotzkis gerade, um die Furcht vor seinem »Bonapartismus« in der Partei zu schüren.

Das Ur-bild aller künftigen Führerhymnen hatte indes jemand ganz anderes, und schon im Jahre 1920, geliefert: **Maxim Gorki**. Zu Lenins 50. Geburtstag hatte er einen Artikel mit dem schlichten Titel »Wladimir Iljitsch Lenin« in die »Kommunistische Internationale« lanciert, der Lenin damals zur Weißglut gebracht hatte; dieser forderte unverzüglich einen strengen Beschluß des ZK, wonach »derartige Artikel unangebracht sind und in Zukunft ihr Erscheinen in der Zeitschrift untersagt ist«. Er hielt Gorkis Artikel nämlich für einen »äsopisch« verkappten *Angriff*. Und damit hatte er zur Hälfte vielleicht recht. Aber höchstens zur Hälfte.

Seltsamerweise war es gerade dieses äußerst zwiespältige Portrait seiner Person, das Lenin unmittelbar vor seinem Tode noch einmal beschäftigte. Wir wissen das aus einem Brief seiner Witwe, Nadeshda Krupskaja, den diese sofort nach seinem Tod – als erfüllte sie einen Auftrag des Sterbenden – an Gorki nach Sorrent schickte:

> »Lieber Alexej Maximowitsch! Gestern haben wir Wladimir Iljitsch zu Grabe getragen ... Jeden Tag plauderten wir miteinander, wenn wir die Zeitung lasen. Einmal war er sehr beunruhigt, als er las, Sie seien krank ... (Ein anderes Mal) fand er einen Hinweis auf Ihren in der ›Kommunistischen Internationale‹ veröffentlichten Artikel von 1920, und er bat, ihm diesen Artikel vorzulesen. Als ich das tat, hörte er mit gespannter Aufmerksamkeit zu.«

Man muß dazu wissen, daß die Beziehungen zwischen den beiden Männern völlig abgebrochen waren. Zwar hatten sie 1918 einen »Waffenstillstand« geschlossen. Gorki hatte sich der Rettung der russischen Kultur widmen können, war Lenin mit seinen ständigen Bitten für das Leben vom roten Terror betroffener Intelligenzler aber immer mehr auf die Nerven gegangen. Dann kam 1920 die Affäre mit dem Geburtstagsartikel (den Lenin genau in *diesem* Kontext gelesen hatte), dann Kronstadt ... Jedenfalls hatte Lenin seinem alten Freund im Frühjahr 1921 dringend »nahegelegt«, für unbestimmte Zeit ins Exil zu gehen, statt sich ständig so aufzuregen. Aber selbst aus dem Exil hatte Gorki – und womöglich noch ultimativer – seine Interventionen fortgesetzt. Bis er keine Antwort mehr erhielt.

Für Lenin – und das wollte die Krupskaja Gorki eben mitteilen – war dieser Abbruch einer alten Freundschaft schmerzlich gewesen. Er war in seinem Urteil über sich und sein Lebenswerk kurz vor seinem Tode ohnehin schwer erschüttert (aber das ist eine Geschichte für sich).

Jetzt höre man sich an, *was* Gorki 1920 geschrieben hatte – die erste, echte Lenin-Hymne, und bestimmt die seltsamste.

»Für mich persönlich ist die Rolle Lenins als des Umgestalters Rußlands weniger bedeutend als die des Weltrevolutionärs. ... Ich glaube immer noch, wie noch vor zwei Jahren, daß für Lenin Rußland nur ein Versuchsfeld für ein Experiment bildet, das in weltweitem, planetarischem Maßstab begonnen wurde. Damals weckte das Empörung in mir... (Jetzt) bin ich zu der Ansicht gekommen, daß Rußland in der Tat dazu verurteilt ist, als Versuchsobjekt zu dienen ... Jeder erhält, was er verdient ...

Wenn man Lenin sprechen hört, fühlt man, daß er unerschütterlich an das glaubt, was er sagt – aber es ist der Glaube eines Fanatikers, nicht eines Metaphysikers oder Mystikers. Es scheint, daß er ohne eine Spur von Interesse an einem individuellen Menschenwesen ist, daß er nur in Parteien, Massen, Staaten denken kann ... Er spricht mit eiserner Zunge die Sprache des Henkerbeils. ...

Wie kann man sich Lenins neue Welt ausmalen? Vor mir entfaltet sich ein großartiges Gemälde der Erde, durch die Arbeit freier Menschen fein eingraviert in einen riesigen Smaragd. Überall sind Gartenstädte, gigantische Gebäudeanlagen. Überall arbeiten die Naturkräfte für ihn, besiegt und organisiert durch die menschliche Intelligenz. Und er, Lenin selbst, ist endlich in Wirklichkeit der oberste Gebieter und Lenker des Elementaren und Spontanen. ...

Sein persönliches Leben ist derart, daß in einer anderen Epoche ... Lenin als Heiliger gegolten hätte... Ein Heiliger – wirklich ein widersinniges und komisches Wort für einen, dem ›nichts heilig‹ ist ... Heiliger Lenin – auf jemanden gesagt, den der ehrenwerte, kultivierte Führer der britischen Konservativen, Lord Churchill, als grausamsten aller Menschen bezeichnete!

Aber der ehrenwerte Lord wird nicht leugnen, daß Heiligkeit, Blutdurst und Grausamkeit einander durchaus nicht ausschließen ... Ich bin davon überzeugt, daß Lenin zutiefst unter dem Terror leidet ... Solche Menschen wie Lenin sind selbst Märtyrer, und mein Gewissen wird mir nie gestatten, sie zu verdammen. ...

Es gab eine Zeit, in der mein natürliches Mitleid mit dem russischen Volke mich veranlaßte, dies Unternehmen (die Auslösung einer sozialistischen Revolution in einem Bauernland) nicht nur als Wahnsinn, sondern fast als ein Verbrechen zu betrachten. Aber jetzt, da ich sehe, daß dieses Volk lieber passiv duldet ... als zielbewußt und rechtschaffen zu arbeiten – lobpreise ich wieder einmal den geheiligten Wahnsinn der Tapferen. Und unter diesen ist Lenin der erste und wahnsinnigste.«

Es war kein Zufall, daß Gorki dies in der »Kommunistischen Internationale« schrieb, die sich an die *Weltöffentlichkeit* wandte. Für sie, und nicht für eine russische Öffentlichkeit, war der Text offensichtlich auch verfaßt. Und hier traf er den Ton.

**Ricarda Huch** etwa hatte im März 1919 von der weitverbreiteten Ansicht gesprochen, daß allein die Bolschewiki und ihre Führer in Europa noch Kraft, Energie und Unternehmensgeist besäßen, und schlußfolgerte selbst:

»Wenn es so ist, gehört ihnen die Zukunft mit Recht. Eine Regierung, die sich nicht Respekt verschaffen kann, ist keine. Man unterschätzt allzu leicht das Männliche, die Kraft, den Ehrgeiz, die Herrschfähigkeit, Dinge, die gerade so göttlich und wichtig sind wie die Güte.«

Der englische Schriftsteller **Herbert G. Wells** macht sich 1920, noch mitten im Bürgerkrieg, nach Moskau auf, um die geheimnisumwitterten Führer der Oktoberrevolution kennenzulernen. Lenin hielt ihm einen langen Vortrag über den gigantischen Plan zur Elektrifizierung, den die Sowjetregierung ausgearbeitet hatte – auch ein Stück reiner »Monumentalpropaganda«, fast ohne praktische Bedeutung angesichts der allgemeinen Zerrüttung, die Wells tief schokkierte. Aber in seinem Buch »Rußland im Nebel« überlieferte er der westlichen Öffentlichkeit vor allem *ein* Bild, das haften bleibt: von Lenin, dem *»Träumer im Kreml«*.

Ungleich distanzierter fiel der Bericht **Bertrand Russells** aus demselben Jahr über seine Begegnungen mit Lenin, Trotzki, Kamenew und anderen Revolutionsführern aus. Dabei vermied auch er – wie er in seiner Autobiographie später bekannte – aus politischen Rücksichten heraus, »dem äußersten Entsetzen Ausdruck zu verleihen, das mich, als ich dort war, überkam«; und ebenso verschwieg er, daß Lenin ihn »eher enttäuscht« hatte, vor allem wegen seiner »beschränkten marxistischen Orthodoxie«. Immerhin kommt Russell – in seinem Reisebericht »Aus dem bolschewistischen Rußland« – zu folgendem, allerdings eher kritisch gemeinten, historischen Vergleich:

»Die niedrigere Seite der gegenwärtigen russischen Regierung kommt dem Direktorium der großen Französischen Revolution sehr nahe, aber ihre bessere Seite ähnelt sehr der Regierung Cromwells ... Cromwells Verhandlungen mit dem Parlament entsprechen denen Lenins mit der Konstituierenden Versammlung. Beide gingen von einer Kombination von Demokratie und religiösem Glauben aus ... Beide versuchten, ihr Land auf eine höhere Stufe der Moral und der Arbeitsleistung zu bringen, als das Volk für erträglich hielt.«

Auf wie empfängliche Gemüter selbst ein solcher, durch äußerste Nüchternheit hervorstechender Bericht wie der Russells stieß, zeigt eine verblüffende Passage in einem Brief **Franz Kafkas** an Milena, worin es heißt: »... hat der beiliegende Aufsatz den größten Eindruck auf mich oder richtiger auf meinen Körper, meine Nerven, mein Blut gemacht.« Die Wirkung bekräftigt er in einem nachfolgenden Brief noch, indem er klarstellt: »Das, was der Verfasser dort aussetzt, ist für mich das höchste auf Erden mögliche Lob.« Den Schluß des Aufsatzes hatte Kafka deshalb auch verärgert abgerissen (und Milena gar nicht erst geschickt). Dort hatte Russell von einem Meeting in der Moskauer Oper berichtet (während der Krieg mit Polen schon im Gange war). Trotzki habe mit gekreuzten Armen zugehört, wie sich das Haus heiser schrie:

»Dann sprach er ein paar Sätze kurz und scharf, mit militärischer Genauigkeit, und endigte damit, daß er ein ›dreifaches Hoch unseren tapferen Burschen an der Front‹ ausbrachte... Trotzki und die Rote Armee haben jetzt zweifellos ein starkes Nationalgefühl hinter sich. Die Wiedereroberung des asiatischen Rußland hat sogar die dem Imperialismus eigene Art zu fühlen wieder belebt.«

Der Nimbus des brillanten Trotzki überbot ohnehin den Lenins eine ganze Zeitlang. Schon in dem klassischen Revolutionsbericht des Amerikaners **John Reed** »Zehn Tage, die die Welt erschütterten« (der das Bild der Oktoberrevolution als einer von entschlossenen Männern durchgeführten Aktion in der westlichen Öffentlichkeit wesentlich prägen half) hatte die Gestalt Trotzkis alle Scheinwerfer auf sich gezogen:

»Und dann stand Trotzki auf der Tribüne, selbstsicher, faszinierend, das ihm eigene sarkastische Lächeln auf dem Mund. Er sprach mit weithin schallender Stimme, die Massen zu sich emporreißend ...«

Mit dem Tag, an dem Lenin zu Grabe getragen wird, beginnt Trotzki wie sein Schatten zu schrumpfen, in der inneren Machtauseinandersetzung genauso wie in der westlichen Öffentlichkeit. Um so überlebensgrößer reckt sich die Figur Lenins ins Licht.

Was da plötzlich in weltweiten Würdigungen zutage trat, hatte schon nichts mehr mit dem frischen Enthusiasmus (oder eben auch Skeptizismus) der frühen Revolutionstage zu tun. Sondern das galt dem Gründer eines neuen Großstaates eigener Prägung.

»Lenin war ohne Zweifel eine säkulare Erscheinung, ein Mensch-Regent neuen, demokratisch-gigantischen Stils.« **(Thomas Mann)**

»Im Leben Lenins verbindet sich Treue zu einem ungeheuren Werke notwendigerweise mit Unerbittlichkeit gegen alle, die es stören wollten. – Um der Treue willen muß ich die Unerbittlichkeit gelten lassen ... – Seine Größe ward mir übrigens immer begreiflicher, wenn ich dagegen sah, was aus Deutschland wurde. Hier war nur blinder Haß gegen Idee und Werk, gegen Idee als erneuerndes Prinzip und gegen eine menschliche Gemeinschaft als Werk bildender Vernunft ... Lenin, es sei in Rußland geschehen was immer, hat sein Volk jedenfalls glücklicher gemacht ...« **(Heinrich Mann)**

»Lenin, vereint mit seinen Helfern, unternahm das grandioseste soziale Experiment, das seit zweitausend Jahren gemacht worden ist... Als Mann der Tat ist Lenin eine weltgeschichtliche Erscheinung. Gegner beschuldigen ihn der Härte. Das ist irrig. Er war der radikal-konsequente Verwirklicher einer ungeheuren Idee. Dieser Tote wird immer auferstehen – in hundert Formen –, bis im Chaos der Erde Gerechtigkeit herrscht.« **(Alfred Kerr)**

In die internationale Presse fand ein Nachruf besonders weiten Eingang, den **Gorki** in der Exil-Zeitschrift »Russki Sowremnik« veröffentlichte (in den späteren Gesamt-Ausgaben seines Werkes wird man vergeblich suchen). Diese Würdigung läßt nun schon deutlicher hervortreten, was im Portrait von 1920 tatsächlich »äsopisch« verkappte *Kritik* – und was eben doch schiere *Bewunderung* war. Die weichen Elemente der Kritik sind bereits in Bächen von Reue weggespült (der Brief von Krupskaja mag dazu mitgeholfen haben). Das harte Gerüst seiner Bewunderung dagegen dient – nach weiterer Bearbeitung – als Skelett für den späteren, geglätteten, erweiterten Text »Tage mit Lenin« (1930/31), der *die* klassische, gewissermaßen geweihte Lenin-Ikone schlechthin werden wird.

Jetzt, in der frischen Verwirrung von Reue und Stolz, Affirmation und Opposition, lesen sich freilich selbst diejenigen Passagen, die auch in der späteren Fassung auftauchen, noch immer ein Stück authentischer. Denn also betrauert Gorki den Toten:

Groß, unnahbar und schrecklich erscheint Lenin selbst noch im Tode ... Lenin war für mich eine wunderbar vollkommene Verkörperung des Willens ... Mehr als das: er war einer jener wahren Männer, jener legendären Übermenschen, die man in der Geschichte Rußlands nicht zu finden erwartet ..., wie Peter der Große, Michail Lomonossow, Leo Tolstoj und andere ... Für mich ist Lenin ein Sagenheld, der sich sein brennendes Herz aus der Brust gerissen hat, um seinem Volk den Weg zu erhellen ... – Sein Heroismus war bar jeden äußeren Glanzes ..., der Heroismus eines Mannes, der auf alle irdischen Genüsse verzichtet hat zugunsten des schweren Kampfes für das Glück der Menschen. ...

Eines Abends in Moskau, in der Wohnung von J.P. Peschkowa [Gorkis erster Frau], hörte Lenin Beethovensonaten. Da sagte er: ›Ich kenne nichts Größeres als die Appassionata; ich könnte sie jeden Tag hören. Eine erstaunliche, nicht mehr menschliche Musik. Ich denke immer voll Stolz daran, vielleicht ist das naiv, wessen menschliche Wesen fähig sind.‹

Dann kniff er die Augen zusammen, lächelte und fügte traurig hinzu: ›Doch kann ich die Musik nicht oft hören, sie greift die Nerven an, man möchte liebevolle Dummheiten sagen und den Menschen die Köpfe streicheln, die in dieser schmutzigen Hölle leben müssen und dennoch so etwas Schönes schaffen können. Aber heutzutage darf man niemandem den Kopf streicheln – die Hand wird einem abgebissen, man muß auf die Köpfe einschlagen, mitleidslos einschlagen, obwohl wir, unserem Ideal nach, gegen jede Gewaltanwendung gegenüber den Menschen sind. Hm, hm, eine teuflisch schwere Pflicht!‹ ...

Ja, die Aufgabe der ehrlichen Führer eines Volkes ist unmenschlich schwer. Ein Führer, der nicht bis zu einem gewissen Grad Tyrann wäre, ist undenkbar. Wahrscheinlich wurden unter Lenin mehr Menschen umgebracht als unter Wat Tyler, Thomas Müntzer oder Garibaldi. Aber dafür war auch der Widerstand gegen die von Lenin geführte Revolution ungleich weiter verbreitet und fester organisiert. Zudem muß man in Betracht ziehen, daß mit der Entwicklung der ›Zivilisation‹ sich der Wert eines Menschenlebens offensichtlich verringert hat ... ...

In Rußland, in dem passives Leiden als Allheilmittel zur ›Rettung der Seele‹ gepredigt wird, habe ich nie einen Mann getroffen, der so tief und so gewaltig hassen konnte wie Lenin ... In meinen Augen erhöhten diese Gefühle, dieser Haß gegen die Tragödien des Lebens Wladimir Lenin, diesen Mann aus Eisen, in besonderer Weise ... Diesen Grundzug seines Charakters möchte ich Lenins kämpferischen Optimismus nennen. Eben diese Eigenschaft zog mich besonders zu diesem Menschen hin – einem *Menschen* in Großbuchstaben ...

Wladimir Lenin war ein Mensch, der es wie kein anderer zuvor verstand, die Leute daran zu hindern, ihr gewohntes Leben weiterzuleben. Ich weiß nicht, was er mehr erweckte: Liebe oder Haß. Der Haß gegen ihn liegt nackt und widerlich zutage ... Aber ich fürchte, selbst die Liebe zu Lenin ist in vielen Fällen nur der dunkle Glaube erschöpfter, verzweifelter Menschen an einen Wundertäter, ist Liebe, die passiv auf ein Wunder wartet ...

Oft ergab es sich, daß ich mit Lenin über die Grausamkeit der revolutionären Praktiken und Gewohnheiten sprach. ›Was erwarten Sie denn?‹, fragte er dann erstaunt und unwillig, ›ist Menschlichkeit möglich in einem solchen Kampf von unerhörter Grausamkeit?‹ – ›Mit welchem Maß messen Sie die Anzahl der notwendigen und der überflüssigen Hiebe bei einer Schlägerei?‹, fragte er mich einmal nach einem erregten Wortgeplänkel. Auf diese einfache Frage konnte ich nur poetisch antworten ... Einmal fragte ich ihn: ›Scheint es nur so, oder tun Ihnen die Menschen wirklich leid?‹ – ›Die Gescheiten tun mir leid. Es gibt nur wenige gescheite Menschen unter uns. Wir sind als Volk zwar intellektuell begabt, aber zu träge. Der wirklich intelligente Russe ist fast immer ein Jude oder jemand mit etwas jüdischem Blut in seinen Adern.‹*

Ich habe oft vernommen, wie Lenin Genossen lobte ... Durch das günstige Urteil über *einen* dieser Genossen überrascht, sagte ich, daß diese Wertschätzung für viele verblüffend sein dürfte. ›Ja, ja, ich weiß, es gibt welche, die über meine Beziehungen zu ihm Lügen verbreiten. Vielerlei Lügen werden verbreitet, aber besonders viele über mich und Trotzki.‹ Er schlug mit der Hand auf den Tisch und sagte: ›Und ich will nicht mehr sagen, als daß sie mir einen einzigen andern Genossen zeigen sollen, der fähig wäre, in einem Jahr eine mustergültige Armee auf die Beine zu stellen und gleichzeitig den Respekt der militärischen Spezialisten zu gewinnen. Wir besitzen aber eine solche Person. Wir haben alles in unserem Land! Man wird noch blaue Wunder erleben.‹**

Wladimir Lenin hat Rußland erweckt, und es wird nie wieder einschlafen ... Noch nie hat ein Mann es so sehr verdient, von der Welt auf ewig im Gedächtnis bewahrt zu werden. Was letzten Endes zum Erfolg führt, allen Widrigkeiten zum Trotz, ist eben doch das, was ein Mann ehrlich und rechtschaffen getan hat. Dies allein zeichnet ihn aus als Mann.«

* Dieser Satz ist in allen sowjetischen Gorki-Ausgaben gestrichen. Überhaupt fehlen in den »Gesammelten Werken« durchweg die Artikel und Reden Gorkis zu jüdischen Themen, von denen es etliche gab (Gorki war ein romantischer Philosemit). Boris Souvarine hat eine ganze Liste weggelassener Texte zusammengestellt (in Dissent, Winter 1965).
** In der späteren Fassung beschränkt Lenins Anerkennung für Trotzki sich angeblich darauf: »Er hat es verstanden, die Militärspezialisten zu organisieren.« Dann habe Lenin leise und unfroh hinzugefügt: »Und trotzdem ist er nicht einer der Unseren! .,.. Ehrgeizig. Er hat etwas – Ungutes, von Lassalle ...«

Und mit dieser überraschend schlichten Würdigung »von Mann zu Mann« endet Gorkis Nachruf des Jahres 1924.

Die Lenin-Ikone von 1930/31 konnte so prosaisch natürlich nicht enden, und schon gar nicht ohne Verweis auf seinen Nachfolger. Also heißt es in der bis heute gültigen Fassung:

»Und es gab keinen Menschen, der so wie dieser wirklich ewiges Andenken in der Welt verdient. [*Absatz. Kunstpause.*]
Wladimir Lenin ist tot. Die Erben seines Geistes und seines Willens leben – leben und arbeiten so erfolgreich, wie nie ein Mensch je gearbeitet hat.«

Erfolgreicher sogar – muß man schlußfolgern – als Lenin selbst.

Nathan Altman, Lenin-Büste 1920

# DER HÜTER DES PLANES

Die Beisetzung Lenins ist zuallererst ein Akt der Enteignung. Undenkbar, daß er sich über die angemessene Form keine Gedanken gemacht hätte. Aber auch sein politisches »Testament« (worin er unter anderm die Abberufung Stalins als Generalsekretär gefordert hatte) wird ja vom Politbüro zunächst unterschlagen.

In einer orientalischen Zeremonie ohne gleichen wird Lenin in einem (offenbar vorbereiteten) Tempel-Pavillon aus rotem Porphyr nach Moskau überführt, als Ausstellpuppe seiner selbst plastisch hergerichtet und mumifiziert, in einen gläsernen Sarg gelegt und in einem (zunächst hölzernen) Mausoleum auf dem Roten Platz beigesetzt.

Man wird es allerdings Lenins *eigenen* Denk- und Redeweisen (von den »Besten«, »Begabtesten« usw.) zuschreiben müssen – und keineswegs erst Stalins rohem Materialismus –, wenn das Politbüro beschloß, das Gehirn Lenins herausnehmen und durch eine eigens aus Deutschland eingeflogene Kapazität, einen Professor Vogt, sezieren zu lassen. Der prompt auch »wichtige Besonderheiten im Bau der sog. Pyramidenzellen der III. Schicht*« entdeckte. Woran sich dann eine ganze populäre Literatur anschloß, die darin die materialistische »Erklärung der genialen Gedanken, der genialen Taktik, die Lenin in den schwersten Tagen der Revolution an den Tag legte«, fand.

Die Begräbniszeremonie selbst ist ein mitentscheidendes Stück politischen Kampfes. Trotzki wird durch ein »Versehen« (ein Telegramm mit falschen Zeitangaben) in seinem mittelasiatischen Kurort festgehalten. Stalin – obgleich erst vierter in der Hierarchie (gerade *das* sicherte ihm das trügerische Vertrauen der andern) – verschafft sich den wirkungsvollsten Auftritt am Sarg.

Seinen »Schwur auf Lenin« kennt später jedes Schulmädchen. Es ist eine so plumpe wie geschickte erste Kanonisierung eines beson-

---

* *Unbedingt übrigens in der III. Schicht!* Auch wenn kein Theoretiker des dialektischen Dreischrittes der Geschichte je die *mythischen* Qualitäten dieser Vorstellung zugegeben hätte oder gar die Analogie der Dritten Internationale zur historisch verwurzelten Vorstellung von Moskau als dem »Dritten Rom«... Daß die (nicht *nur* in Deutschland beheimateten) Anhänger eines »Dritten Reiches« aus der entsprechenden Qualität *ihrer* Vorstellung kein Hehl machten, kann demgegenüber nicht verwundern.

deren »Leninismus«. In Wirklichkeit formuliert Stalin das Credo des Parteiapparates, den er (als Hüter der Kaderakten und eigentlicher Schöpfer der »Nomenklatura«) repräsentiert und vertritt. Aber noch mehr: Im »Schwur auf Lenin« proklamiert sich dieser Apparat als die natürliche, durch revolutionären Geburtsakt legitimierte Elite eines auf völlig neuer Grundlage wiederhergestellten alten Machtstaates, der so (und nur so) dem Schicksal der andern beiden großen Vielvölkerreiche des Ostens, des Habsburger- und des Osmanen-Reiches, entgangen war.

Der Schwur beginnt, wie es der Priesterschüler Dschugaschwili gelernt hatte, mit einer Eröffnungsformel:

»Wir Kommunisten sind Menschen von besonderem Schlag. Wir sind aus besonderem Material geformt. Wir sind ... die Armee des Genossen Lenin. Es gibt nichts Höheres als die Ehre, dieser Armee anzugehören.«

Dann folgen die einzelnen Punkte des eigentlichen Profess (Gelübdes), jeweils eingeleitet durch die gleichlautende Formel:

*»Als Genosse Lenin von uns schied, hinterließ er uns das Vermächtnis ...*
– ... den erhabenen Namen eines Mitglieds der Partei hochzuhalten und in Reinheit zu bewahren...
– ... die Einheit der Partei wie unseren Augapfel zu hüten ...
– ... die Diktatur des Proletariats zu schützen und zu festigen ...
– ... mit allen Kräften das Bündnis der Arbeiter und Bauern zu festigen ...
– ... die Union der Republiken zu festigen und zu erweitern (!) ...
– ... die Stärkung der Roten Armee und ihre Vervollkommnung als eine der wichtigsten Aufgaben unserer Partei (anzusehen). Schwören wir denn, Genossen, daß wir unsere Kräfte nicht schonen werden, um unsere Rote Armee und unsere Rote Flotte zu stärken! ...
– ... den Grundsätzen der Kommunistischen Internationale die Treue zu bewahren. Wir schwören Dir, Genosse Lenin, daß wir unser Leben nicht schonen werden, um den Bund der Werktätigen der ganzen Welt zu festigen und zu erweitern!«

Und die Trauergemeinde schwört! Und es schwören in endlosen Prozessionen die Hunderttausende, die in den Wochen darauf durch das Mausoleum geschleust werden. Damit verbunden ist das »Lenin-Aufgebot«, wodurch die Parteimitgliedschaft binnen weniger Wochen verdoppelt und grundlegend verändert wird.

Eine Woche nach dem Begräbnis gelingt es der Krupskaja, in der »Prawda« einen Appell zu veröffentlichen, man möge die Trauer um Lenin nicht »im äußerlichen Kult um seine Person« zum Ausdruck bringen: »Wenn Sie Wladimir Iljitsch ehren wollen, bauen Sie Kinderkrippen, Häuser, Schulen usw.«

Das verklingt ungehört. Im Gegenteil, der Kult nimmt jetzt erst Formen an. Das Mausoleum wird – gegen den Einspruch Trotzkis –

in massiven Steinquadern für die Ewigkeit errichtet. Dann wird die alte Hauptstadt des Reiches, Petrograd, in LENINGRAD umbenannt – »Stadt Lenins«! Wo hätte es das in der neueren Geschichte irgendwo gegeben. Wir schreiben gerade das Jahr sieben der Revolution. Und das ist nur ein Anfang. Nicht nur folgen binnen kurzem weitere Städte: Lenino, Leninsk, Uljanowsk... Sondern in kürzester Zeit »erbeuten« mehr oder minder sämtliche Mitglieder des Politbüros, der Partei- und Armeeführung Straßen und Plätze, Fabriken und Heime, und schließlich sogar ganze Städte, um ihnen den eigenen Namen aufzudrücken. Nicht etwa neugebaute Städte, – wie »Petersburg« bei seiner Gründung –, nein, alte, oft Jahrhunderte alte Städte heißen jetzt über Nacht Sinowjewsk, Frunse, Stalingrad...

Zur selben Zeit führt das Politbüro einen »Kampf gegen den Personenkult« – den Trotzkis nämlich. Kein Mitglied soll sich hervorheben dürfen. Darüber wacht mit besonderer Eifersucht Sinowjew, der sich (als Vorsitzender der Komintern) selbst für den Ersten unter diesen Gleichen hält, obschon er nur noch eine Figur im Spiel Stalins ist, des Mannes im Hintergrund.

Man muß freilich die Wucht der Ansprüche und Größenphantasien Trotzkis kennen. Trotzki spricht von allen andern Führern der Partei längst nur noch als »Epigonen« – und das beinhaltet schon die eigene Kongenialität. »Das Wort *Genie* in Bezug auf Lenin wurde zum erstenmal von mir angewandt, als die anderen noch nicht *wagten*, es auszusprechen.«

Am Tag von Lenins Begräbnis liegt er in Suchumi auf dem Balkon des Sanatoriums, das Gesicht zum Meer, als Schiffskanonen plötzlich Salut schießen. Und mit der Meeresluft zusammen »sog ich mit meinem ganzen Wesen die Gewißheit ein, daß im Kampf gegen die Epigonen das historische Recht auf meiner Seite steht«. (So in seinem gleich nach der Ausweisung aus der Sowjetunion verfaßten Tätigkeitsbericht »Mein Leben«). Dort berichtet er auch, daß ihn Tage nach dem Begräbnis dieser Brief der Krupskaja erreicht habe:

»Lieber Lew Dawydowitsch, ich schreibe, um Ihnen mitzuteilen, daß Wladimir Iljitsch ungefähr einen Monat vor seinem Tode sich Ihr Buch vornahm und an der Stelle stehenblieb, wo Sie die Charakteristik von Marx und Lenin geben. Er bat mich, ihm diese Stelle noch einmal vorzulesen; er hörte aufmerksam zu und sah dann selbst nach.«

Trotzki gibt dazu folgende Erklärung:

»In dem Buch, das Lenin einen Monat vor seinem Tode durchsah, verglich ich ihn mit Marx ... Das Verhältnis des Lehrers zum Schüler wurde durch den Gang der Geschichte zum Verhältnis des theoretischen Vorgängers zum ersten praktischen Vollbringer ... Marx und Lenin, historisch so eng verbunden und gleichzeitig so verschieden, bilden für mich zwei letzte

Gipfel der geistigen Macht des Menschen. Und es war mir wohltueld zu wissen, daß Lenin kurz vor seinem Tode aufmerksam und vielleicht bewegt meine Zeilen über ihn gelesen hatte ...«

Und natürlich haben die Zeilen der Krupskaja den Rekonvaleszenten Trotzki ihrerseits stark bewegt; zumal sie (wie eine letzte Botschaft) noch hinzugefügt hatte, daß er (Lenin) bis zum Schluß seine hohe Meinung über ihn (Trotzki) behalten habe. Und da sitzt er nun, in Decken gehüllt (den kranken Lenin beinahe imitierend), auf seiner Terrasse in Suchumi und sinniert über den Tag 1902, als sie sich zum ersten Mal trafen, und dann »den Dezembertag 1923, als Lenin zweimal nacheinander meine Würdigung seiner Lebensarbeit las«.

»Zwischen diesen beiden Punkten liegen zwei Jahrzehnte, zuerst gemeinsamer Arbeit, dann erbitterten fraktionellen Kampfes und dann wieder gemeinsamer Arbeit auf einer geschichtlich höheren Ebene. Nach Hegel: *These, Antithese* und *Synthese.*«

Mit andern Worten: Zwischen ihnen beiden bestand, gerade *wegen* des fraktionellen Streits zwischendurch, eine unvergleichlich höhere »Synthese« als zwischen Lenin und all seinen »Epigonen«. Und da Lenin sich in gewisser Weise ja auch zur reinen *Theorie* Marxens (= These) als praktischer *Vollbringer* (= Antithese) verhielt, konnte er, Trotzki, als glänzender Theoretiker *und* Tatmensch, gesamthistorisch betrachtet ...

Aber das hat er nicht geschrieben. Höchstens eben gedacht. Und jedenfalls haben alle seine Rivalen gedacht, daß er das gedacht hat. Und so findet Trotzki sich am Tag nach Lenins Tod in der Führung der Partei vollständig isoliert. Und da er – wie alle Boleschwiki – niemals *gegen die Partei* an das Volk hätte appellieren können, so faßte eben jedermann die Krankmeldung Trotzkis als das auf, was sie in der Realität ja auch war: die Abmeldung des Leninschen Kongenius und verhinderten Bonaparte des Sozialismus aus der Weltgeschichte.

Stalins entscheidende Waffe war seine zielstrebige Bemühung, den »Leninismus« zu kodifizieren. Gleich im April 1924 hält er Vorträge an der Swerdlow-Universität »Über die Grundlagen des Leninismus« – beinahe eine theoretische Anstrengung, etwas, das ihm niemand zugetraut hatte. Alles in der bescheidenen, aber um so wirkungsvolleren Attitüde von »Lenins treuestem Schüler«, während die Diadochen der ersten Garnitur (Sinowjew, Kamenew, Bucharin, Pjatakow) sich auf offener Bühne befehden. Als die sich erschöpft hatten, betrat Stalin in voller Statur die Bühne und hatte die Partei längst hinter sich.

Binnen kurzem bliesen sich seine zunächst unbeachteten Sprach-

schöpfungen zu überdimensionalen Fetischen auf: die Leninsche
»GENERALLINIE«, der »MARXISMUS-LENINISMUS« mit Bindestrich –
und früh auch, als der stets notwendige Widerpart: der »TROTZKIS-
MUS«.
Der Lenin-Kult überschreitet in diesen Jahren schon alle bekannten historischen Maße. Man könnte wahrscheinlich nicht einmal behaupten, Stalin habe ihn künstlich geschürt. Sondern *alle*, die an der
neuen Macht teilhaben (und sich da als Klasse politisch-ökonomi-
scher Funktionsträger konstituieren), und erst recht alle Fraktionen
der Partei haben sich in ihren Debatten bereits so eingeschnürt, daß
sie kein einziges Argument ohne »Lenin« mehr vorbringen können.
**Walter Benjamin** macht während seines unglücklichen Moskau-
Besuches im Dezember 1926 einige ahnungsvolle Beobachtungen
(»Moskauer Tagebuch«):

»Hier geht der Kultus insbesondere mit dem Leninbilde unabsehbar
weit. Man findet auf dem Kusnetzki-Most ein Geschäft, in dem er Spezialar-
tikel ist und in allen Größen, Haltungen und Materialien zu haben ist. Im
Unterhaltungszimmer des Klubs ... ist ein sehr ausdrucksvolles Reliefbild,
das ihn in Lebensgröße, bis zur Brust, als Redner zeigt. Aber ein bescheide-
neres Bildchen von ihm hängt auch in Küchen, Wäschekammern usw. der
meisten öffentlichen Gebäude.«
»An der Wand (im Klub der Kreml-Wache) hängt ein hölzernes Relief: die
Karte Europas in vereinfacht schematisiertem Umriß. Dreht man an einer
Kurbel, die daneben angebracht ist, so erleuchten sich, einer nach dem
anderen in Rußland und im übrigen Europa in chronologischer Folge die
Punkte, an denen Lenin gelebt hat. Aber der Apparat funktioniert schlecht,
es leuchten immer viele Orte zugleich auf.«
»Diese Neuformung einer ganzen Herrschaftsgewalt macht ja das Leben
hier so außerordentlich inhaltsreich. Es ist so in sich abgeschlossen und
ereignisreich, arm im gleichen Atem voller Perspektiven, wie das Goldgrä-
berleben in Klondyke. Es wird von früh bis spät nach Macht gegraben.«

Das zugleich abgeschlossene und spannungsvolle Leben im
»Machtgräber«-Camp der 20er Jahre hatte auf jeden Fall *einen* Glanz-
punkt: die ungeheuer vielfältige, von Kontroversen überschäumende
Kunst- und Literaturszene. Es war eine hohe Zeit der Literatur, wie
man vielleicht kaum eine andere finden wird. Und (noch) sah es in
den anderen Künsten ähnlich aus: der Malerei, der Architektur, der
Musik ...
**Majakowski** zum Beispiel. Als stilistischer Avantgardist selbst unter Beschuß, leistete er ein permanentes Übersoll an parteilicher Gesinnung. Schon allein, weil man ihn glattweg für einen Trotzki der
Literatur hätte halten können. Und das hatte auch etwas von Trotzki-
scher Vermessenheit: der 1923 gefaßte Gedanke, ein großes Lenin-
Poem zu verfassen, das nicht nur, wie Majakowski in seiner Autobio-

graphie schreibt,»das Ernsthafteste von allem, was ich bisher gemacht habe«, werden sollte, sondern eine kongeniale Einfühlung in Lenins Person, mithin *das* literarische Lenin-Denkmal schlechthin.

Damit verband sich ein Element ganz persönlicher revolutionärer Legenden-Bildung. Als der proletarischste aller »Proletarischen Schriftsteller«, Demjan Bedny, Majakowski wegen der Verszeilen seines Lenin-Poems kritisierte (worin er die Nacht des Aufstands im Oktober 17 beschreibt):

> »Da kommt durchs Gewühl / ... unbemerkt Lenin. / Die von Iljitsch schon in Kämpfe Geführten / kannten sein Antlitz noch nicht von Bildnissen ... / Und durch das willkommene Eisengewitter / trug Lenin, als wär er verschlafen, sein Denken ...«

– antwortete ihm Majakowski hochfahrend:»Nur wenige von uns hatten das Glück, Genossen Lenin zu sehen. Der von mir gezeichnete Fakt ist ... der Natur nachgezeichnet«. Was hieß: er, Majakowski, wollte in jener Nacht im Smolny dabeigewesen sein, wie Goethe bei der Kanonade von Valmy.

Berücksichtigt man die fraktionellen Kämpfe der Zeit, ist in dem ganzen, über 80 Seiten langen Poem ein winziges Detail am erstaunlichsten: die Tatsache, daß Majakowski in seiner poetischen Rekapitulation jener Revolutionsnacht im Smolny außer Lenin einen einzigen anderen erwähnt: *nicht* Trotzki, den tatsächlichen Organisator des Aufstandes – sondern Stalin. Das geschieht eher beiläufig (»Sie werden verlangt vom Genossen Stalin. / Korridor rechts, Tür drei, er ist dort«), aber auffällig war es doch. Denn die Revolution war in Majakowskis Darstellung ansonsten ein Akt unmittelbarer, schier telepathischer Beziehung zwischen »ihr« (der Masse) und »ihm« (Lenin). Dritte hätten da nur gestört. Bis auf Stalin – dessen Opposition gegen den Aufstandsplan seinerzeit doch allgemein bekannt war und dessen praktische Rolle im Oktober mehr als dunkel blieb. Was für ihn vielleicht das größte persönliche Manko überhaupt war. Man ermesse daran, welche Bedeutung die bloße *Erwähnung* seines Namens an dieser Stelle für ihn gehabt haben muß.

Eine noch eindeutigere, allen Entwicklungen deutlich vorgreifende Parteinahme ist Majakowskis »Lied der Komsomolzen«, das er 1924 parallel zum Lenin-Poem verfaßt. Es sei im originalen Majakowskischen Zeilenfall (auszugsweise) zitiert:

Wir trugen
    mit Tränen
        in marmorne Gruft
ein Teilchen von Lenin –
            den Leib
Doch nicht Erde,
        noch Asche
            noch Moderluft
greifen je Lenins Sache.
            Sie bleibt.
Tod,
    leg die Sense weg!
Dein Urteilsspruch lügt.
DEM
    können die Himmel
        nichts geben.
Lenin –
    lebte.
Lenin –
    lebt.
Lenin –
    wird leben.

Lenin lebt,
        lebt im Worte der Partei,
    in Stalin,
        in unseren Taten,
    leben wird er,
        und wird die Welt
    stolz sein
        auf Lenins Saaten.
Noch müssen
        den Erdball
        Revolten erschüttern.

Durch alle Gewitter
den Weg
    zur Kommune
            erstreben!
Lenin –
    lebte.
Lenin –
    lebt.
Lenin –
    wird leben.

Majakowski, der Hyper-Barde des Lenin-Kultes, wird so zugleich schon zum Avantgardisten des künftigen Kultes um Stalin. 1925, von einer langen Auslandsreise zurückgekehrt, bekräftigt er seine Parteinahme im Gedicht »Nach Hause«:

Ich will –
        meine Feder ins Waffenverzeichnis!
Bajonett und Feder –
            so laute das Gleichnis!
Neben das Roheisen,
            neben den Stahl hin
trete das Wort,
            zum Vers verdichtet!
Ich will,
        daß von Dichter-Erzeugnissen
                        *Stalin*
in Namen des Politbüros
                berichtet:
»Soundso ...
        in unserer Union
                steht der Sinn für Poesie
hoch
    über dem
        Vorkriegsdurchschnitt ...«

Die Faszination, die die Sowjetunion als Staat neuen Typs auf Teile der westlichen Öffentlichkeit ausübte, nahm im Lauf der zwanziger

Jahre ständig zu. Eine wachsende Zahl von Reise- und Erlebnisberichten beginnt das Bild zu prägen.

Der anthroposophische Kommunarde und Maler **Heinrich Vogeler** etwa suchte (und »fand«) in der Sowjetunion eine Bestätigung für sein eigenes gescheitertes Experiment einer »Arbeitsschule« auf dem Barkenhoff in Worpswede. In seinem Reisebericht »Die Geburt des neuen Menschen« (1925) adaptiert er sich die sowjetische Mythologie der Arbeit auf eigene Weise:

»Schöpferische Initiative, Verantwortung und Machtbewußtsein räumte mit allen religiösen Erlösungsvorstellungen auf ... (Das) Wort Religion – Bindung im Gesetz – stand rein und klar gedeutet vor der Menschheit in den wenigen Worten von Karl Marx: ›Der Arbeitsprozeß ist die Bindung des Menschen mit der Natur.‹«

Besonders intensiv im Gesetz gebunden waren Mensch und Natur in den Arbeitskolonien, in denen Hunderttausende von Sträflingen, »Schädlingen« oder jugendlichen Vagabunden (Besprisorniki) vielfältig abgestuften Regimen von Zwangsarbeit unterworfen waren. Sein Enthusiasmus für alle Formen von »Arbeitsschulen« bringt Vogeler deshalb in engere Bekanntschaft mit Felix Dzierzynski, dem Begründer der Geheimpolizei Tscheka alias GPU. Ein Bildnis dieses legendären Mannes auf dem Totenbett (Dzierzynski stirbt 1926) ist – neben eher banalen Landschaftsskizzen – denn auch die einzige künstlerische Ausbeute der mehrjährigen Aufenthalte.

Nicht unähnlich liegt der Fall bei **Käthe Kollwitz.**

»Von Jugend auf liebte ich Rußland, mit welchem mich Dostojewski, Tolstoj und Gorki bekannt machten ... Und erst im Alter von 60 Jahren, im Jahre 1927, überfuhr ich das erste Mal die russische Grenze unter dem Sowjetstern. Alles, was ich in Rußland sah, sah ich im Lichte dieses Sterns.«

Dieser Stern ist für sie, die aus frei-christlicher Tradition kommt, der Kommunismus »als ersehnte Bruderschaft der Menschheit«; und der Kommunismus »zieht die Menschen eben dieser *Idee* wegen an sich«. Der künstlerische Hauptertrag *ihrer* Rußlandfahrt ist eine Zeichnung »Erinnerung an die Feierlichkeiten zum 10. Jahrestag der Revolution in Moskau«.

Bei denselben Feierlichkeiten zum 10. Revolutionstag war auch der Schriftsteller **Armin T. Wegner** anwesend. Die kultische Selbstdarstellung der Sowjetmacht gehörte zu den stärksten Eindrücken aller damaligen Reisenden – das Bild der *Siegesdemonstration* schlechthin.

»Schon um sechs Uhr früh rief man uns aus den Betten. Der Himmel grau und trübe, totenhaftes Schweigen in den Straßen. Verwundert fragte ich mich, wo die Bevölkerung Moskaus geblieben ist? – Endlich führt man uns durch die Kette der Posten auf den Roten Platz...

Eine unerträgliche Spannung erfüllt die kleine Schar der Zuschauer auf den Tribünen, die Diplomaten in ihren schwarzen Zylinderhüten, die Behörden mit ihren Frauen, die Truppen, deren Gewehrläufe Fuß bei Fuß so regelmäßig wie die Latten eines Zaunes um den Platz stehen. Neun Uhr, und noch immer warten wir.

*10 Uhr*

Ein Wink. Väterchen Kalinin schreitet die Front ab ... Der Schrei der Truppen rollt über den Platz. Der oberste Befehlshaber (Woroschilow) hat die Terrasse über dem Grabmal Lenins betreten, wo die Volkskommissare in ihren grauen Mänteln und Mützen zusammengedrängt unter dem trüben Regen wie auf dem Deckel eines großen, hölzernen Sarges stehen. – Er spricht. – Aber die Stimme Woroschilows scheint nicht von seinen Lippen zu kommen, irgendwo aus der Luft, aus der Erde selber dringt sie hervor ... – Schüsse – Dampf hüllt den bunten Fensterschmuck der Mauern in den Rauch der Geschütze. Von dem Gebäude des historischen Staatsmuseums haben sich die langen grauen Mäntel in Bewegung gesetzt. Füße rücken auf mich zu gleichmäßig wie die Scheren einer Mähmaschine ... – Der Boden dröhnt. Lehmgraue Erde zieht sich von den Stiefeln über das sich gelbfärbende Pflaster, lehmgrau sind die Mäntel, als hätten sich die Erdschollen selber in Bewegung gesetzt ... – Unerwartet jagte die erste Schwadron heran. – Pelzmützen, Kragenmäntel, blaue und rote Schals. Kaukasische, sibirische Regimenter. Viele sind seit Wochen unterwegs ...

*2 Uhr*

Eine kurze Pause des Schweigens . – Auf einmal stößt unter dem Torbogen der iberischen Gottesmutter ein Keil roter Fahnen hervor und schiebt sich mit Windeseile über den Platz. – ›Sie kommen! Sie kommen!‹ Es flüstert in der Menge. – Sie kommen mit hochgehaltenen Gesichtern durch den Novembernebel heran. Hinter den Fahnen ein Zug von Männern in schwarzen Lederröcken, mit Sportkappen: die Arbeiter und Arbeiterinnen aller Fabriken, aller Werkstätten und Ämter Moskaus folgen ihnen; neue Fahnen, neue purpurne Banner. Vom Revolutionsplatz naht durch eine Seitengasse ein zweiter Zug; unaufhaltsam strömt die Menge unter dem grauen Mittag dahin. – ›Seid ihr bereit, Kinder der Arbeiter und Bauern?‹ – ›Wir sind bereit!‹ – Auf einmal begreife ich, wo das Volk geblieben ist. Geschlossen rücken die Reihen vorwärts. Ich habe die großen Umzüge der Gläubigen in Rom, in der Türkei, in Arabien gesehen, ich bin der Zeuge der nationalen und revolutionären Kundgebungen in Berlin und in London gewesen, aber nichts kann sich mit dem gewaltigen Eindruck dieses Festes der roten Pilger messen, die in unabsehbarer Prozession vorüberziehen, auf der Wallfahrt nach dem roten Jerusalem, dort, wo unter den Mauern des Kreml, zehn Stufen unter der Erde, in seinem gläsernen Sarge Lenin ruht, der tote Christus der Revolution.«

Ohne daß der Autor es weiß, hat er damals eine besondere Stunde Null beschrieben. Man merkt förmlich, wie dieser gigantischen Manifestation etwas *fehlt*: ein Mittelpunkt.,

In den Außenbezirken (das bekommen die Besucher nicht mit) versuchen die versprengten Anhänger Trotzkis eben, die aufmarschierenden Arbeiterkolonnen zu agitieren. Das ist nicht nur vergeblich – es ist ihr Todesurteil als Opposition. Im Dezember werden sie allesamt aus der Partei ausgeschlossen; Trotzki erst nach Alma Ata verbannt, dann in die Türkei ausgewiesen. Die Erkenntnis, daß nur eine monolithisch geschlossene Partei und Staatsmacht in der Lage sein würde, dieses anarchisch-bäuerliche Volk (das es in seiner Masse noch immer war) unter Anwendung extremster Gewaltmittel von seinem gerade erst gewonnenen Stück Boden loszureißen und in ein geschlossenes System agrarischer und industrieller Kollektiv- bzw. Zwangsarbeit zu überführen – und die unbedingte Bereitschaft dazu –, machte in der Tat die historische Überlegenheit Stalins über Trotzki aus.

Freilich, extreme soziale Gewaltakte erfordern auch höchste Legitimationen – stark genug, um zumindest die zu motivieren und zusammenzuhalten, die die Gewaltakte zu vollbringen haben. Solche Legitimität muß sich verkörpern.

Stalin ist 1928 zwar faktischer Alleinherrscher; aber es fehlt ihm noch jede Aura, jede höhere Legitimität außer der, daß er sich eben durchgesetzt hat. Er *spürt* diesen Mangel genau – und hilft ihm durch einen genialen Schachzug ab.

Im Sommer 1928 kommt Gorki aus seinem italienischen Exil – durch eine Kampagne von Bittbriefen gedrängt – zu einer ausgedehnten Besuchsreise in die Sowjetunion zurück. Sie gestaltet sich – planvoll und kunstvoll arrangiert, aber auch spontan überbordend – zu einem einzigen Triumphzug. Dasselbe noch einmal im Sommer 1929. Man legt ihm Schulen, Kinderheime, Krankenhäuser, Erholungsparks und am Schluß eine ganze Stadt, seine Heimatstadt Nischnij-Nowgorod, nun GORKI, zu Füßen. Man bietet ihm, für den Fall seiner endgültigen Rückkehr, die Jugendstilvilla eines Industriellen in Moskau und das Landgut eines Fürsten an.

Darin liegt weniger materielle als ideelle Bestechung: Der Kleinbürgersohn, zeitweise Wanderarbeiter und Autodidakt Alexej Peschkow wird als Maxim Gorki (»Der Bittere«) zum Großfürsten des Geistes ausgerufen. Und *das Volk selbst*, so darf es ihm in diesen Jahren erscheinen, proklamiert ihn dazu.

Es war ein genialer, aber durchaus riskanter Schachzug Stalins. Denn die Begeisterung, die Gorki entgegenschlägt, ist deutlich genug auch ein Seufzer der Erwartung und Erleichterung – als signalisiere seine Rückkehr eine Besinnung Rußlands auf sich selbst, auf seine historischen Wurzeln und Traditionen. Dieses Doppelspiel wird Stalin ab jetzt ein volles Vierteljahrhundert lang betreiben: Jeder Akt realer Entwurzelung, der Vernichtung der alten Vielfarbigkeit und -gestaltigkeit Rußlands, wird kompensiert mit einem Schuß »Restauration« in den Kulturstilen, der Weltanschauung oder dem Geschichtsbild.

Dabei konnte sich Stalin keineswegs sicher sein, daß Gorki die ihm zugedachte Rolle auch spielen würde. Aber er hatte sich nicht getäuscht. Spätestens sein Nachruf auf Lenin dürfte ihm signalisiert haben, daß Gorkis frühere Kritik der Oktoberrevolution sich überlebt hatte und einem darwinistischen Glauben an die »Jugendlichkeit« Sowjetrußlands, seine »unverbrauchte Kraft«, den »neuen Geist der Arbeit« usw. Platz gemacht hatte. Und Gorki – darin manchem ausländischen Besucher (Vogeler zum Beispiel) vergleichbar – wird diesen »neuen Geist der Arbeit« nun gerade und ganz besonders in den Zwangsarbeitslagern und auf den mit Sträflingen betriebenen, von der GPU organisierten Großbaustellen des Fünfjahresplans am Werke sehen.

Gorki ist im übrigen nicht der einzige Emigrant der Oktoberrevolution, der gerade in diesen Jahren, da die Sowjetunion die Umrisse eines neuen, stählernen Imperiums der Arbeit annimmt, heimkehrt. **Ilja Ehrenburg** zählt darunter (der mit der Verleugnung seines schönsten Romans, des »Lasik Roitschwantz«, diese Rentrée bezahlt). Und dann Graf **Alexej Tolstoj**, ein Neffe des alten Tolstoj: 1928 heimgekehrt, beginnt er sofort die Arbeit an seinem großen Romanepos »Peter der Erste«, worin er den Zaren als unbittlichen Modernisierer, »als überragende, von der Epoche hervorgebrachte Figur« darstellen will, und »voller Optimismus« natürlich. Tolstoj wird später, im Großen Vaterländischen Krieg, eine Art Ersatzfigur für Gorki werden. Aber jetzt, in den Jahren der »Großen Wende«, ist es die Figur Gorkis, die alles überstrahlt.

Ein Kult, wie er um einen Schriftsteller nie zuvor und nie seither getrieben worden ist, hebt ihn auf dieselbe lichte Höhe, auf der Lenins Gestalt steht. LENIN & GORKI stehen nebeneinander wie die personifizierte Verkörperung von GEIST & MACHT. Indem Gorki – in seinem schon erwähnten abschließenden Lenin-Portrait – seinen einstigen Irrtum bekennt (»So dachte ich damals. Und so irrte ich«), stilisiert er sich selbst zum großen Belehrten und schließt mit seiner Person eine Lücke historischer Legitimität.

Aber in dieser posthum neu geschlossenen Verbindung von Geist & Macht ist eine Leerstelle. Man kann es wieder als dialektisch-mythischen Dreischritt sehen: neben LENIN und GORKI muß ein Dritter treten und *kann* es auf dieser Grundlage endlich: STALIN.

D er eigentliche Stalin-Kult *beginnt* mit dem 50. Geburtstag des Generalsekretärs im Dezember 1929.

Tatsächlich knüpft er nicht so direkt, wie es sich äußerlich darstellt, am Kult um Lenin an. Das wirkliche, breite Fundament ist vielmehr der Kult *der Partei*, der sich in einer Vielzahl anmaßender

Selbststilisierungen aller zum Führungskorps gehörenden Personen entwickelt hatte, bis hinunter zu den Rayons und Städten, wo man den eigenen Namen dutzendfach »verewigte« – einer feudalen Landnahme gar nicht unähnlich. »In dem Maße, in dem eine ganze Hierarchie von Kulten entstand mit dem Stalinkult an der Spitze, wurden die Lobhudeleien auf Stalin immer verwegener.« (R. Medwedew). Denn man lobte sich in Ihm immer auch sich selbst.

So wird Stalin in der Festschrift zu seinem Fünfzigsten als »großer«, »hervorragender« und sogar »genialer« »Führer und Lehrer« bezeichnet – was ihn Lenin beinahe schon zur Seite stellt. Stalin bezieht diese Glückwünsche indes mit feinem Instinkt »auf die große Partei der Arbeiterklasse, die mich nach ihrem Ebenbild erschaffen und erzogen hat« – eine biblische Schöpfungsmetapher, die es unter dem Mantel der Bescheidenheit in sich hat.

Von einem selbständigen, ganz auf seine Person bezogenen Stalin-Kult wird man jedoch nicht vor dem Jahr 1934 sprechen können. Zwar ist Stalin »der Führer unserer Partei«. Und diese Partei ist jetzt »die Partei Lenins und Stalins«.

Ein sicherer Indikator des Unterschieds der Frühzeit gegenüber der Hoch- und der Spätzeit des Stalin-Kultes ist jedoch die Tatsache, daß seine Person als solche noch nicht Gegenstand *dichterischen* Schaffens geworden ist. Die Schriftsteller waren in den Jahren nach 1929 beinahe vollzählig genötigt, als »Stoßarbeiter der Literatur« auszuschwärmen, um die bewegenden Momente des industriellen Aufbaus oder die heroischen Szenen des verschärften Klassenkampfes auf dem Land zu schildern. Natürlich fällt in den Reportagen, Erzählungen und Produkten der Sparte Lyrik der Name Stalins unzählige Male. Aber eine regelrechte, komplette Stalin-Hymne – das gab es noch nicht.

Mit der erstaunlichen frühen Ausnahme eines ausländischen Kommunisten, der sich als »Stoßarbeiter der Literatur« mitverdungen hat: des **Johannes R. Becher.** Soweit wir sehen können, ist ein Lied im Agitpropstück »Der Große Plan. Epos des sozialistischen Aufbaus« (datiert auf das Jahr 1931) *die erste echte Stalin-Hymne* im Ton der kommenden Zeit. Und schon der Titel scheint ja das *Erstaunen* des Autors auszudrücken, hier noch literarisches Neuland unter den Pflug nehmen zu können: »Ein Name bisher nicht genannt«.

| | |
|---|---|
| Ein Name wurde bisher | Schaffen ihn |
| Nicht genannt, | Und sie schaffen den Dichter. |
| Da alle Taten | |
| Ihn nennen – | Wenn Du ihn aussprichst |
| | Ist es dasselbe, |
| Er braucht keine Dichter, | Als sagtest Du: |
| Um ihn zu schaffen, | *Geschlossenheit der Partei,* |
| Die Taten, die ihn nennen, | *Einheit der Führung.* |

Es gibt Namen,
Die gehören nicht mehr dem,
Der sie trägt:
Ein jeder hat ihn angenommen
Und gibt ihn weiter
Und überträgt ihn –

Allen Taten
Wird er vorangetragen –
Schon nicht mehr
*Eines* Menschen Name –
Name von Millionen,
Name eines ganzen Lands,
Name einer Zeit,
Name des Jahrhunderts!

So auch dieser:
*Stalin*

Solche Höhen erreicht der Kult um Stalin ansonsten erst ab dem Parteitag 1934 – ein Jahr nach der Machtergreifung Hitlers.

Hier muß auf die besondere Rolle **Karl Radeks** eingegangen werden, des Deutschland- und Faschismus-Experten der Komintern. Daß er zu der Festschrift von 1929 überhaupt einen Beitrag hatte leisten dürfen, war ein halber Gnadenakt (und eine Belohnung) für den reumütigen Ex-Trotzkisten. Dabei war sein Beitrag gewiß der bemerkenswerteste: Denn Radek bezog sich darin ohne jede Scheu auf die erfolgreichen massenwirksamen Kulte um den »DUCE« in Italien und den (schon nicht mehr belächelten) »FÜHRER« der deutschen Nationalsozialisten. Und so plädiert Radek nun in einem *strategischen* Sinne dafür, Stalin die unzweideutige Stellung des »VOSHD«, des Führers der Sowjetunion, anzutragen.

Das weckt Erinnerungen an Radeks berühmt-berüchtigten Auftritt vor einer Tagung des Exekutivkomitees der Internationale im Juni 1923, die erstmals das Thema »Faschismus« diskutierte – einer neuen, noch kaum umrissenen Größe, die mit Mussolinis erfolgreichem »Marsch auf Rom« und der immer hitzigeren deutschvölkischen Agitation im »Ruhrkampf« die historische Bühne betreten hatte.

In diesem Zusammenhang stand Radeks »Schlageter-Rede« – eine Art Heldengedenkrede auf den im »Ruhrkampf« erschossenen Freikorpsmann, der zum »Märtyrer des deutschen Nationalismus« geworden sei:

»Schlageter, der mutige Soldat der Konterrevolution, verdient es, von uns Soldaten der Revolution männlich, ehrlich gewürdigt zu werden ... Wenn sich die patriotischen Kreise Deutschlands nicht entscheiden, die Sache der Mehrheit der Nation zu der ihrigen zu machen und so eine Front herzustellen gegen das Entente- *und* das deutsche Kapital, dann war der Weg Schlageters ein Weg ins Nichts ... Wir sind sicher, daß Hunderte von Schlageters sie (diese Wahrheit) vernehmen und verstehen werden.«

Das Protokoll verzeichnet »allgemeinen Applaus« der Mitglieder der Komintern-Führung. Für den Herbst ist ja bereits der letzte und definitive Versuch eines »deutschen Oktober« angesetzt, ein general-stabsmäßig geplanter Aufstand – der indes nur gelingen kann, wenn die Kommunisten es verstehen, die sozial- und *national*revolutionären Motive der deutschen Massen gleichermaßen in Bewegung zu setzen, dies Feld also nicht den Faschisten zu überlassen.

Im Januar 1934 übernahm Radek noch einmal die Spitze. Die erste Ausgabe der »Prawda«, unmittelbar vor dem Parteitag, erscheint mit einem doppelseitigen Artikel Radeks über Stalin – *nur über ihn.* »Dies ist wohl der erste große Ansatz in der Presse, der ausschließlich eine Huldigung Stalins zum Gegenstand hatte, und man stellte rasch einen Sonderdruck davon her, in einer Auflage von 225.000, für die damalige Zeit eine ungeheure Menge.« (*R. Medweden*)

Am Schluß einer phantastischen Orgie der Lobrednerei (»Stalin ist Lenins bester Schüler, das Vorbild der Partei, Bein von ihrem Bein, Blut von ihrem Blut – ... zeichnet sich aus durch höchste Wachsamkeit gegenüber jeglichem Opportunismus – ... personifiziert die gesamte historische Erfahrung der Partei – ... ist weitsichtig wie Lenin«) wendet sich Radek explizit an seine ehemaligen Oppositionsgenossen: »Wir sollten Stalin dankbar sein. Hätten *wir,* das heißt die Opposition, in den Zeiten der französischen Revolution gelebt, wir wären längst einen Kopf kürzer gemacht worden.«

Dieser Gestus der totalen Unterwerfung – der zwei Jahre vor dem ersten Schauprozeß (und vier Jahre, bevor Radek selbst an die Reihe kommen sollte) das eigene Todesurteil vorgreifend rechtfertigt –, ist allerdings ein spezifischer Zug des sowjetischen Führerkults. Die Faschisten waren zu solchen Intensitäten der Hingabe konstitutionell unfähig.

Die Motive der Bewunderung, die die aufstrebende Sowjetunion und ihre Führer in diesen Jahren in der westlichen Öffentlichkeit finden, sind noch weitaus diffuser als jene, die von der Oktoberrevolution angesprochen wurden, aber zugleich auch viel stärker. Es ist ja die Zeit der 1930 voll losgebrochenen Weltwirtschaftskrise – zu deren katastrophalen Auswirkungen sich die gigantomanen Fünfjahrpläne der Sowjetunion wie der grellste nur denkbare Widerspruch zu verhalten scheinen.

Auch als Nachrichten über die Verheerungen, Exzesse und Hungersnöte durchsickern, als die Scharen westlicher Rußland-Touristen sogar auf ihren vorgezeichneten Routen die Massen von Obdachlosen, Bettlern und verwilderten Kindern gar nicht mehr übersehen *können* – selbst da gilt es nahezu in der gesamten linken und liberalen Öffentlichkeit des Westens für ausgemacht, daß dies nur die unvermeidlichen Geburtswehen einer neuen Gesellschaft seien, im Gegensatz zum Massenelend der kapitalistischen Krise, die der sichere Todeskrampf einer überlebten Gesellschaft sei. So kommt es, daß Stalin Scharen illustrer Bewunderer findet, wie sie Lenin zu Lebzeiten niemals hatte. Dabei fand auch der posthum noch Bewunderer, über die mancher vielleicht staunt. **Ezra Pound** zum Beispiel, der ja geradezu sein ganzes weiteres Leben an das poetische Bild *Mussolinis* als dem Imperator eines neuen Römischen Reiches gesetzt hat. 1928 scheint er Lenin noch ebenso zu schätzen, nicht politisch, aber als Person:

>»Kein einziger Satz, den er (Lenin) schrieb, ist für sich genommen von irgendwelchem Interesse. Aber er entwickelte so etwas wie ein neues Medium, eine neue Form des Ausdrucks auf der Mitte zwischen Schrift und Tat. Das war eine ebenso definitive Erfindung, wie der Code Napoléon eine war.«

Ganz eindeutig in seiner Bewunderung für Stalin ist »Spectator« alias **Ernst Niekisch**, bekannter Publizist und Nationalrevolutionär seit 1918. In seiner Zeitschrift »Widerstand« schreibt er im Herbst 1931 unter dem lapidaren Titel »Stalin«:

>»Es war, als hätte die Vernunft und Weisheit der Dinge selbst bei Stalins Putsch die Hand im Spiele gehabt; es liegt bereits am Tage, daß Stalin wirklich der allein berufene Erbe Lenins ist ...
>Die Doktrinäre empörten sich; Trotzki an ihrer Spitze. In die Rumpelkammer sollte ihrer Theorie gemäß der Staat geworfen werden; Stalin schuf indes, Lenins Hinterlassenschaft vollendend, von Tag zu Tag mehr den *totalen Staat*. Die internationalistische Zersetzungstendenz der marxistischen Juden kam gegen die russisch-nationale Intensität des Stalinschen Machtwillens nicht mehr auf; sie geiferten, wie Juden zu geifern pflegen, sobald ihre anarchische Wühltätigkeit auf unübersteigliche Grenzen stößt. Stalin machte kurzen Prozeß. Trotzki warf er hinaus; die übrigen verschickte er, bis sie feig winselnd und Gehorsam schwörend herangekrochen kamen. Während Deutschland bis ins Mark verjudet ist, wußte Rußland seine Juden zu zähmen und, wo es nottat, auszuspucken.
>In Stalin lebt der Fanatismus der *Staatsraison*; in ihm ist mehr vom Geiste Friedrichs des Großen als in irgendeiner *deutschen* Erscheinung *einschließlich* der ganzen ›nationalen Opposition‹ ...«

(Für soviel Mißachtung Hitlers kam der National-Sozialist Niekisch unter den Nazis ins KZ; seine freundschaftliche Bekanntschaft mit Goebbels und Mussolini rettete ihn nicht. Wir werden ihm später in der DDR wieder begegnen – von den alten Faszinationen bewegt.)

**George Bernard Shaw** machte sich, seit dem Beginn der Kollektivierungsrevolution in der Sowjetunion, zwei Jahrzehnte lang regelrecht zum Propagandisten Stalins. Was ihn nicht hinderte, Mitte der 30er Jahre noch anerkennende Worte für die korporatistische Gesellschaftsorganisation im Faschismus Mussolinis zu finden.

Im Juli 1932 wird eine Zehntagesvisite, die Shaw – inmitten einer Schar britischer Lords und Ladies unternimmt – zu einer Art Staatsbesuch. Zwar liegt von seinem zweistündigen Gespräch mit Stalin kein Protokoll vor; und Shaw selbst hat über seine konkreten Erlebnisse und Eindrücke nur hier und da geschrieben. Allerdings tauchte lange nach seinem Tode ein unvollendetes Typoskript auf, dessen Titel Programm ist: »The Rationalization of Russia« (mit »Rationalisierung« eher zu schwach übersetzt). Vieles davon hat Shaw im übrigen bei anderen Gelegenheiten in ähnlicher Form geschrieben oder gesagt; nirgends allerdings in so »provozierender« Offenheit. Insofern trägt der Text Züge einer pornographischen Schubladenschrift. Nur eine Kostprobe:

»Alle früheren Revolutionen haben die Mittelklassen-Tradition der Respektabilität akzeptiert. Sie respektierten die Respektablen ... Lassen Sie mich die Situation etwas verlebendigen, indem ich mich des unschätzbaren Beitrages von John Galsworthy zur modernen Soziologie bediene, der ›Forsyte Saga‹.* Die Forsytes genossen eine beinahe geheiligte Stellung sowohl in der allgemeinen wie in der eigenen Wertschätzung. Man könnte eine Menge Dinge zugunsten dieser Klasse anführen. Sie brachte Mr. Galsworthy hervor, der tugendhaft genug war, sie zu verabscheuen. Sie brachte mich hervor ..., der ebenfalls tugendhaft genug war, sie zu verabscheuen. ... Im großen und ganzen war das unsere solideste und fähigste Klasse, die in Europa und in Amerika ihre sozialen Entsprechungen findet ...
Die Sowjets knallten sie ohne Vorwarnung ab.
Ich will mich über diese Ungeheuerlichkeit nicht weiter verbreiten; aber ich muß der Gerechtigkeit halber zugeben, daß es das einzige ist, was eine Gesellschaft tun kann, die Dauerhaftigkeit anstrebt und mit einem wirtschaftlichen Gewissen ausgestattet ist. Denn der Forsyte, mit all seinen Tugenden, ist ein unverbesserlicher Dieb. ...
Sicher liegt etwas halb Tragisches, halb Komisches und jedenfalls äußerst Bedauerliches in diesem Schauspiel, wie Soames Forsyte in die Hände des kommunistischen Wildhüters fällt und wie Ungeziefer ausgerottet wird; dennoch sind solche Dinge unvermeidlich und unverzichtbar unter der festen Moralität des Kommunismus ... Soames (Forsyte) könnte nun darauf plädieren, daß, wenn man ihn umlegt, man seine Mitbürger des Anreizes beraubt, selber Forsytes zu werden; worauf die Russen antworten: ›Na eben! Peng, Peng!‹ ...
Denn in Rußland gibt es eine wirklich verantwortungsvolle Regierung, eine Regierung, die die grundlegende Verantwortung aller zivilisierten Regierungen wahrnimmt, die Arbeit ihrer Bürger zu organisieren, sodaß niemand auf Kosten anderer lebt. ... Und die Aufrechterhaltung dieses irdischen Paradieses beruht nun einmal endgültig und fundamental auf der neuen Einrichtung des Forsyte-Schießens, das den Platz des Fasanen-Schießens in England eingenommen hat, mit dem einzigen Unterschied, daß es sich nicht auf die Jagdsaison beschränkt.«

Man könnte geneigt sein, auch das noch für einen der berühmten Sarkasmen des Provokateurs Shaw zu halten (zumal er mehrfach im Text davon redet, »daß ich selbst ohne Zweifel für die Liquidierung

---

* Galsworthy's berühmtester Roman, eine spätbürgerliche Familiensaga, für die er 1932 den Nobelpreis erhält.

nach russischen Prinzipien so ziemlich in Frage komme«). Als Provokation ist es freilich so ernst gemeint wie alle seine politischen Schriften, deren ironische Suada des öfteren nur eine höchste Form von Kaltschnäuzigkeit ist.

In einem Disput 1934 (in der britischen Linkszeitschrift »New Statesman«) über das Gespräch zwischen Stalin und H.G. Wells *appelliert* Shaw geradezu an Wells, »durch ein abschließendes Wort klarzustellen, daß er die Großartigkeit dessen zu schätzen weiß, was heute durch die Worte Rußland und Stalin verkörpert wird«. Shaws letztes Wort in der Debatte lautet:

> »Mussolini, Kemal, Pilsudski, Hitler und alle übrigen können sich völlig auf mich verlassen, wenn es sich darum handelt, sie nach ihrer Fähigkeit zu beurteilen, nützliche Güter zu liefern, statt nach irgendeinem viktorianischen Begriff von Freiheit ... Stalin hat diese Güter in einem Umfang geliefert, der zehn Jahre vorher für unmöglich gegolten hätte; und also ziehe ich meinen Hut vor Stalin.«

**Herbert G. Wells** hatte sich 1934 abermals nach Moskau aufgemacht, um mit Stalin ein ernstes Gespräch zu führen – wie zuvor schon mit Roosevelt, dem Präsidenten der USA. Dessen »New Deal« nämlich bezweckte in den Augen von Wells ganz *dasselbe* wie der Stalinsche Fünfjahrplan. »Der eine Versuch zielt auf ein aufnahmebereites, koordinierendes Gedankenzentrum; der andere bedeutet eine konzentrierte, persönliche Leitung. Im gedachten Ziel: einer progressiv höher organisierten Großgesellschaft, handelt es sich um genau dasselbe.« Um einen *sozialistischen Weltstaat* nämlich.

Eben in diesem zentralen Punkt widerspricht ihm Stalin – auf eine so überlegen-belehrende Weise, daß das »Gespräch mit Wells« Teil der Stalin-Werke wird, ein klassischer Text sozusagen. Dabei führt Wells das Gespräch mit Stalin, was diesem selten passiert, als ein (respektvolles) *Streit*gespräch. Er streut Sätze ein wie: »Mr. Stalin, ich glaube, ich bin viel linker als Sie; mir scheint, die alte Gesellschaft steht näher vor ihrem Ende, als Sie glauben.« (Womit Wells beweisen will, daß die »Klassenkrieg«-Propaganda der Kommunisten einfach überflüssig und überholt sei.) Stalin gibt das freilich die perfekte Gelegenheit, unter dem Vorwand, sich mit einem ernsthaften Kritiker einzulassen, seine gestanzten Lehrsätze mit ihrer furchterregenden Schlichtheit ins Protokoll zu diskutieren. Für Wells ist das eine gewisse Enttäuschung. Shaws feierliche Aufforderung, Stalin Satisfaktion zu tun, ist freilich ganz überflüssig. In Wells' (gleich nach der Rückkehr aus der Sowjetunion) verfaßtem »Versuch einer Autobiographie« findet man auch die Passage:

> »Ich habe niemals einen so lauteren, fairen und ehrlichen Mann getroffen, und *diesen* Qualitäten, nicht irgendwelchen okkulten und finsteren Eigenschaften, verdankt er seinen gewaltigen, unbestrittenen Aufstieg in

Rußland ... Seine unaffektierte Orthodoxie ist eine Versicherung für seine Mitstreiter, daß, was immer er tut, ohne entscheidende Komplikationen und im frischesten Geiste getan wird.«

Shaw und Wells bewegten sich in diesen Jahren inmitten eines schier endlosen Zugs von Reisenden der Ober- und Mittelklasse durchs Land des Sozialismus. Das Hauptkontingent stellten jetzt Briten und Amerikaner. Dort war der Schock der Weltwirtschaftskrise am stärksten, fiel andererseits die Idee der Planwirtschaft auf jungfräulichen Boden.»Warum sollte man den Russen die ganze Freude daran lassen, eine Welt neu zu erschaffen«, fragte zum Beispiel Stuart Chase 1932, im Schlußsatz seines Buches »A New Deal«, das zu einer Programmschrift der Roosevelt-Administration wurde. Für das krisengeschüttelte, zu neuen Ufern aufbrechende Amerika entwickelte sich die Sowjetunion zu einer einzigen gigantischen Projektion – aber die hatte ihre eigene Wirksamkeit und Realität.

**Theodore Dreiser,** der Autor der »Amerikanischen Tragödie«, war schon 1927 in der Sowjetunion gewesen. In seinem Reisebericht »Dreiser betrachtet Rußland« hatte er sich distanziert und doch anerkennend geäußert. Schlecht fand er Unfreiheit, Uniformität, ewige Propaganda, Spitzelei und Terror; beeindruckt hatten ihn die Idee der Planwirtschaft, die allgemeine Arbeitspflicht, die Volksbildung und Frauenemanzipation. Persönlichen Eindruck machte ihm vor allem der zur Schau getragene Egalitarismus der politischen Führer:

»Die Räume Lenins im Kreml ... bieten vielleicht das klassische Beispiel für die Einfachheit und Bescheidenheit der heutigen Herrscher Rußlands ... Mr. Stalin bekommt für sich ein Gehalt von 225 Rubel im Monat (ca. 112 $), plus drei Räumen im Kreml ... Tatsächlich habe ich niemanden in hoher Position gefunden, der einen Penny mehr bekommen hätte ... Aber unter den kommunistischen Arbeitern fand ich niemanden, der weniger als 50 Rubel, dagegen tausende, die 150, 175, 200, 225 Rubel oder mehr bekamen!«

Unter dem Eindruck der Weltwirtschaftskrise nähert sich Dreiser den politischen Positionen der KP an. In seiner Streitschrift »Tragisches Amerika« (eine Umkehrung seines berühmten Romantitels) erklärt er 1931 die Demokratie für »ein bloßes Werkzeug in den Händen der herrschenden Klasse«, stellt er programmatisch fest: »Der Individualismus bedeutet für wenige – alles, für die Mehrzahl – wenig oder nichts.«

Parallel kommt **Lincoln Steffens,** der führende liberale Publizist der Zeit, in seiner »Autobiographie« 1931 zu einer Position grundlegender Zweifel an der bürgerlichen Demokratie. Er rühmt in *einem* Atemzug Lenin und Mussolini, denen er beiden begegnet ist; beide hätten sie die Bourgeoisie und den »Pöbel« (sic!) ausgeschaltet und gezähmt, »gestützt auf eine gebildete, disziplinierte, bewaffnete Minderheit junger Leute«, um die soziale Frage endgültig durch ein Regime rationaler Großproduktion zu lösen. Als dritter im Bunde der Großfiguren des Zeitalters gilt ihm Henry Ford. Denn Bolschewismus, Faschismus und Monopolkapitalismus bewegten sich letztlich auf dasselbe Ziel hin. Der Kommunismus aber ist der effektivste unter diesen dreien – weshalb Steffens (wie Dreiser) unmittelbar vor seinem Tod (1936) noch der KP beitritt.

Dreiser und Steffens sind nur die Trendsetter eines ganzen »roten Jahrzehnts« der amerikanischen Literatur- und Kulturszene. Auch Upton Sinclair und John Dos Passos setzen die aufstrebende Sowjetunion den niedergehenden USA entgegen. Sinclair Lewis bezichtigt Dreiser eines Plagiats seiner Ansichten über die Sowjetunion und wird von diesem öffentlich geohrfeigt – was nur die Bedeutung des Themas zeigt. Der prominente Literaturkritiker Edmund Wilson nannte die Sowjetunion »den moralischen Gipfel der Welt, wo das Licht niemals wirklich ausgeht«. Eine ganze Serie von Publizisten und Wissenschaftlern schrieb Rußland-Bücher, und sie befanden sich ständig an der Spitze der Bestseller-Listen. Die Titel sprechen für sich: Sherwood Eddy: »Die russische Herausforderung« (1931); Louis Fisher: »Maschinen und Menschen in Rußland« (1933); Anna Louise Strong: »Ich wechselte die Welten – Die Wiedergeburt einer Amerikanerin« (1934) – um nur einige zu nennen.

Wohlgemerkt: Wir sprechen noch immer vom Beginn der 30er Jahre. Das Motiv des *Antifaschismus* spielt bis dahin so gut wie keine Rolle (im Gegenteil: Der Faschismus wird, wie bei Shaw, Dreiser oder Steffens, zu einer Art gleichgerichtetem Argument gegen die bürgerlich-kapitalistische Weltordnung).

Auch der Kult um Stalin verschmilzt noch ganz mit der Apotheose des Großen Plans. Darüber wölbt sich der Kult der »Klassiker«, die man nun in dieser *Dreifaltigkeit* zu nennen beginnt: MARX/ENGELS/LENIN. Jetzt, im Gewitterschein der neuerlichen, allgemeinen Weltkrise, gewinnen sie in der Tat die Züge großer Propheten.

Gerade Shaw wird nicht müde, sie auch tatsächlich als *Propheten* zu preisen. Der Ökonom **John Maynard Keynes** formuliert das pointierte Gegenargument:

>»Der Kommunismus ist keine Reaktion gegen den Fehlschlag [des Kapitalismus] ... Er ist vielmehr eine Reaktion gegen seinen relativen Erfolg. Er ist ein Protest gegen die Leere des wirtschaftlichen Wohlstands, ein Appell an den Asketen in uns allen zugunsten anderer Werte. Es ist der Pfaffe in Wells ..., es ist Shaw, der älteste und nobelste Pfaffe der Welt ... es ist die idealistische Jugend – die allesamt mit dem Kommunismus spielen, weil er der einzige spirituelle Appell ist, der ihnen auf der Höhe der Zeit erscheint.«

Nicht wenige der bedeutenden literarischen Bekehrungen dieser Jahre tragen allerdings solche Züge.

**Bertolt Brecht** bringt im Frühjahr 1930 sein Stück vom »Aufstieg und Fall der Stadt Mahagonny« zur Uraufführung, das vielleicht deshalb ein Stück vollendeten *Nihilismus* genannt werden könnte, weil Mahagonny (anders als z.b. im Lied vom »Verschollenen Ruhm der Riesenstadt New York«) nicht an der Weltwirtschaftskrise, sondern einfach an der Langeweile, dem Wohlleben, daran, daß man »alles dürfen darf«, zugrunde geht.

Im selben Frühjahr 1930 schreibt Brecht sein Stück »Die Maßnahme«, das ohne weiteres als Stück des vollendeten *Totalitarismus* bezeichnet werden kann. Der fünfte Genosse, den seine vier andern Genossen wegen zu viel guter menschlicher Eigenschaften hinrichten (»... in der Dämmerung sahen wir sein nacktes Gesicht, / offen, menschlich und arglos«), – stimmt dem Urteil angesichts begangener Fehler selbst zu: »Er sagte noch: im Interesse des Kommunismus, / Einverstanden mit dem Vormarsch / der proletarischen Massen aller Länder, / Ja sagend zur Revolutionierung der Welt...«

Der »Kontrollchor« der Partei bestätigt die Richtigkeit seiner spurlosen Auslöschung in einer Kalkgrube. Jahre *vor* der Großen Säuberung geschrieben, steht die »Maßnahme« bereits im unmittelbaren Kontext des Kampfes gegen den »Trotzkismus«. Alle marxistischen Lehrer Brechts (Korsch, Sternberg, Benjamin) sind potentielle »Trotzkisten«, d.h. häretische Marxisten. Brecht bleibt selbst Häretiker – aber einer, der, treu nach Trotzki, »nur in der Partei und mit der Partei Recht haben kann« und will. So wird aus Brecht ein sehr besonderer Sänger der Partei und ihrer Führer.

D as Motiv der Selbstverleugnung, bis hin zur Selbstauslöschung, findet sich (freilich in gänzlich anderer Färbung) ebenfalls wieder in der Bekehrung **André Gides** zum Kommunismus. In seinen Tagebüchern werden die Schritte und Motive dahin aufs Intimste verzeichnet – wobei man wissen muß, daß diese *»Tagebuchblätter«* jeweils für die fortlaufende Veröffentlichung in einer Zeitschrift bestimmt waren:

25. Februar
Ich lese mit lebhaftestem Interesse die neue Rede Stalins ..., die gerade meine Einwände und Befürchtungen widerlegt ...; ich schließe mich also von ganzem Herzen an... Jetzt weiß ich nicht nur, wogegen, sondern auch wofür – ich mich entscheide. ...

26. Februar
Daß die Ideen Lenins und Stalins über den Widerstand triumphieren können, den ihnen die europäischen Staaten entgegensetzen – das begin-

nen diese zu ahnen; und es erfüllt sie mit Schrecken. Aber daß ein Triumph dieser Ideen wünschenswert sein könnte – dem wollen sie nicht ins Auge sehen. ...

27. Februar

Nicht mehr einfach vor sich hin gehen, sondern sich auf etwas Bestimmtes zubewegen – unaussprechliche Befriedigung! War ich nicht der Partei schon gewonnen, noch ehe sie und ihre Lehre gebildet wurden? ... Aber ich hatte Angst vor meinen eigenen Gedanken ... Nun nehmen mir die Ereignisse dort drüben die Mühe ab, und ich bin ihnen dankbar, daß sie mir einen Stoß versetzen.«

Stalins überlebensgroße historische Gestalt ist in einem sehr unmittelbaren Sinne auf Hekatomben von Menschenopfern gegründet. Seit der Großen Kollektivierung gleicht seine Gestalt »jenem heidnischen Götzen, der seinen Nektar aus den Schädeln Erschlagener trank« (eine Metapher, die Marx – übrigens affirmativ! – einmal auf den Fortschritt anwandte, den der britische Kolonialismus nach Indien gebracht hatte). Schon dies schiere Faktum stellt jeden Betrachter vor das Dilemma: Stalin für ein Monstrum der Weltgeschichte zu halten – oder eben doch für einen irgendwie »großen« Mann. Das andere Faktum namens Hitler – vom ersten Fackelzug vor der Reichskanzlei bis zur Öffnung der Tore von Auschwitz durch ahnungslose Rotarmisten – *verdoppelt* dieses Dilemma nur bis ins Unerträgliche; bis dahin, daß sensible Menschen vom vergleichsweise »*rationalen*« Charakter der sowjetischen Menschenvernichtung sprechen, ohne zu bemerken, daß dies Argument vielleicht das scheußlichste von allen ist.

Für die Herausbildung des spezifischen Kultes um Stalin spielten aber intellektuelle Selbstverleugnung, Selbsthaß *und Selbstvernichtung* eine konstitutive Rolle.

**Majakowski**, sein frühester literarischer Parteigänger, war alsbald irre geworden an seinem Sekundär-Idol. Er sieht sich von »Gaunerzeug« umgeben, das er nicht mehr identifizieren kann: »Bürokrat, Spekulant, Großbauernwanst«, und wiederum die »Geblähten und Vornehmen, gespickt mit Füllfedern und Abzeichen«. Im »Gespräch mit Genossen Lenin« (1929) sieht er sich ganz allein auf der Welt: »Ich und Lenin – er als Photo an weißer Wand«. 1930, nach allerhand Gezerre um sein satirisches Stück »Schwitzbad«, greift er im Kurzschluß zur Pistole. Das wird sorgfältig geheimgehalten (wie alle die vielen Selbstmorde im Dunstkreis dieser schwarzen Sonne). Aber Stalin baut sich den zur Legende gewordenen Futuristen mit sicherem Griff ins Fundament seiner Macht ein. Er dekretiert:

»Majakowski ist und bleibt der begabteste Dichter unseres sowjetischen Zeitalters. Gleichgültigkeit gegenüber seinem Andenken und seinem Werk ist ein Verbrechen.«

Selbst Gorkis Stellung, die mit seiner literarischen Bedeutung schon nichts mehr zu tun hat und der eines Hohenpriesters entspricht, wird immer qualvoller. Er ist ein Gefangener seiner Position. Stalin hatte seine Freundschaft (von Datscha zu Datscha) gesucht; Gorki hatte sie erwidert. Als sie 1932 gemeinsam bei einem Essen in der Stadtvilla Gorkis die Formel vom »sozialistischen Realismus« küren, erscheint das zunächst als kulturelle *Liberalisierung*, als Rehabilitierung des klassischen russischen Realismus und seiner Tugenden (anstelle einer *reinen* Agitprop-Literatur).

Auf dem 1. Allunions-Schriftstellerkongreß im Sommer 1934 herrscht denn auch eine echte, wenn auch leicht hysterische Begeisterung. Im Beisein zahlreicher ausländischer Schriftsteller (viele, vor allem die aus Deutschland, zwangsweise emigriert) werden tagelang niveauvolle und lebhafte literarische Kontroversen ausgefochten. Dazu das Ambiente: Tausende von Zuhörern oder einfach Schaulustigen; riesige Transparente von Shakespeare über Puschkin bis Stalin; und dann die zahllosen Delegationen:

> »Die Eisenbahner nahmen auf einen Signalpfiff hin Aufstellung, die Pioniere bliesen in ihre Trompeten, die Kolchosbäuerinnen brachten gewaltige Körbe mit Früchten und Gemüse, die Usbeken schenkten Gorki einen Chalat ... Alles war feierlich, naiv und rührend und glich einem riesigen Karneval.«

So Ilja Ehrenburg in seinen Erinnerungen. Der hysterische Zug, den diese Begeisterung hat, kommt daher, daß fast alle diese Schriftsteller zu viel gesehen haben, um nicht zu wissen, auf welcher dünnen Decke über Blut und Schlamm dieser Kongreß tanzt. Und wenn es von einigen hieß, sie »schwiegen«, wie im Falle von Isaak Babel, dem Autor der weltberühmt gewordenen »Reiterarmee«, so bedeutet das in der Realität nur, daß Babel (wie viele andere) ihre jüngsten Sachen nicht mehr gedruckt bekommen hatten. Insofern war es auch ein Tanz auf einem ganzen Berg unveröffentlichter Bücher und versteckter oder schon konfiszierter Manuskripte. Die Anhänglichkeit für Gorki, der als Obergötze über dem Saal thronte, hatte insofern etwas von einem Appell an einen schützenden Fetisch.

Und wenn Gorki den Schriftstellerkongreß – ganz im Stile des kurz vorher abgehaltenen Parteikongresses – damit beendete: »Es lebe der Führer des Proletariats, der Partei Lenins, es lebe der Führer der Partei, Jossif Stalin!«, worauf der »stürmische, langanhaltende Applaus« laut Protokoll in »eine Ovation übergeht« –, dann steckte darin die beschwörende Erwartung, es möchte das Schlimmste nun vorüber sein.

Nur in diesem Klima trügerischer innenpolitischer Entspannung – die sich an die Aussage des Parteitags 1934 knüpfte, daß »die soziali-

Gorki-Plakat mit zwei bemerkenswerten Zitaten des Meisters, um 1933/34:
»Die Bourgeoisie ist der Feind der Kultur« »Lüge, Rassismus, Kosmopolitis-
mus, Provokation, Militarismus, Obskurantismus, Verleumdung, Faschismus!
Das ist der ›Geist‹ der heutigen Bourgeoisie, ein ekelhafter, schändlicher
Geist.«

stische Lebensform in unserem Lande unwiderruflich und endgültig
gesiegt hat« – lassen sich die fast zwanglosen Steigerungen interpretieren, die der Stalin-Kult hin zu seinem ersten Klimax im Jahre 1936
erreicht: dem Jahr der Verabschiedung der »Stalinschen Verfassung«
– der »freiesten Verfassung der Welt«.

Einer wird über alledem immer unfroher: **Gorki.** Vielleicht weil
seine Nähe zum Zentrum der Macht ihn ahnen ließ, daß der Mord
an Kirow im Sommer 1934 nur ein Präludium war, daß von Entspannung keine Rede sein konnte, sondern die Repression in aller Stille
längst immer ungeheuerlichere Formen annahm (seine frühere
Frau, die Peschkowa, leitete aufopfernd ein Hilfskomitee für die Ange-
hörigen der Verhafteten, bis es 1935 aufgelöst wurde). Dann der
plötzliche Tod seines einzigen Sohnes Maxim, um den »etwas Uner-
klärliches« war (später, in den Prozessen, würde es heißen, er sei
vom GPU-Chef Jagoda vergiftet worden – wie Gorki selbst). Im übrigen aber scheint sich Gorki *einem* beharrlichen Ansinnen seines
Freundes und Nachbarn verweigert zu haben: eine Biographie oder

wenigstens eine biographische Sizze in der Art des Lenin-Portraits, auch über ihn, Josef Stalin, zu verfassen. Gorki läßt sich zwar wiederholt zu Charakterisierungen des Führers wie dieser aus dem Jahre 1934 herbei:

>Ununterbrochen und immer schneller wächst in der Welt die Bedeutung Josef Stalins ... Ein vorzüglich organisierter Wille, der eindringliche Geist eines großen Theoretikers, die Kühnheit eines talentvollen Chefs, die Intuition eines echten Revolutionärs, der imstande ist, sich in den komplizierten Eigenschaften der Menschen feinfühlend zurechtzufinden und die besten dieser Eigenschaften zu züchten (!), während er diejenigen erbarmungslos bekämpft, die die andern an der Entwicklung zur höchsten Höhe hindern – haben ihn an die Stelle Lenins gebracht.«

Aber mehr denn doch nicht. Gorki zieht sich zurück. Er scheint darum gefleht zu haben, wenigstens zeitweise noch einmal in seine leere Villa in Sorrent zurückkehren zu können (das wird ihm so liebevoll wie bestimmt »ausgeredet«). Immer häufiger von Weinkrämpfen heimgesucht, schreibt der Alte an seinem Lebensopus, dem Romantorso »Klim Samgin«, dessen verächtlichem Haupthelden, dem Prototypen eines schwankenden Intelligenzlers, er immer mehr Züge der eigenen Biographie beigibt. Das Ende des Romans sollte (einem handschriftlichen Entwurf zufolge) »Klim« unter den Füßen roter Matrosen zertreten sehen »wie eine Schabe«...

Nicht daß Gorki seine »Unzeitgemäßen Gedanken« noch einmal dächte. Im Gegenteil: Er denkt jetzt zeitgemäß. Er weiß, daß *er selbst* dieser Zeit nicht mehr entspricht; daß er aufgefordert ist, seinen längst reservierten Platz im Pantheon einzunehmen.

Es konnte nur noch *einen* Gott geben: JOSEF STALIN.

# DER HERR DES MORGENGRAUENS

Man schrieb das Jahr 1935. Ein warmer, sonniger Herbsttag lag über Paris ... Zehn große, mit Blumen und Kränzen vollgeladene Lastkraftwagen fuhren einem von einem mageren Pferdchen gezogenen Leichenwagen, dem Leichenwagen der Armen, voraus. Und rechts und links schritten schöne, in Weiß gekleidete junge Mädchen mit Rosen im Haar, die rote Kissen trugen. Auf diesen lagen nicht Orden und Medaillen ... Auf den Kissen lagen des Toten literarische Werke, und die Bücher trugen die Titel, die Millionen Menschen bekannt waren ... ›Das Feuer‹ und ›Stalin‹.«

Fünf Kilometer sei der Trauerzug lang gewesen, dreihunderttausend Menschen seien dem Sarg gefolgt, mit erhobenen, festgeballten Fäusten, dem Gruß der Volksfront ...»Das Volk von Paris nahm Abschied von seinem Dichter **Henri Barbusse**.«

Die kommunistische Bewegung verwandelte sich Mitte der 30er Jahre in einen einzigen Kultus, worin namenlose Massen und große Einzelne in feierliche Beziehung zueinander treten. Und die Figur des Dichters steht gleich neben der des revolutionären Führers. Denn der Dichter *vermittelt* zwischen der Masse und dem Führer, und das macht seine Gestalt selbst weihevoll wie die eines orientalischen Tempelpriesters.

Unter den Großdichtern der Zeit, die im Rahmen der Kommunistischen Internationale und, seit deren Kongreß 1935, im Rahmen der internationalen »Volksfront« ihres Amtes walten, ist Henri Barbusse einer der Größten – und der Erfolgreichsten. Der Autor des klassischen Weltkriegs-Romans »Das Feuer« hatte sich im Laufe der 20er Jahre zum Parteiregiment bekehrt. Das hatte seine internationalen Auflagen in enorme Höhe getrieben, etwa im selben Tempo, in dem seine ursprüngliche dichterische Kraft verfiel. Anfang der 30er Jahre unterhielt Barbusse eine Art Literaturbüro, das unter seinem Namen lief.

Nachdem der Parteikongreß im Januar 1934 Stalin (aus dem Munde seines Hauptrivalen Kirow) den Titel des »Größten-Menschen-aller-Zeiten-und-Völker« (wörtlich!) verliehen hatte (ihm aber in der geheimen Abstimmung, wie es heißt, *weniger Stimmen* gab als Kirow, weshalb dieser verstohlene Hoffnungsträger Monate später einem Attentat zum Opfer fiel), – übernahm Henri Barbusse den »gesellschaftlichen Auftrag«, eine Stalin-Biographie zu verfassen, nachdem Gorki sich so halsstarrig verweigert hatte.

Genauer gesagt, übernahm das Literaturbüro »Barbusse« den Auftrag. Ausgeführt wurde er von **Alfred Kurella** – der dies dem ungarischen Autor Ervin Sinkó anvertraute, mitsamt dem pikanten Detail, daß er für diese »Neger«arbeit nur 50 % des Honorars erhielt; die andern 50 % gingen an Barbusse, der das Werk erst vor Drucklegung durchsah. Kurella fand das in Ordnung: »Von einem bürgerlichen französischen Verleger herausgebracht, erreicht das Buch auch Schichten, an die ein kommunistischer Verlag niemals herankäme. Der bürgerliche Verlag verlegt das Buch nur deshalb, weil der ›weltberühmte‹ Barbusse als Autor zeichnet, also ...«

Das Buch von »Henri Barbusse«: »Stalin. Eine neue Welt«, verdiente es, unter die großen phantastischen Romane der Weltliteratur gezählt zu werden. Es ist die klassische literarische Übertragung des kollektiven Phantasmas von der Gestalt eines Führers, des Führers schlechthin.

Leider ist es notwendig, diese sprühenden 300 Seiten in allerknappster Form zu *paraphrasieren*, um überhaupt einen Eindruck zu vermitteln.

Eröffnung: eine feierliche Volksdemonstration auf dem Roten Platz, dem Herzen Moskaus, dem Herzen der sowjetischen Heimat, dem Herzen der Welt der Proletarier. Das tosende Volksmeer hat jetzt einen Mittelpunkt, zu dem die jubelnden Rufe emporfliegen: STALIN.

Stalin ist das Gesicht des Volkes, das den sechsten Teil des Erdballs bevölkert, das *Gesicht der Menschheit*.

Gleich darauf: ein Einblick in das intime häusliche Leben. Wir sehen einen einfachen und bescheidenen Menschen in einfacher und bescheidener Umgebung (merken: die berühmte *Bescheidenheit* Stalins).

Dabei ist dies der größte und bedeutendste unserer Zeitgenossen, dessen titanische Gestalt über Europa und Asien, über dem Heute und dem Morgen steht...

Die Kindheit, die Jugend- und Lehrjahre: bittere häusliche Armut; der erste marxistische Zirkel im Priesterseminar von Tiflis; dann Leben und Wirken unter den Tabak- und Schuharbeitern. Der junge Jossif organisiert Zirkel, ist überall zu finden, wird ein *Arbeiter der Arbeitersache*.

Dazu braucht es: eiserne Gesundheit, unwiderstehliche Energie, unbegrenzte Arbeitsfähigkeit; sich lieber ein glühendes Eisen unter die Haut jagen zu lassen, als die Namen und Adressen von *Genossen* auszuplaudern. Das Herz gehört *Der Sache* – unmöglich, es anderem zu widmen, der Liebe etwa. Keine freie Minute, kein Pfennig Geld. Aber Hoffnung. Nein, das genügt nicht: man muß vor allem *Klarsehen*. Dazu braucht es das immer tiefere Verständnis des *Marxismus*, der neuen Waffe der Revolutionäre.

Und Stalin folgt dem Weg Lenins. Zusammen organisieren sie die, wie die Woge des Ozeans gewaltige, Befreiungsbewegung der unterdrückten Massen. Lenin – *Der Riese* [Kapitelüberschrift] – mit dem Stalin niemals Differenzen hatte. Niemals! Er bleibt stets sein treuester, bester Gefährte. Stalin ist überall, bereist die Parteigruppen, organisiert die »Prawda«. Verhaftet, verbannt, kehrt er immer wieder ...

Am Vorabend des Oktober wird er in das Aufstandskomitee gewählt (Kalinin muß das bezeugen). Denn Lenin zählt ihn zu denen wenigen, mit denen so ein Aufstand zu beschließen und zu machen ist. Und der Sozialismus, der seine revolutionäre Reinheit bewahrt hatte, der Bolschewismus also, zog strahlend in den Kreml ein. Lenin – Stalin: Das ist der Weg des *Sieges.*

Und weiter so: Jede beliebige Front, an die Lenin ihn schickt, jede beliebige Aufgabe, die er ihm überträgt – in allem wird Stalins Führertum, sein lenkender Wille sogleich sichtbar. Seine Siege an den Fronten des Bürgerkriegs hätten genügt, einen Feldherrn berühmt zu machen. Stalin tut mehr: Er eröffnet sicheren Fußes den historischen Weg zum Sozialismus. Die Welt hat nie eine so *riesenhafte* sinnvolle Arbeit gesehen. [Hier folgt reiches statistisches Zahlenmaterial.] Nebenbei löst Stalin auch noch ein anderes tragisches Menschheitsproblem: die Nationalitätenfrage. Freundschaft der Nationen, d.h. den Patriotismus nicht *gegen*, sondern *in* den Sozialismus stellen, heißt die definitive Lösung. Nun sind Millionen Augenpaare, aus der entwickelten Welt ebenso wie aus der Welt der Kolonien, auf die neuen, weisen Gesetze territorialer Rationalisierung gerichtet, wie sie die Sowjetunion unter Stalin verwirklicht hat.

Kurzum: Es gibt in seiner Laufbahn, mindestens seit dem Jahr 17, kein einziges Jahr, wo das, was er in ihm vollbracht hat, nicht einen anderen für sein ganzes Leben berühmt gemacht hätte. Sein Name sagt alles: Stalin – *Der Mann aus Stahl*, Lenin lebt in allen; aber nirgendwo ist sein Gedanke und Wort so lebendig wie in Ihm – Stalin. *Stalin ist der Lenin unserer Tage.*

Die originalen abschließenden Worte des Buches:

»Wenn man des Nachts über den Roten Platz geht, auf dem zwei Weltzeiten ihre gigantischen Spuren hinterlassen haben ... – so scheint es einem, daß der, der dort in der Gruft, in der Mitte des nächtlich verlassenen Platzes ruht, der einzige in dieser Welt ist, der nicht schläft, und der über das wacht, was um ihn in Städten und Dörfern lebt und webt ... Er ist der väterliche Bruder, der wirklich für alle gesorgt hat. Ihr, die ihr ihn nicht gekannt habt – er hat von euch gewußt ... Wer ihr auch seid – der beste Teil eures Geschicks liegt in den Händen jenes *anderen* Mannes, der jetzt auch wacht und *für euch* wacht und arbeitet – der Mann mit dem Kopf des Gelehrten, mit dem Gesicht des Arbeiters und dem Anzug des einfachen Soldaten.«

Sollte aber jemand ihm, Barbusse, (wie er voraussieht) den Vorwurf machen, er habe einen *Panegyrikus* geschaffen (ein bestelltes Herrscherlob), so wird ihn das gar nicht wundern. Da läßt sich nichts machen: Schafft doch in der Gestalt Lenins und Stalins *»die Wirklichkeit selbst* sich einen Panegyrikus«.

Dem »Dichter von Paris« antwortet in diesen Jahren der »Homer der Steppe« – den es gleich in mehreren Exemplaren gab.

Einem von ihnen, **Dschambul**, angeblich Stalins Lieblingssänger, hat der spätere isländische Nobelpreisträger und damalige junge Fellowtraveller **Halldor Laxness** ein gar nicht so ironisches Denkmal gesetzt.

»Es fehlte ihm nur ein Monat zum 92. Lebensjahr, als ich ihn in Tiflis kennenlernte: ein lederhäutiger Alter von niedrigem Wuchs, breitgesichtig, mit hohen Backenknochen, rotäugig vor Bejahrtheit, sonst gut beisammen. Alltags trug er einen rotbraunen Kaftan, hohe Stiefel und einen großen Fez aus Pelz ... Wenn er sich aber selbst einen Festtag bereitete und zu dichten anfing, wobei er gleichzeitig seine ›Dombra‹ schlug, die mit zwei Saiten bespannte Laute der Salzsteppe, warf er sich einen prachtvollen violetten Seidenkaftan über. Er hatte eine Gruppe unbedeutender Dichter aus seiner Heimat um sich geschart, die ihn verehrten, ihm aber auch als Dolmetscher dienten, denn er war des Russischen nicht mächtig. Am liebsten dichtete er spontan vor großen Menschenmengen, wobei seine Jünger mitschreiben mußten, damit die Gedichte für die Ewigkeit festgehalten würden...

Dschambul war wie viele einfache Menschen: man brauchte nur auf einen Knopf zu drücken, dann kamen Gedichte. Wenn man ihm den Seidenkaftan überstülpte, ihm die Dombra in die Hand legte und etwas sagte, das ihn in gute Laune versetzte, so entschlüpfte ihm ein Gedicht ... (und) ehe man sichs versah, war er in Schwung geraten und fuhr so lange fort, bis ihm nichts mehr einfiel. Dann schloß er alles mit Lobgesang und Gebet für Stalin ab. (...)

Sie ließen diesen wunderbaren ›Wilden‹ in den Jahren 1936–38 einen ganzen Psalter über Stalin verfassen, einen quasi-Panegyrikus auf die großen Säuberungen. Dieser Gedichtband ist eines der schönsten Exemplare eines russischen Buches ... eine wahre Prachtausgabe ... außer daß der Rücken aus Eisen ist, eine Art Symbol für Stalin; doch Eisen rostet. Keinem Dichter, der Stalin bedichtet hat, ist es so gut gegangen wie Dschambul, und keiner nahm ein besseres Ende. Nach Lektüre dieser Psalmen auf 160 eng bedruckten Buchseiten kann man Stalin lieben lernen wie einen vermenschlichten Gott ... ›Ich stand vor ihm, meiner Sonne ... Stalin, die Frühjahrssonne selbst, das bist Du ... Stalin, Du läßt Deine Augen wandern, und wie unter einem warmen Sonnenstrahl erhebt sich die Kornähre auf dem Acker, die Blume entfaltet sich.‹ ...

Manchmal ließen sie den Alten über die intimsten Satrapen Stalins dichten. Es machte ihm keine Mühe, eine Eloge von 156 Versen auf Jeschow aus dem Ärmel zu schütteln, den Leiter der Geheimpolizei ...; er besang jedes der Gesetze, die Stalin schuf, und selbst ein so trockenes Motiv, wie es die ›Prawda‹ ist, war Anlaß für tiefempfundene Verse.

Selbst in der Übersetzung in eine vom Kasachischen so weit entfernte Sprache, wie es Russisch sein muß, bleibt die Ursprünglichkeit aus des Dichters ›Dombra‹ spürbar; nie ein Gähnen, Leben in jedem Ton; in den Augen des Dichters wacht ein Glanz aus dem fernen Osten, der nie von Unechtem überschattet ist.«

Eine Kostprobe aus Dschambuls Werk, ins noch fernere Deutsche übertragen:

Die Jugend hat Stalin mir wiedergegeben,
mein Stalin, der Freude dem Volke nur gab.
Nie hat deinen Dschambul Wärme umfangen.
Dein Dschambul welkte am Wüstenhang
wie eine Blume, Du, strahlender Stalin,
wußtest es gleich, als sein Lied dir erklang;
hast über Tausende Werst mich gefunden,
hast mir den Leninorden gesandt,
für meine Lieder hast du, Geliebter,
reichlich beschenkt mein goldenes Land.

Ich schau in die Zukunft, heiß ist die Seele –
Ich sehe die Jungen! – Wie glücklich ich bin! –
Sie reiten – Dshigiten* auf feurigen Pferden –
als Herren über die Erde dahin.

Laxness wollte sagen: Diese fahrenden orientalischen Sänger hatten eine *authentische* Tradition der Panegyrik; und nicht sie waren so sehr zu blamieren, als eher schon Gorki, wenn er in seiner Schlußrede auf dem Schriftstellerkongreß mit feuchten Augen sagte:

»Einen erschütternden Eindruck hat auf mich und – ich weiß – nicht nur auf mich Sulejman Stalski gemacht. Ich habe gesehen, wie dieser Greis, ungebildet aber weise, während er im Präsidium saß, flüsternd seine Verse schuf, um sie dann, *ein Homer des XX. Jahrhunderts*, in staunenerregender Weise vorzutragen. *(Beifall)* Behütet die Menschen, die fähig sind, solche Perlen der Poesie zu schaffen, wie sie Sulejman schafft. Ich wiederhole: der Ursprung der Wortkunst liegt in der Folklore.«

Diese Folklore der Stalinschen Völkerfreundschaft blühte wie der Mohn auf den Schlachtfeldern. In jeder Sprache der Union fand sie ihre Sänger. Über den lesghinischen Barden **Sulejman Stalski** wurde wiederum von einem **Effendi Kapijew** ein ganzer Roman verfaßt, »Sulejman der Dichter«, der gänzlich auf jenen Klimax ausgerichtet ist, der authentisch überliefert ist: als Sulejman auf einem Kolchoskongreß 1936 sich dem großen Stalin zu Füßen warf und ihm in dieser Stellung seinen Lobpreis darbrachte.

»Um dieses Augenblicks willen hatte es sich verlohnt, alle Unbill des Lebens zu erdulden, viele Pfade zu gehen ... und seine Ehre, rein wie die Flamme, zu erhalten; denn nur ein Mensch mit unbeflecktem Gewissen und sauberen Gedanken vermag den Pfad zu gehen, der übers Meer zu unserem Lenker, zur Unsterblichkeit führt ... Alles sehend und alles wissend, diese unruhige Welt mit Adlerblick durchschauend, wird er uns nicht verlassen. Er kennt unsere Sorgen und wird uns den Weg aus allem menschlichen Leid zeigen. Unmögliches wird er möglich machen, Unbesiegbares wird er besiegen!«

Schon ab 1934, und vollends ab 1936, nahm die Vergöttlichung Stalins phantastische bis absurde Züge an. Man findet dafür buchstäblich keine historische Parallele; allenfalls noch im Volkschina Mao Tse-tungs oder im Volkskorea Kim Il-Sungs dreißig Jahre später.

In endloser Marschkolonne wird zu jedem der zahlreichen hohen Festtage vor dem Führer in immergleicher Form das Bild des Führers vorbeigetragen. Manchmal wird das Bildnis auch an Ballons in die Wolken aufgelassen. Sein Portrait oder seine kleine, größere, große,

---

* *Dshigiten*: Krieger

sehr große, zuweilen auch gigantische Statue schmücken die kleinste Kammer und den höchsten Gipfel der Union. Unzählige Ölbilder in realistischem Stil bringen sein Wirken dem Volke nahe. Es heißen nach ihm: Stalingrad, Stalino, Stalin, Stalinabad, Stalinsk, Stalinogorsk, Stalinissi, Stalinir ... – bis hinunter zum Stalin-Aul in der Steppe; jedenfalls sind 20 veritable Städte darunter, von all den Kolchosen, Fabriken etc. gar nicht zu sprechen; und praktisch in *jeder* Stadt, in *jedem* Ort, in *jeder* Datschensiedlung, gibt es wenigstens einen Platz oder eine Straße mit seinem Namen. Aber auch zwei Gebiete der Union tragen seinen Namen; und eine Meeresbucht... Aus den Stalin-Traktorenwerken rollt der Traktor »Stalinez«; und einige Teile mögen aus dem besonders harten Stahl namens »Stalinit« gefertigt sein.

Aber was nähme denn *nicht* seinen Namen an? Die Partei, die Epoche, die Verfassung, der Fünfjahresplan, das Banner, die Luftflotte, der Plan zum »Wiederaufbau« Moskaus ... Schlechthin *alles* trägt seinen Namen. Und nach dem Lexikon der Worthäufigkeit kommt hinter dem Wort »Stalin«, fast gleichauf, das Wort »groß«. Dann kommt lange Zeit gar nichts.

Stalins Genie, seine Rolle einer Koryphäe für alles und jedes, kann man geradezu von Jahr zu Jahr wachsen sehen. 1932 sagt der Ankläger Krylenko auf dem Schachspielerkongreß: »Wir müssen ein für allemal die Losung ›Schach um des Schachs willen‹ so wie die Losung ›Kunst um der Kunst willen‹ verurteilen. Wir müssen ... uns unverzüglich an die Verwirklichung eines Fünfjahrplanes für das Schachspiel machen.« Ein Fünfjahrplan aber ist ein Stalinscher Plan.

Von dort rollt es durch alle Künste und Wissenschaften, von Jahr zu Jahr an Wucht gewinnend. Es beginnt mit der Proklamation eines »Fünfjahrplans der Poesie«. Und schon gibt ein Epitaph das andere:

»Jeder Absatz, jede Zeile von Stalins Gedanken bietet ein höchst fruchtbares Thema für künstlerische Arbeiten.« *(Vereinigung Proletarisch-Revolutionärer Schriftsteller).* »Es ist Aufgabe der Linguisten und Literaturhistoriker, den Stil Stalins zu studieren.« *(Literaturnaja Gaseta)* »Wenn Sie mich fragen, wer die russische Sprache am besten zu sprechen versteht, antworte ich: Stalin.« *(Kalinin, Staatspräsident)* »Stalin ist nicht mehr und nicht weniger als der direkte Nachfolger Goethes.« *(Eine Schriftstellerin)*

Eine andere, die philosophische Deklination: Zum 300. Geburtstag *Spinozas* 1932 werden, inmitten diverser Ausführungen zum Thema, zusammenhanglose Stalin-Zitate miteingerückt. Wenige Jahre darauf gehört Stalin bereits »zu den profundesten Kennern und Kritikern *Hegels*« (Prawda). Allerdings: »Die volle Bedeutung der Theorie *Kants* für die heutige Wisenschaft kann man nur im Lichte des letzten Briefes des Genossen Stalin voll verstehen.« (Ein Mitglied der Akademie der Wissenschaften). Dann:»Gewisse Voraussetzungen von *Aristoteles* sind nur von Stalin in vollem Umfang verstanden worden.« (Kultura i Revoluzija). Schließlich:»*Sokrates und Stalin* sind der Gipfel der Weisheit.« (Kultfront).

Eine besonders weitreichende Feststellung trifft am Ende ein Autor der Iswestija:»Kann man denn wirklich über *irgendein* Thema schreiben, ohne seinen Stalin zu kennen? Niemals! Ohne Stalin kann niemand etwas verstehen oder etwas schreiben, was von Interesse ist.« Dieses Zitat läßt sich freilich auch gegenlesen: Nichts Interesssantes ließ sich mehr schreiben, ohne den schützenden Namen Stalin wenigstens einmal – in noch so absurdem Zusammenhang – fallengelassen zu haben. In der Entschlüsselung des Kultes ist dies ein wesentliches Element: der»Schwejksche Faktor« gewissermaßen.

>»Eines ist sicher: In dieser Zeit atemlosen Stalin-Lobpreises war ein Mann da, der nie Atembeschwerden bekam, weder Tränen vergoß noch Schaum vor dem Mund hatte, wenn er ans Rednerpult ging, sondern leise und langsam sprach und mit der Zunge ein wenig an die Backenhöhle drückte, als glaube er nicht allzu sehr an das, was er gerade sagte – das war der Genosse Stalin selbst, die wenigen Male, wo er aufstand und eine Rede hielt.« (H. Laxness)

>»Eines ist bemerkenswert: Dies alles geschah ohne besondere Anweisung eines Komitees für Kunstangelegenheiten oder eines Kultusministeriums. Die Stalin-Gesänge – in den Kindergärten und Schulen, in den Stadien und auf den Straßen, auf der Bühne und in der Zirkusmanege – wurden zu einer alltäglichen Erscheinung wie für Gläubige das obligatorische Morgengebet.« (A. Antonow-Owssejenko)

Und es machte sich auch auf im Jahre 1935 aus dem schönen Villeneuve am Genfer See der eminente französische Romancier **Romain Rolland**. Und es war dies einer, der sich seinem Gelobten Land im Geiste schon von weit her genähert hatte, vor allem in seinem Romanzyklus»Die verzauberte Seele« (1922–1933) in der Gestalt seiner Heldin Anette (aus der er selbst spricht) und ihres zum Kommunisten gewordenen Sohnes Marc. Darin spiegelt sich der Stationenweg seines eigenen Lebens, der Rolland über eine panreligiöse Liebesmystik und einen enttäuschten Pazifismus nach dem Vorbild Ghandis zu wachsender Bewunderung für die sowjetischen Führer gebracht hatte.»Diese Männer *glauben*«, notierte er schon 1920.

Als 1927 die Exilierten *Konstantin Balmont* und *Iwan Bunin* einen verzweifelten»Appell der gemarterten russischen Schriftsteller« an ihn richteten (zugunsten mehrerer verhafteter Autoren), antwortete Rolland ihnen in feierlicher Ablehnung:

>»Diese neue Ordnung ist über und über mit Blut befleckt, vollkommen besudelt, wie die Frucht, die wir dem Mutterschoße entreißen. Trotz allem

Abscheu ..., greulicher Irrtümer und Verbrechen, gehe ich hin zu dem Kindchen, hebe es auf, das Neugeborene: Es ist ... die letzte Hoffnung für die Zukunft der Menschheit.«

Als *Panait Istrati* 1929 Rolland das Manuskript des ersten seiner drei desillusionierten Rußland-Bücher zuschickt, schreibt der ihm zurück:

>»Diese Seiten sind heilig. Sie müssen in den Archiven der Ewigen Revolution aufbewahrt werden, in ihrem goldenen Buch ... *Aber veröffentlichen Sie sie nicht!*«

(Manès Sperber nennt Rolland in diesem Zusammenhang einen der »moralischen Initiatoren jener *Verschwörung des Schweigens*«, die sich in den Jahren der Kollektivierung und der Säuberungen schützend um die Sowjetunion legte.)

Rolland steht im Briefwechsel mit Gorki; er äußert sich mehrfach anerkennend über Stalin. 1934 schreibt er:

>»Seit langem bin ich frappiert von der granitenen Festigkeit seines Denkens, die sich mit praktischer Menschenkenntnis verbindet ... Er ist ein wahrhaft großer Staatsmann. Ich wäre glücklich, ihn eines Tages kennenzulernen.«

Das Ergebnis ist eine Einladung, im folgenden Jahr (1935) die Sowjetunion zu besuchen. Es wird ein gigantisches Ereignis im Zeichen der neuen »Volksfront«. GORKI & ROLLAND verkörpern zwei ins Übermenschliche entrückte Heroen des Geistes. Eine Orgie von Banketten und Festreden folgt. Und Rolland hat das Gelobte Land *gesehen*. Bei der Ausreise richtet er ein persönliches Telegramm an Stalin:

>»Ich reise ab mit der wirklichen Überzeugung, die ich schon auf der Hinfahrt vorausgefühlt habe, daß der einzige, wirkliche Weltfortschritt untrennbar mit dem Schicksal der UdSSR verbunden ist, in die sich die ganze Menschheit umwandeln muß und umwandeln wird; und daß es unbedingte Pflicht ist, sie gegen alle zu verteidigen, die ihren Aufstieg bedrohen. Von dieser Pflicht – Sie wissen es, *teurer Genosse!* – ... werde ich niemals lassen, solange ich noch lebe.«

Die Verabschiedung der neuen Sowjetischen Verfassung von 1936 – der »demokratischsten Verfassung der Welt«, als die sie sich selbst proklamiert – schlägt ihre westlichen Sympathisanten mit tieferer Blindheit über die sozialen Realitäten des Landes als je zuvor.

**Heinrich Mann** schreibt in der in Moskau herausgegebenen »Internationalen Literatur«:

>»Nun lese ich an der Spitze einer Zeitschrift, die von mir einen Roman bringt, die Rede des Staatschefs über die neue Verfassung. Ich vermute wohl, daß die vollkommene Demokratie und der realistische Humanismus in so kurzer Zeit nicht durchgeführt sein können. Generationen von So-

wjetmenschen müssen durch die Schule der Demokratie und des Humanismus gehen, bevor sie allen Ansprüchen einer solchen Verfassung genügen. Aber die Hoffnung, daß es gelingt, wird überaus bestärkt, wenn ich die Worte Stalins lese, denn sie sind zuversichtlich, gütig und von großer klarer Geistigkeit. Es ist mir neu, daß das Haupt eines großen Staatswesens alle diese Eigenschaften besitzt und sie mit einer bedeutenden Tatkraft vereinigt ... Das ist eine unverkennbare Neuheit.«

Die Sowjetbürger müssen also über Generationen sich geistig und menschlich bilden, um den hohen Ansprüchen ihrer Verfassung zu genügen – wie sie einstweilen erst von deren Schöpfer, Stalin selbst, verkörpert werden! (In Wirklichkeit hatte *Bucharin* die Verfassung noch federführend ausarbeiten dürfen – bevor er als Haupt einer gigantischen Verschwörung »entlarvt« und abgeurteilt wird.)

Das gewaltigste Lob aber singen **Sidney und Beatrice Webb** in ihrem zweibändigen Werk »Eine neue Zivilisation«, das nach jahrelangen Vorarbeiten 1936 erscheint. Wir zitieren hier aus einer Zusammenfassung des Buches in Broschürenform von 1941 (»Die Wahrheit über Sowjetrußland«), mit einem Vorwort von **G.B. Shaw**, dem alten Weggefährten der Webbs seit den Tagen des Fabier-Sozialismus. Er erwähnt ihre grundlegenden Arbeiten über die britischen Gewerkschaften und die industrielle Demokratie, um dann zu schreiben: »Ihre beiden Bände geben uns die erste wirklich wissenschaftliche Analyse des Sowjetstaates ...«

Ist Stalin ein Diktator? Gar so einer wie Hitler und Mussolini? Auf diese Frage sieht **Beatrice Webb** sich (nach dem Abschluß des Hitler-Stalin-Paktes) genötigt einzugehen. Sie rekapituliert, ohne jede nachträgliche Einschränkung, ihre Aussagen von 1936 über die »Neue Zivilisation«:

Ein Diktator wäre jemand, »dessen Wort Gesetz ist«. Nach dieser Definition ist Stalin offensichtlich *kein* Diktator. Er ist entsprechend der demokratischen Verfassung von 1936 ordnungsgemäß gewählt als Mitglied des Präsidiums des Obersten Sowjet, das seinerseits die Regierung ernannt hat. Das läßt sich mit der viel diktatorischeren Stellung des US-Präsidenten oder selbst des britischen Premierministers gar nicht vergleichen.

Natürlich verdankt Stalin seine überragende Stellung in erster Linie seinem Amt als Generalsekretär der Partei. Die Partei ist jedoch, anders als die Katholische oder Anglikanische Kirche, keine oligarchische, sondern eine demokratische Institution. Stalin, das hat er mehrfach betont, ist kein Diktator oder »Führer« (hier steht im englischen Text das deutsche Wort); er tut nichts weiter, als die Befehle des Zentralkomitees und des Politbüros auszuführen; er kann *jederzeit* in seiner Funktion *abgewählt* werden.

Die Sowjetunion ist auch deshalb die umfassendste und egalitärste Demokratie der Welt, weil sie (anders als Großbritannien in seinem Empire) allen Nationalitäten die gleichen Rechte einräumt, einschließlich des Rechtes auf Sezession.

Sicherlich muß *ein* Charakteristikum der Sowjetdemokratie näher erklärt werden: die Tatsache des Einparteien-Systems. Es bedeutet lediglich, daß keine *organisierte* politische Opposition zugelassen ist. Tatsächlich ist aber die Stellung der »Parteilosen« die einer konstruktiven Opposition. Diese Leute sind zwar beileibe keine Gegner des sowjetischen Systems, jedoch – im Verhältnis zum kommunistischen Glauben – so etwas wie *Laien.* Außerdem gibt es noch eine Fülle selbständiger Massenorganisationen. Die Kommunisten nehmen über sie die spezifischen Wünsche der parteilosen Massen auf und verbinden sie mit denen des übrigen Landes. Sie sind, in Lenins wundervoller Definition, die »Führer auf dem Weg in ein starkes, blühend sozialistische Commonwealth«.

Die Kommunistische Partei ist also diejenige Organisation, welche den Millionen von armseligen, vor gerade achtzig Jahren aus der Sklaverei entlassenen slawischen Arbeitern und Bauern, aber ebenso den mongolischen Rassen und primitiven Stämmen des Südens und Ostens der UdSSR, *die Zivilisation bringt.*

Hier ist eine *Fußnote* im Text Beatrice Webbs von erstaunlicher Freimütigkeit. Sie bezieht sich darin auf das Buch eines Prof. Mac-Millan »Die Demokratisierung des Empire«, worin es – vor allem mit Blick auf *Südafrika!* – heißt:

> »daß eine überlegene Rasse, die die herrschende Macht in einem von primitiven Rassen bevölkerten Territorium geworden ist, bevor sie sich von dieser autoritativen Position zurückzieht, die Eingeborenen nicht nur in der Kunst der Selbstregierung unterrichten, sondern auch zu der Fähigkeit erziehen muß, genügend Wohlstand für ein gesundes und kulturvolles Leben zur produzieren«.

Exakt dieses, so Beatrice Webb, beschreibe die Rolle und Aufgabe der Kommunistischen Partei gegenüber den Völkern der Sowjetunion – und bilde den tiefen Grund der abergläubischen Verehrung Lenins und Stalins.

> »Wird Stalin, wenn er von der Bühne abtritt, noch einmal einen ähnlich kultisch bewunderten Nachfolger finden? Ich bezweifle dies. Die Konzeption eines unfehlbaren, auf mysteriöse Weise inspirierten Führers ist mit der materialistischen Geschichtsauffassung des Marxismus-Leninismus völlig unvereinbar. Lenin würde sich über seine eigene, idolisierte Figur im Mausoleum auf dem Roten Platz lustig gemacht haben. Stalin hat niemals behauptet, etwas anderes als der ordnungsgemäß ernannte Vertreter seiner Partei zu sein ... Daher glaube ich, daß diese Kinderkrankheit mit der Ausbreitung von Bildung in den breiten Massen und der Entwicklung wissenschaftlicher Arbeitsmethoden in allen Bereichen menschlicher Aktivität ganz einfach aussterben wird.«

Stalins 70. Geburtstag (1949) haben die Webbs leider nicht mehr erleben dürfen. Als Baron und Lady Passfield sind sie in der Westminster Abtei unter den großen Söhnen und Töchtern Britanniens beigesetzt worden.

Unter den vielen, die – das Land der Sowjets, wie einst das der Griechen, »mit der Seele suchend« – auf literarischen Staatsbesuch kamen, war auch **André Gide** (im Juni 1936). Alles war arrangiert nach dem Muster der geistesfürstlichen Heerfahrt eines Romain Rolland. Nur, daß der Effekt auf Gide der genau entgegengesetzte war. In seinem Buch»Zurück aus Sowjet-Rußland« schreibt Gide:

> »Mein sowjetisches Abenteuer ist von Tragik umwittert: ich kam als überzeugter und begeisterter Anhänger nach Rußland, willens und bereit, eine neue Weltordnung zu bewundern, und man versuchte mich mit all den Vorteilen und Privilegien zu gewinnen, die ich an der alten Weltordnung verabscheue.«

Das Leben in den Fürstensuiten zaristischer Hotels, die barocken Bankette, die Dampferpartien riesiger »Delegationen«, sprich Festgesellschaften – alles dies (zumal man ihm nicht einen Sou dafür abverlangte) brachte ihn dazu, sich mit so prosaischen Fragen wie den Lohn- und Gehaltsstaffeln zu befassen, um entsetzt festzustellen, daß die sozialen Unterschiede weit krasser waren als daheim.

Das andere, was ihm übel ins Auge sticht, ist eben der Stalin-Kult:

> »Stalins Bildnis findet sich überall, sein Name ist auf allen Lippen, sein Lob kehrt unfehlbar wieder in allen Reden... Anbetung, Liebe oder Furcht, ich weiß es nicht...
> Auf dem Wege von Tiflis nach Batumi kommen wir durch *Gori*, die kleine Stadt, in der Stalin geboren ist. Ich habe gedacht, es sei gewiß höflich, ihm einen Gruß zu schicken ... Ich lasse das Auto vor dem Posthaus halten und reiche den Text einer Depesche hin. Sie beginnt etwa: ›Im Laufe unserer wundervollen Reise durch Gori kommend, empfinde ich das herzliche Verlangen, Ihnen ...‹ Aber hier stockt der Übersetzer: So dürfe ich das nicht ausdrücken, ... wenn es *Stalin* sei, dem dieses ›Ihnen‹ gelte, das sei durchaus nicht schicklich ... Man schlägt mir vor: ›Ihnen, dem Oberhaupt der Arbeiter‹ oder ›dem Herrn der Völker‹ oder ... ich weiß nicht mehr, was noch. Ich finde das absurd, bekenne mich zu der Ansicht, Stalin sei über solchen Byzantinismus erhaben. All mein Sträuben ist vergebens. Nichts zu machen... So unterwerfe ich mich, des Haders müde, lehne aber jede Verantwortlichkeit ab und denke mit Betrübnis, wie derlei beitragen müsse, zwischen Stalin und dem Volke eine schreckliche, eine unüberwindbare Kluft entstehen zu lassen.«

Gides Betrübtheit ist noch echt; aber da ist bei ihm ein Faden gerissen. Er sinniert weiter:

> »In der Aufstellung des ersten und zweiten Fünfjahrplanes hat Stalin soviel Klugheit bewiesen ... Wenn es nicht Stalin ist, in dem das Enttäuschende liegt, so ist es also der Mensch, die menschliche Natur. Das Erstrebte, das Ersehnte, dem man sich, nach soviel Kämpfen, Opfern, Tränen ganz nahe glaubte – das ginge also ›über unsere Kraft‹? ... Niemals sind die Stirnen tiefer gesenkt gewesen. ... Daß Stalin alles recht mache, besagt: daß Stalin alles Recht *macht*.
> *Diktatur des Proletariats* hatte man uns versprochen. Wir sind weit vom Ziel. Ja: Diktatur zweifellos; aber die eines Mannes ... Es kommt darauf an, sich nichts vorzumachen, sondern klar zu erkennen: das ist nicht das, was man gewollt hat. Noch ein Schritt weiter, und wir müßten sagen: das ist genau das, was man nicht gewollt hat.«

Alle diese Konjunktive retten Gide nicht davor, nach seiner »Rückkehr aus Sowjetrußland« zum Objekt erregter Attacken zu werden, die ihn vom »Trotzkisten« auch gleich zum Faschisten stempeln. Der dissidente Katholik, bekennende Homosexuelle und nun auch noch abtrünnige Kommunist gerät in eine dreifache Isolierung, die bis weit über das Jahr 1945 hinaus anhalten wird. Erst nach seinem Tod (und dem Stalins) wird man ihn im Fortschrittslager so halbwegs »rehabilitieren«.

Der Besuch **Lion Feuchtwangers** im Dezember 1936 ist ein sorgfältig arrangierter Gegenzug, nicht nur gegen die Wirkung des Buches von Gide, sondern vor allem auch gegen die Unsicherheit und nagenden Zweifel, die der jähe Ausbruch der TSCHISTKA, der Großen Säuberung, gleich nach dem Tode Gorkis im Sommer 1936 verursacht hatte. Konnte es denn möglich sein, daß alle alten Kampfgefährten Lenins – Sinowjew, Kamenew, Pjatakow, Bucharin, Radek, der Feldmarschall Tuchatschewski ebenso wie der Erstürmer des Winterpalais, Antonow-Owssejenko, der GPU-Chef Jagoda ebenso wie die Hälfte der Schriftsteller, die man noch Mitte der 30er Jahre auf den »Volksfront«-Kongressen in Paris, in Charkow oder in Madrid getroffen hatte – daß sie *alle* ein Netzwerk der Konspiration, der Diversion, der Spionage (und zwar für Deutschland, Japan, Frankreich und Großbritannien *gleichzeitig*) gebildet haben konnten?! Und dies auch noch konstruiert um die zentrale Anti-Figur TROTZKI, dem die phantastische Rolle eines Weltagentenführers zufiel, im Solde der faschistischen wie der westlichen Mächte...

Die Nachrichten aus Moskau überstiegen jeden menschlichen Verstand – selbst wenn man berücksichtigt, daß die *wirkliche* Säuberung (die Hunderttausende und Millionen einfach »verschwinden« ließ) in tödlicher Stille vor sich ging und von den ausländischen Sympathisanten und selbst den Besuchern der Sowjetunion allenfalls dann wahrgenommen wurde, wenn ein persönlicher Bekannter oder Freund unter diesen Verschwundenen war.

Würdigt man die Reaktionen (oder besser: die Nicht-Reaktionen) der fortschrittlichen Intellektuellen gegenüber dieser ungeheuerlichen Verschärfung der Diktatur in der Sowjetunion – in *einem* Zuge mit der Inkraftsetzung der »demokratischsten Verfassung der Welt« –, so muß natürlich berücksichtigt werden, daß zur selben Zeit der Bürgerkrieg in Spanien Züge einer Entscheidungsschlacht gegen das Vordringen der aggressiven faschistischen Mächte annahm. Die Sowjetunion hatte sich, wenn auch mit einiger Verzögerung, an der Seite der Republikaner engagiert (nachdem diese ihr den gesamten Goldschatz Spaniens ausgehändigt hatten). Die Verzögerung kam daher, daß die Sowjetunion mit Mussolinis Italien die allerbesten Beziehungen unterhielt und auch nach Hitlers Machtantritt noch immer die Möglichkeiten sondierte, zur Politik von »Rapallo« zurückzufinden, d.h. die alte Traumkombination einer Achse Berlin-Moskau auf neuer Grundlage wiederherzustellen. Hitlers »Antikomintern«-Politik lief dem jedoch aufs schroffste entgegen. Die Politik der »Volksfront« gewann damit – und erst damit – Züge einer großen Antifa-Koalition.

Zweifellos lag für einen so durchaus bürgerlichen, von sozialistischen Ideen weitgehend unberührt gebliebenen Schriftsteller wie Lion Feuchtwanger im Antifaschismus das erste und aufrichtigste Motiv seiner Liebe zur Sowjetunion. Sein »Moskau 1937 – Ein Reisebericht für meine Freunde« kann aber schwerlich als eine bloße schlichte, spontane Sympathieerklärung durchgehen. Allzu deutlich war, daß dieser »Reisebericht« sich nicht nur gegen den Gides richten sollte, sondern auch die *Leerstelle* einzunehmen hatte, die das kurz zuvor eingestampfte Stalin-Buch von Barbusse gelassen hatte:

> »Leider enthielt das 1935 geschriebene Buch zahlreiche Äußerungen von Leuten, die in der Folge als Feinde des Volkes entlarvt wurden. Es finden sich auch einzelne fehlerhafte Auslegungen ...«

– so ein sowjetischer Kommentar zur Begründung.

Als Feuchtwanger im Dezember 1936 (in Begleitung von Ludwig Marcuse) in Moskau eintrifft, bringen alle Zeitungen Begrüßungsartikel. In der »Iswestija« heißt es etwa:

> »Alles, was Feuchtwanger geschrieben hat, ... (ist) von heißer Liebe für die Menschheit und einem nicht minder heißen Haß gegen die Barbarei durchdrungen. ... In seinen Äußerungen über die Sowjetverfassung erklärte er, daß man in den bürgerlichen Verfassungen ›den Hauch der Freiheit und Gleichheit spürt, aber eben nur den Hauch‹. Die wahre Freiheit, eine tatsächliche Gleichheit werden nur in der Sowjetverfassung gesichert, so wie es in der Stalinschen Verfassung mit der äußersten Klarheit, deren die menschliche Sprache überhaupt fähig ist, dargelegt wird.«

Das also erklärte Feuchtwanger schon *vor* dem Antritt seiner Reise. Und es prädisponierte ihn als Teilnehmer einer ziemlich einzigartigen Potemkinschen Farce. Einige Auszüge aus seinem Reisebericht:

> »Jetzt zeigt sich, daß die Planung richtig war, man hat rationell gesät und kann eine reiche, glückliche Ernte einbringen ... Der Moskauer geht in seine Warenhäuser wie ein Gärtner, der... nachschauen will, was heute wieder aufgegangen ist. Befriedigt konstatiert er: sieh da, heute gibt es Mützen, heute Eimer, heute Photoapparate ... So genau die Moskauer wissen: der Zug nach Leningrad geht um soundsoviel Uhr, so genau wissen sie: in zwei Jahren werden wir Kleider haben, welche und soviel wir wollen, und in zehn Jahren Wohnungen, welche und soviel wir wollen.«

Etwaige *Mängel* müssen denn logischerweise andere Gründe haben:

»Natürlich vollzog sich die Durchführung der Fünfjahrespläne, so gut sie im ganzen glückte, nicht ohne Reibungen ... Daß Sabotage-Akte vorkamen, unterliegt keinem Zweifel. Viele Entmachtete, Offiziere, Industrielle, Großbauern, haben es verstanden, sich an wichtigen Stellen einzunisten und Sabotage zu treiben. Wenn etwa heute noch die... Schuhversorgung insbesondere ungenügend geregelt ist, so tragen ohne Frage jene Großbauern die Schuld, welche seinerzeit die Viehzucht sabotiert haben.«

Wenigstens wurde aber verhindert, daß sich die Saboteure auch noch politisch organisieren:

»Nie hätte die Sowjetunion erreichen können, was sie erreicht hat, wenn sie sich eine parlamentarische Demokratie im westeuropäischen Sinne erlaubt hätte. Nie wäre bei voller Schimpffreiheit (*sic!*) der Aufbau des Sozialismus möglich gewesen ... Und vor die Alternative gestellt, entweder einen sehr großen Teil ihrer Kraft auf die Abwehr törichter und böswilliger Angriffe oder ihre gesamte Kraft auf die Vollendung dieses Aufbaus zu richten, haben sich die Führer der Union für die Einschränkung der Schimpffreiheit entschieden.«

So weit, so gut. Aber wo hört die Diktatur auf und fängt die Demokratie an?

»Was wollen Sie eigentlich!‹, sagte mir zu dem nämlichen Thema scherzend ein Sowjetphilolog. ›Demokratie ist Herrschaft des Volkes, Diktatur Herschaft eines Einzelnen. Wenn aber dieser Einzelne das Volk in so idealer Weise repräsentiert, wie das bei uns geschieht, ist dann Demokratie und Diktatur nicht das Gleiche?‹

Dieser Scherz hat einen sehr ernsten Hintergrund. Die Verehrung Stalins, der maßlose Kult, den die Bevölkerung mit ihm treibt, ist mit das erste, was einem Fremden in die Augen springt ... (Es ist) schlechterdings nicht einzusehen ist, was etwa die riesige, häßliche Stalinbüste in der im übrigen mit ausgezeichnetem Geschmack vorbereiteten Moskauer Rembrandt-Ausstellung zu suchen hat ...

Es ist keine Frage, daß diese überschwängliche Verehrung in den weitaus meisten Fällen echt ist. Die Leute spüren das Bedürfnis, ihre Dankbarkeit auszudrücken, ihre grenzenlose Bewunderung. Sie glauben in Wahrheit, alles, was sie sind und haben, Stalin zu verdanken ... Das Volk sagt: Stalin, und es meint die zunehmende Prosperität, die zunehmende Bildung. Das Volk sagt: wir lieben Stalin, und dies ist der naivste natürlichste Ausdruck seines Einverständnisses mit den wirtschaftlichen Verhältnissen, mit dem Sozialismus, mit dem Regime.«

Gerade der Stalin-Kult ist insofern ein authentischer Ausdruck der Demokratie. Allerdings beginnen hier schon wieder gewisse Probleme mit der Demokratie, diesmal nicht als ungezügelte Schimpf-, sondern Lobesfreiheit verstanden.

»Über die Geschmacklosigkeit der übertriebenen Verehrung seiner Person zuckt er (Stalin) die Achseln. Er entschuldigt seine Arbeiter und Bauern, die zuviel zu tun gehabt hätten, um sich auch noch Geschmack beizulegen, und mokiert sich ein bißchen über die hunderttausende ungeheuerlich vergrößerten Bilder eines Mannes mit Schnurrbart, die ihm bei Demonstrationen vor Augen flirrten. Ich mache ihn darauf aufmerksam, daß schließlich auch Männer von zweifellosem Geschmack Stalinbüsten und -bilder, und was für welche, aufstellen an Orten, wo sie nicht hingehören, zum Beispiel in der *Rembrandt-Ausstellung*. Da wird er ernst. Er vermutet, daß hinter solchen Übertreibungen die Beflissenheit von Männern stecke, die sich spät erst zum Regime bekannt hätten und nun ihre Treue durch doppelte Intensität zu beweisen versuchten. Ja, er hält es für möglich, daß die Absicht von Schädlingen dahinter stecke ...«

Wir wissen nicht, was aus den Organisatoren der Rembrandt-Ausstellung geworden ist. Auf jeden Fall ist Feuchtwanger jetzt vorbereitet, den entscheidenden Akt zu vollbringen, um dessentwillen der ganze Besuch *in der Hauptsache* arrangiert war: nämlich als »unvoreingenommener westlicher Beobachter« am zweiten großen Schauprozeß (gegen Pjatakow, Radek u.a.) teilzunehmen.

In einer phantastischen Skizze über »Stalin und Trotzki« legt Feuchtwanger zunächst dar, warum der seiner historischen Rolle enterbte Trotzki angesichts der beharrlich-erfolgreichen Arbeit seines Rivalen Stalin mit geradezu *zwingender Logik* zum Bündnis mit den Faschisten getrieben wurde. Jude oder nicht: »Wenn Alkibiades zu den Persern ging, warum nicht Trotzki zu den Faschisten?« Hier spricht der Autor historischer Romane – und wahrscheinlich gilt dies für das ganze Buch, das man gerne einem Ghostwriter zuschreiben möchte. Aber es ist nun einmal von Feuchtwanger. Und vielleicht muß man noch dankbar sein, daß er über »STALIN UND TROTZKI« – diese »zwei Männer so antithetischen Wesens« – nicht am Ende *wirklich* einen historischen Roman verfaßt hat. Er war nahe davor:

»Es gibt ... Männer, die sich sowohl als Kämpfer wie als Organisatoren industrieller und bäuerlicher Arbeit bewährt haben. Josef Stalin scheint mir ein solcher Mann. Er hat eine kriegerische, revolutionäre Vergangenheit ... Das Werk des *Organisators* Stalin aber, die Errichtung der sozialistischen Wirtschaft, übertrifft wohl noch die Leistung des Kämpfers.

Das Selbstportrait, das Leo Trotzki von sich entwirft, seine sehr gut geschriebene Autobiographie, bemüht sich nachzuweisen, daß auch er, Trotzki, ein ähnlich begabter Mann sei, ein großer Kämpfer *und* ein großer Anführer im Aufbau. Allein gerade dieser Versuch ... scheint mir zu beweisen, daß, bestenfalls, Trotzkis Verdienste beschränkt blieben auf die Zeit des Krieges. ...

Trotzki scheint mir der typische Nur-Revolutionär ... (Er) versteht es – auch sein Buch zeigt das – im Augenblick großer Erregung Massen hinzureißen. Sicher konnte er in pathetischen Stunden einen Strom von Enthusiasmus entfesseln. Was er aber nicht konnte, das war diesen Strom ›kanalisieren‹, ihn für den Aufbau eines großen Staates verwerten.

Das kann Stalin.«

Er Stalin erregte sich, als wir von den Trotzkistenprozessen sprachen...

Von Radek, dem Schriftsteller, dem populärsten unter den Männern des zweiten Trotzkistenprozesses, (sprach er) mit Bitterkeit und bewegt. Erzählte von seinen freundschaftlichen Beziehungen zu diesem Mann. ›Ihr Juden‹, meinte er, ›habt eine ewig wahre Legende geschaffen, die von Judas‹; und es war seltsam, den sonst so nüchternen, logischen Mann diese simpel pathetischen Worte sprechen zu hören.«

Man wird das wohl nicht als Appell an den »Jud Süß« – Autor Feuchtwanger verstehen wollen, über »Judas Trotzki« oder »Jud Radek« zu schreiben? Immerhin, Feuchtwanger ist jetzt in seinem Element:

»Es ist läppisch, diese Prozesse ... simpel auf Stalins Herrschaft und Rachgier zurückzuführen ... Den Prozeß gegen Sinowjew und Kamenew kenne ich aus Berichten der Presse und Erzählungen von Augenzeugen. Dem Prozeß gegen Pjatakow und Radek habe ich beigewohnt ... Der ganze, ungeheure Unterschied zwischen der Sowjetunion und dem Westen wird spürbar, wenn man den einen dieser Prozesse in der Luft Europas, den anderen in der Luft Moskaus auf sich einwirken läßt. ...

Die Männer, die da vor Gericht standen, waren keineswegs gemarterte, verzweifelte Menschen vor ihrem Henker ..., (sondern) gutgepflegte, gutgekleidete Herren von lässigen, natürlichen Gebärden, sie tranken Tee, hatten Zeitungen in den Taschen und schauten viel ins Publikum. Das Ganze glich weniger einem hochnotpeinlichen Prozeß als einer Diskussion, geführt im Konversationston von gebildeten Männern, die sich bemühten, festzustellen, welches die Wahrheit war, und woran es lag, daß das geschehen war, was geschehn war. ...

Unwirklich, unheimlich war die Sachlichkeit, die Nacktheit, mit der diese Männer unmittelbar vor ihrem so gut wie sicheren Tod ihre Handlungen, ihre Schuld darlegten und erklärten ... – der eine mit einem zynischen Unterton, der zweite mit soldatischer Bravheit, der dritte mit innerem Widerstand, sich windend, der vierte wie ein Schüler, der bereut ...

Am erschreckendsten und schwer deutbar war die Geste, mit der Radek nach Schluß der Verhandlungen den Gerichtssaal verließ. Es war gegen vier Uhr morgens ... Von den siebzehn Angeklagten waren dreizehn, darunter nahe Freunde Radeks, zum Tod, er selber und drei andere nur zu Gefängnis verurteilt worden. Der Richter hatte das Urteil verlesen, wir alle hatten es stehend angehört ... Soldaten erschienen ... Einer legte Radek die Hand auf die Schulter ... Radek folgte ihm. Er wandte sich um, grüßend hob er die Hand, zuckte ein ganz klein wenig mit den Achseln, winkte den andern zu, den zum Tod Verurteilten, seinen Freunden, und lächelte. Ja, er lächelte. ...«

Es bleibt ein kleiner Restzweifel:

»Ich muß gestehen, daß, obwohl mich der Prozeß von der Schuld der Angeklagten überzeugt hat, ihr Verhalten vor Gericht mir trotz der Argumente der Sowjetleute nicht bis ins Letzte klar geworden ist ... Wenn man mich um die Quintessenz meiner Meinung befragt, dann kann ich vielmehr nur nach dem Vorbild des gescheiten Essayisten *Ernst Bloch* den Sokrates zitieren, der, befragt über gewisse Dunkelheiten des Heraklit, erwiderte: ›Was ich verstanden habe, ist vortrefflich. Daraus schließe ich, daß das andere, was ich nicht verstanden habe, auch vortrefflich ist.‹«

Der »gescheite Essayist« **Ernst Bloch** antwortete postwendend – war er in einem Aufsatz in der Exilzeitschrift »Neue Weltbühne« doch bereits zu ganz ähnlichen Ergebnissen wie Feuchtwanger gekommen. Der Titel: »Hypnose, Mescalin und die Wirklichkeit« verrät schon die brillante Art und Weise, in der er sich über das »Rätsel der Moskauer« Prozesse lustig macht, wo es doch »eine wirkliche Unbegreiflichkeit (wäre), wenn Gestapo und Trotzkismus im gemeinsamen Haß sich *nicht* getroffen hätten«! Alles liegt klar auf der Hand: »Wirklich dunkel ist nur das Mißtrauen, es sollte beendet werden. Das öde Kratzen, die Sucht zur ausgefallensten Verdächtigung ...« Dagegen hilft endlich »Feuchtwangers Moskau 1937« (so der Titel eines zweiten Bloch-Aufsatzes:

»Die kleine Schrift kommt rechtzeitig an. Zweifel sind bei manchen eingerissen... Feuchtwanger gibt auf einige ihrer Fragen Antwort, schlichte, ehrliche, ruhig-klare. ...

Dokumentarischen Wert hat die Begegnung mit Stalin; leibhaftig erscheint hier der Mann, nüchtern, wirklich und groß ... Feuchtwanger ist weder Tamerlan noch einem Halbgott begegnet; wohl aber findet der Autor historischer Romane die glückliche (wenn auch allzu historische) Prägung: ›War Lenin der Caesar der Sowjetunion gewesen, so wurde Stalin zu ihrem Augustus, zu ihrem ›Mehrer‹ in jeder Hinsicht.‹

Bemerkenswert ist ferner die verächtliche Entschiedenheit, mit der ein demokratischer Schriftsteller das neuerdings wieder breit gewordene Gewäsch von der Gleichheit aller Diktaturen abtut, der fascistischen und der bolschewistischen... Nicht weit von hier zu dem Ekel, mindestens Überdruß, den ein Prozeßzeuge, ein belehrter Beobachter der Wirklichkeit, vor den Moralheuchlern der westlichen Kritik empfindet ... Erst staunte er über die Prozesse, dann über die Erklärungen, von denen Feuchtwanger sagt: ›Die Gegner des Verfahrens greifen lieber zu den absurdesten Hintertreppen-Hypothesen, als daß sie an das Nächstliegende glauben: daran nämlich, daß die Angeklagten überführt waren und ihre Geständnisse auf Wahrheit beruhten.‹ ...

Feuchtwanger kritisiert auch manche Auswüchse des Stalin-Kults, doch er verfällt als Kritiker nicht wieder in Auswüchse, er notiert das Schöne und Edle, das jede substanzvolle Verehrung mit sich führt, er notiert schließlich die Ironie Stalins selbst ...

Wunderlich genug, daß Rußland unter Sozialisten propagiert werden muß; daß Dichter es idealistisch vernichten, Dichter es realistisch wiederherzustellen haben. Die Sowjetunion steht trotzdem und wird die Baisse überwinden, die sie unter Moralschiebern und leider auch im Herzen vieler Schwankender durchläuft ... Sie urteilen allzu hurtig und kontemplativ, sie lösen den Sozialismus von Stalin ab und heften ihn an die ewigen Sterne ihrer Einbildung und Innerlichkeit ... ›Es tut wohl‹, schließt Feuchtwanger, ›nach all der Halbheit des Westens ein solches Werk zu sehen, zu dem man von Herzen Ja, Ja, Ja sagen kann. Und weil es mir unanständig schien, dieses Ja im Busen zu bewahren, darum schrieb ich dieses Buch.‹«

Und für dieses große JA schrieb Ernst Bloch diesen und einige andere Artikel, die er später (zum Beispiel bei der Herausgabe seiner Politischen Schriften 1970) denn gerne doch im Busen (oder wenigstens den Archiven) bewahrt wissen wollte. Wie ernst ihm aber damals die Parteinahme gerade in dieser Frage war, geht aus einem Brief an seinen Freund J. Schumacher aus dem Jahr 1938 hervor: »Du bist der einzige Mensch unter denen, die ich die Abtrünnigen nenne, mit dem ich überhaupt noch verkehre.« Umgekehrt kann er es noch posthum (1975) Theodor W. Adorno nicht verzeihen, daß der im gemeinsamen US-Asyl aus demselben Grund es ablehnte, ihm (Bloch) eine Stelle am neuen Institut der »Frankfurter Schule« in New York zu verschaffen: »Die haben meine Stalin-Aufsätze gelesen, und das genügte. Na ja, die haben keine Ahnung. Ich empfinde es nicht nur als falsch, sondern als bewußte Verleumdung.«

Mit eigentümlich sicherem Instinkt hat Feuchtwanger die Geständnisse der todgeweihten Gegner Stalins als das Ultimo in dessen kultischer Erhöhung, die Prozesse selbst also als eine höchste Form dieses Kultes gespürt – und als solche gefeiert.

Hätte er erst die einem großen Shakespeare-Monolog würdige Schlußrede des Angeklagten **Nikolaj Bucharin** hören können, gehalten in der Nacht des 12. März 1938. Sie schließt zugleich das ganze, singuläre Schauspiel der Großen Prozesse ab:

> »Bürger Vorsitzender und Bürger Richter! ... Dieser Prozeß, der in der Serie der andern Prozesse den Abschluß bildet, deckt alle Verbrechen, deckt die verräterische Tätigkeit auf, den historischen Sinn und die Wurzel unseres Kampfes gegen die Partei und die Sowjetregierung.
>
> Ich sitze schon mehr als ein Jahr im Gefängnis und weiß deshalb nicht, was in der Welt vorgeht, aber aus den zufälligen Bruchstücken der Wirklichkeit, die manchmal bis zu mir gelangen, fühle und verstehe ich, daß die Interessen, die wir so verbrecherisch verraten haben, in eine neue Phase ihrer gigantischen Entwicklung eintreten, jetzt bereits in die internationale Arena hinaustreten, als größter Machtfaktor der internationalen proletarischen Phase.
>
> Wir Angeklagte ... fanden uns in den verfluchten Reihen der Konterrevolution, wir waren Verräter an der sozialistischen Heimat geworden. ... Ich unterliege dem strengsten Strafmaß, und ich bin mit dem Bürger Staatsanwalt einverstanden, der einige Male wiederholte, daß ich an der Schwelle meiner Todesstunde stehe. ...
>
> Ich bekenne mich ... schuldig des ruchlosen Planes der Zerstückelung der UdSSR, denn Trotzki schloß Vereinbarungen über territoriale Abtretungen, und ich stand mit den Trotzkisten im Block. Das ist Tatsache, und das gestehe ich. ...
>
> Diese nackte Logik des Kampfes war von einer Entartung der Ideen, einer Entartung der Psychologie, einer Entartung unserer selbst, einer Entartung des Menschen begleitet. Historische Beispiele solcher Entartungen sind bekannt. Es genügt, die Namen Briand, Mussolini usw. zu erwähnen. ...
>
> Aber die Macht des proletarischen Staates äußert sich nicht nur darin, daß er die konterrevolutionären Banden zerschlagen hat, sondern auch

darin, daß er seine Feinde innerlich zersetzt, daß er den Willen seiner Feinde desorganisiert.... Ich habe ungefähr drei Monate geleugnet. Dann begann ich Aussagen zu machen. Warum? Die Ursache lag darin, daß ich im Gefängnis meine ganze Vergangenheit umgewertet habe. Denn, wenn man sich fragt: Wenn du stirbst, wofür stirbst du? – dann ergibt sich mit plötzlicher, erschütternder Deutlichkeit eine absolut schwarze Leere. Es gibt nichts, wofür man sterben müßte, wenn man sterben wollte, ohne bereut zu haben. Und umgekehrt, nimmt all das Positive, das in der Sowjetunion leuchtet, nimmt all dies im Bewußtsein der Menschen andere Ausmaße an. Dies hat mich letzten Endes endgültig entwaffnet, dazu getrieben, meine Knie vor der Partei und dem Lande zu beugen... Und wenn zu einem dann noch das Echo des weiten internationalen Kampfes gelangt, so tut all dies in seiner Gesamtheit seine Wirkung, und es ergibt sich ein voller innerer moralischer Sieg der UdSSR über ihre kniefälligen Gegner.

Aus der Gefängnisbibliothek bekam ich zufällig das Büchlein Feuchtwangers, in dem von dem Prozeß der Trotzkisten die Rede war. Es machte auf mich einen starken Eindruck. Aber ich muß sagen, daß Feuchtwagner nicht bis zum Wesen der Sache drang, er blieb auf halbem Wege stehen, für ihn ist nicht alles klar. In Wirklichkeit aber ist alles klar. Die Weltgeschichte ist das Weltgericht. Eine Gruppenreihe der Führer des Trotzkismus hat bankrott gemacht und wurde auf den Kehrichthaufen geworfen ... Denn in Wirklichkeit steht hinter Stalin das ganze Land. Er ist die Hoffnung der Welt – der Schöpfer.

Ich komme rasch zum Ende. Ich spreche vielleicht das letzte Mal in meinem Leben ... Ich lehne die Anklage des Anschlags auf das Leben Wladimir Iljitschs (Lenin) ab. Aber meine konterrevolutionären Komplicen und ich an ihrer Spitze versuchten, das Werk Lenins, das von Stalin mit gigantischem Erfolg fortgesetzt wird, zu zerschlagen. ...

Die Geständnisse der Angeklagten sind ein mittelalterliches juristisches Prinzip. Aber hier liegt auch ein innerer Zusammenbruch der Kräfte der Konterrevolution vor. Und man muß ein Trotzki sein, um nicht die Waffen zu strecken. ...

Möge dieser Prozeß die letzte, schwerste Lehre sein, und mögen alle die große Macht der UdSSR sehen, mögen alle sehen, daß die konterrevolutionäre These über die nationale Begrenztheit der UdSSR in der Luft hängt wie ein kläglicher Fetzen. Mögen alle die weise Führung des Landes sehen, die durch Stalin gesichert wird.

Mit diesem Bewußtsein erwarte ich das Urteil. Es geht nicht um die persönlichen Erlebnisse eines Feindes, der bereut hat, sondern um die Blüte der UdSSR, um ihre internationale Bedeutung.«

Deutlich ist, daß »Trotzki« im Szenario der Prozesse kaum noch die tatsächliche Person, sondern eine Art »böses Prinzip« meint, die »Legende von Judas«, von der Stalin so bewegt sprach.

Zur tatsächlichen Existenz Trotzkis in seinem entlegenen mexikanischen Exil bietet dies den denkbar melancholischsten Kontrast. **Alice Rühle-Gerstel** berichtet in ihren Tagebuchnotizen »Kein Gedicht für Trotzki« über seine Ankunft am 11. Januar 1937 in Cocoyan (in einer Villa des Malers Diego Rivera):

»Trotzki war sehr unbefangen, heiter, agil, ziemlich jugendlich und benahm sich wie ein Hocharistokrat bei einem Empfang der Dorfbevölkerung, das heißt, ohne jede Spur von Herablassung, mit feinster Betonung der absoluten Gleichheit ... [Trotzki erzählt mit Bitterkeit, wie ihn Norwegen auf Druck der Sowjetunion ausgewiesen hat.] Es scheint, als mache er sich gar nicht so recht klar, was das eigentlich bedeutet, Rettung vor dem sicheren Untergang.«

Die Schlinge um Trotzki zieht sich immer enger zusammen. Seine jüngste Tochter Sina hatte schon 1930 in einer Mischung aus Protest und Verzweiflung Selbstmord begangen, auch seine zweite Tochter war gestorben; sein Sohn Sergej in der Sowjetunion galt als »verschollen«. Der ältere, Leon Sedow, wird kurz darauf in einer Pariser Klinik bei einer Blinddarm-Operation eines mysteriösen Todes sterben und Trotzkis Haus in Mexiko sich binnen kurzem in eine belagerte Festung verwandeln – bis zur Nacht im August 1940, in der sein Mörder Ramon Mercader (der dafür einen ruhigen Lebensabend in der Sowjetunion verbringen wird) hinter ihm steht und seinen Schädel zertrümmert.

Alice Rühle-Gerstel ist schockiert, mit welcher wilden Unbedingtheit (bis zum Abbruch der persönlichen Beziehungen) Trotzki »all jene behandelt, die in der Frage der bedingungslosen Verteidigung Rußlands nicht einig mit ihm gehen«. Als sie ihm einmal ein Gedicht zeigt, das sie geschrieben hat, fragt er sie gleich, ob sie nicht ein Gedicht auf die »Vierte Internationale« schreiben möchte.

»Ich bin starr. Kann ein Mann von solch feiner Kultur ... so etwas im Ernst sagen? Aber er ist ganz ernst... Für ihn gibt es nur einen Zweck, die Weltrevolution, und der Weg zur Weltrevolution geht über die Vierte Internationale«.

Mit ebenso trauriger wie ironischer Bewunderung sieht sie zu, wie er – in unverändert imperatorischer Attitüde – den Sitzungen des internationalen Komitees präsidiert, das eine Art »Gegenprozeß« (zu den Moskauer Prozessen) organisieren soll. Seit dem Jahr 1932, als er in Kopenhagen zwei Vorträge und eine Radiosendung bestritten hat, war dies sein erster öffentlicher Auftritt, und so ziemlich sein letzter.

»Trotzki begann sein Schlußwort etwa um sieben Uhr abends zu lesen und es hörte schon niemand mehr recht zu ... und alles endete schließlich saft- und kraftlos.« Als er sich per Telefonübertragung an ein größeres Meeting in New York wenden soll, fällt die Telefonverbindung prompt aus. »Alle sind der Meinung, die Verbindung sei von den Stalinisten gestört worden. Aber die Untersuchung verläuft im Sande ...«

Was man sich kaum klarmacht, ist, in welcher *Luftleere* die Gegner der Stalinschen Politik damals auch in weiten Kreisen der linken und liberalen Öffentlichkeit des Westens agieren mußten. Für den »Gegenprozeß« stellte sich mit dem Philosophen Prof. Dewey zwar einer der angesehensten liberalen Intellektuellen Amerikas zur Verfügung. Aber die weitere Rekrutierung prominenter Teilnehmer an diesem als »Trotzki-Komitee« verschrienen Unternehmen machte erhebliche Schwierigkeiten. Das Trotzki-Komitee spiele »in die Hände von Hitler und Hearst« (dem ultra-reaktionären Zeitungszaren), war der gewöhnlichste Vorwurf. In einem »Offenen Brief an die amerikanischen Liberalen« wandten sich 88 bedeutende Intellektuelle *gegen* das Komitee:

> »Sollte nicht einem Land, dessen Bemühungen zur Verbesserung der Lebensbedingungen aller seiner Bürger weiteste Anerkennung gefunden haben..., erlaubt sein, selbst zu entscheiden, welche Schutzmaßnahmen notwendig sind gegenüber verräterischen Komplotten, die auf die Ermordung und den Sturz seiner Führer aus sind und es in einen Krieg mit ausländischen Mächten verwickeln wollen?«

Wer sich an der Arbeit des Komitees (unter der Hand auch als »Stinker-Komitee« bezeichnet) beteilige, »leihe faschistischen Kräften seine Unterstützung«. Unterzeichnet hatten das Schreiben, um nur einige der Bekanntesten zu nennen, Theodore Dreiser, Louis Fisher, Paul M. Sweezy, Nathaniel West...

Am 28. April 1938 erklären 150 prominente Künstler, Schriftsteller, Verleger, Filmschauspieler, Broadway-Veranstalter und Professoren aller Sparten positiv »ihre Unterstützung für die Urteile in den kürzlichen Moskauer Prozessen gegen die trotzkistisch-bucharinistischen Verräter«. Unter den Unterzeichnern findet man etwa: Nelson Algren, Dashiell Hammett, Dorothy Parker, Irvin Shaw, Langston Hughes, Richard Wright...

Amerikas »rote Dekade« ist in diesen Jahren auf dem Höhepunkt. Der Dachverband der US-Jugendverbände ist (vermittels der Nationalen Studenten-Union) ebenso fest in den Händen KP-naher Aktivisten wie der neugegründete Schriftstellerverband oder ein ganzer Teil der Hollywood-Gewerkschaften – während der Arbeiterradikalismus der frühen Dreißiger längst wieder abgeklungen ist. Umso mehr bewegen seine literarischen Widerspiegelungen die Geister: John Steinbecks »Früchte des Zorns«, Erskine Caldwells »Gottes kleiner Acker« oder Ernest Hemingways »Haben oder Nichthaben«. Mit Langston Hughes und Richard Wright waren die führenden Vertreter der jungen, schwarzen Literatur zur Partei gestoßen. »Put one more ›S‹ in USA«, dichtete Hughes (»S« für »Soviet«). Auf einer Festgala in der Carnegie Hall wurde dem sowjetischen Botschafter zum 20. Jahrestag der Oktoberrevolution im November 1937 ein mit mehreren hunderttausend Unterschriften gefülltes »Goldenes Buch der Amerikanischen Freundschaft mit der Sowjetunion« überreicht.

Auch diese Art von Öffentlichkeit – oder Nicht-Öffentlichkeit – trug bei zu dem tödlichen Kokon des Schweigens, in den sich die Opfer der »Säuberungen« eingesponnen sahen. Die Schauprozesse dienten ja eher als Vorhang vor dem *eigentlichen* Prozeß – sorgsam arrangiert mit Hilfe jener Handvoll alter Bolschewiken, die nach physischen Foltern, aber vor allem der intensivsten moralischen Erpressung bereit waren, ihre Selbstdenunziation und -opferung als den letzten Dienst an der Partei zu betrachten.

Womöglich noch seltsamer berühren die Ergebenheitsadressen jener in die Mühlen der planvoll-willkürlich mahlenden Vernichtungsmaschinerie geratenen Kommunisten, die in der Tat vielfach zu Stalins Getreuesten gehört hatten. Das konnte kein antiker Chor singen – dieses Lied der (routinemäßig mitverhafteten) Ehefrauen von »Volksfeinden«, gesungen in einem Durchgangslager:

Gemäß unsern strengen sowjetischen Gesetzen
sind wir für unsere Männer mitverantwortlich.
Wir haben Ehre und Freiheit verloren,
und auch unsere geliebten Kinder haben wir verloren.
Aber wir beklagen uns nicht, gleich wie schlecht es uns geht.
Fest im Glauben wollen wir gehn, wohin man uns schickt.
Unsere Heimat wird uns einst wieder an sich drücken wie eine Mutter,
und unter dem Banner Lenins und Stalins
wollen wir der Heimat unsere Arbeit weihen.

Sind diese (hier nur notdürftig wiedergegebenen) Verse aus der Erinnerung aufgeschrieben, so findet sich das folgende Gedicht des einst Majakowski nacheifernden polnischen Dichters **Bruno Jaśienski** (»... und so geh ich, jung und genial«) in einer posthumen Ausgabe seiner Gedichte und Poeme, Moskau 1962:

Über die Welt heult der Wüstenwind des Krieges,
und schreckt mein Land mit seinem nasalen Gewinsel,
und ich, in ein steinernes Leichentuch gehüllt,
zähle jetzt nicht zu der Heimat getreuen Söhnen ...

Ich, der Künder der unsterblichen Ideen des Kommunismus
der die Größe unserer Tage besingt,
liege hinter Gittern wie ein Feind, ein Verbrecher.
Kann es Absurderes geben?

Und doch mache ich Dir keine Vorwürfe, Mutterland.
Nur weil Du das Vertrauen in Deine Söhne verlorst
konntest Du an solche Abtrünnigkeit glauben
und mein Lied zerbrechen wie ein Schwert ...

Doch immer voran, mein Lied, in geschlossener Formation
Weine nicht, nur weil wir so kurz zu leben hatten.
Heute sind wir noch ehrlos, doch kommen wird die Zeit,
wo die Heimat ihren Irrtum erkennt.

Der kollektiven Hypnose konnte sich niemand entziehen. Aber *Widerstand* war möglich!

**Ossip Mandelstam** hat mit den Mitteln der Poesie und der Sprache widerstanden. Seine anfänglichen Hoffnungen, daß aus der Revolution etwas Gutes kommen könnte, hatte er Mitte der 20er Jahre begraben, als er merkte, daß für ihn die Luft zum Atmen immer dünner wurde. Seine reine Poesie galt als »L'art pour l'art«, er konnte kaum noch publizieren, vegetierte am untersten Rand der Existenz. Im Frühjahr 1934 zeigte er Freunden ein Schmähgedicht gegen Stalin, das er verfaßt hatte – miserabel, voll ohnmächtigem Haß (den die wörtliche Übertragung noch vergröbert):

Wir leben, unter uns das Land nicht kennend,
unhörbar unsere Worte auf zehn Schritt,
und wo es reicht für ein kleines Gespräch –
wird der Bergbewohner des Kreml erwähnt.
Seine dicken Finger, fettig wie Würmer,
seine Worte – Zentnergewichten gleich.
Wie eine Kakerlake lacht sein Schnurrbart,
und es glänzt sein Stiefelschaft.
Und um ihn herum das Pack dickhäutiger Führer.
Er spielt mit den Diensten von Halbmenschen.
Wie Hufeisen schmiedet Befehl um Befehl er –
Dem in die Stirne, dem in die Braue,
dem in die Leiste, dem ins Auge ...
Welche Todesstrafe auch immer – es ist eine Himbeer,*
und breit ist die Brust des Osseten.**

Bei einer Hausdurchsuchung (nach Denunziation) wird das Gedicht beschlagnahmt; Mandelstam selbst wird verhaftet – und konnte es prominenten Fürsprechern verdanken, daß er »nur« in die Verbannung geschickt wurde. Er ahnt freilich, daß die der Anfang vom Ende ist. Wohlmeinende unter den Dichterkollegen, die es noch wagen, mit ihm zu sprechen, deuten ihm an, er müsse etwas schreiben, was seinen Kopf retten könnte. Im Winter 1936/37 setzt er sich hin, um eine *Ode auf Stalin* zu verfassen. **Nadeshda Mandelstam** berichtet in ihren Erinnerungen:

»Die ›Ode‹ erfüllte ihren Zweck nicht ..., aber sie zog eine ganze Serie anderer Gedichte nach sich, Gedichte, die ihr völlig unähnlich, ja sogar entgegengesetzt sind ...
Der Mensch, auf den die ›Ode‹ geschrieben war, beherrschte unsere Gedanken und Vorstellungen so stark, daß Äußerungen über seine Person selbst an Stellen verborgen sind, wo man es am wenigsten erwartet. O.M. hatte feststehende, immer wiederkehrende Assoziationen – sie verrieten ihn. Ein Gedicht vom Dezember 1936 handelt zum Beispiel von einem Göt-

---

* *»Himbeere«* – im Rotwelsch Ausdruck für »verbrecherischer Plan«
** *»Ossete«* – kaukasischer Bergstamm; ein Gerücht besagte, Stalin sei in Wirklichkeit nicht Georgier, sondern Ossete.

zen, der im Inneren eines Berges lebt und sich an die Tage zu erinnern versucht, als er noch ein Mensch war ... Gefährlich ist in demselben Gedicht auch noch das Wort ›fett‹ (›Fettperlen tropfen von seinem Nacken‹) – man erinnert sich an die ›fetten Finger‹ in O.M.'s erstem Gedicht über Stalin. Wir lebten in Assyrien ...

Um eine solche ›Ode‹ zu schreiben, mußte man sich wie ein Instrument stimmen, ganz bewußt sich der allgemeinen Hypnose unterwerfen und die Worte der Liturgie, die damals die Köpfe erfüllte, in sich eindringen lassen ... Anfang 1937 unternahm O.M. einen verheerenden Versuch, der bis an den Rand der Selbstzerstörung ging. Er peitschte sich auf, stimmte sich für die ›Ode‹ und zerstörte dabei sein seelisches Gleichgewicht ... – ›Warum nur sehe ich, wenn ich an ihn denke, vor mir nur Köpfe – Berge von Köpfen? Was macht er mit ihnen?‹, fragte mich O.M. Als wir Woronesh verließen, bat O.M. ..., die ›Ode‹ zu vernichten. Viele Menschen raten mir jetzt, sie zu verheimlichen, so zu tun, als habe es sie nie gegeben. Ich entschloß mich aber zum Gegenteil ... Die anderen verfaßten solche Oden in ihren Wohnungen und Villen und wurden dafür belohnt. O.M. schrieb sie mit der Schlinge um den Hals, Anna Achmatowa, als die Schlinge um den Hals ihres Sohnes gelegt war. Wer kann sie wegen dieser Gedichte verurteilen?«

Mandelstam starb, nach einer erneuten Verhaftung, irgendwann zwischen Dezember 1938 und dem Frühjahr 1939 auf dem Weg nach Kolyma. »Das Datum seines Todes steht nicht fest«, schreibt Nadeshda M., »und ich kann nichts mehr tun, um es zu ermitteln.«


Bertolt Brecht hat über Stalin keine Hymnen geschrieben – aber der Mann und der Kult beschäftigen ihn unablässig. Über die Prozesse denkt er ähnlich wie Bloch – aber öffentlich äußert er sich nicht. Dazu ist die innere Entwicklung in der Sowjetunion denn doch zu beängstigend. Sein enger Freund *Sergej Tretjakow* ist unter den 1937 Verschwundenen; später hört er: »Mein Lehrer / Der große, freundliche / Ist erschossen worden, verurteilt durch ein Volksgericht. Als ein Spion. Sein Name ist verdammt. / Seine Bücher sind vernichtet ...« – Der Titel des Gedichts lautet: *»Ist das Volk unfehlbar?«*

Brechts Nachlaß hat denn auch einen ganzen Underground häretischer Schubladentexte zum Vorschein gebracht (veröffentlicht freilich großteils erst 1972/73 in den »Supplementbänden« und dem »Arbeitsjournal«). So macht er sich (irgendwann zwischen 1933 und 1938) Notizen über »Voraussetzungen für die erfolgreiche Führung einer auf soziale Umgestaltung gerichteten Bewegung«, und nennt gleich als Punkt 1: *»Aufgabe und Bekämpfung des Führergedankens in der Partei.«*

Und denoch handelt es sich bei diesen Notizen stets nur um komplizierte Rationalisierungen der eigenen Parteinahme – oder allenfalls um »äsopische« Kritiken. So, wenn er einmal vorschlägt, Stalin statt »den Großen« besser »den Nützlichen« zu nennen. In seinem dänischen Exil in Svendborg zeigt er Walter Benjamin, der gleich nebenan wohnt, im Juli 1938 sein Gedicht:

### Ansprache eines Bauern an seinen Ochsen
*(nach einem ägyptischen Bauernlied 1400 v.d.Zt.)*

O großer Ochse, göttlicher Pflugzieher
Geruhe, gerade zu pflügen! Bring die Furchen
Freundlichst nicht durcheinander! Du
Gehst voraus, Führender, hüh!
Wir haben gebückt gestanden, dein Futter zu schneiden
Geruhe jetzt, es zu verspeisen, teurer Ernährer! Sorg dich nicht
Beim Fressen um die Furche, friß!
Für deinen Stall, du Beschützer der Familie
Haben wir ächzend die Balken hergeschleppt. Wir
Liegen im Nassen, du im Trockenen. Gestern
Hast du gehustet, geliebter Schrittmacher.
Wir waren außer uns. Willst du etwa
Vor der Aussaat verrecken, du Hund?

Benjamin berichtet:»Im ersten Augenblick kam ich nicht auf den Sinn der Sache; und als mir im zweiten der Gedanke an Stalin durch den Kopf ging, wagte ich nicht, ihn festzuhalten. Solche Wirkung entsprach annähernd Brechts Absicht.« Brecht präzisierte jedoch das Maß seiner Kritik am Stalin-Kult sogleich, indem er betonte: Das Gedicht sei »in der Tat eine Ehrung Stalins – der nach seiner Ansicht immense Verdienste habe«.

Um so intensiver pflegte Brecht – auch dies wohl als ein Mittel der »Entmythologisierung« Stalins gedacht – den Kult um Lenin. In einer »Kantate zu Lenins Todestag« scheut er sich nicht, haarscharf an der Grenze zwischen dem Erhabenen und dem Lächerlichen entlang zu segeln:

Als Lenin ging, war es
Als ob der Baum zu den Blättern sagte:
Ich gehe.

Brecht scheute sich auch nicht, im wörtlichsten Sinne doppelbödig zu schreiben. Man vergleiche nur etwa sein Poem »Der große Oktober – Zum zwanzigsten Jahrestag der Oktoberrevolution« –

Aber in Moskau, der berühmten Hauptstadt / aller Arbeiter / Bewegt sich alljährlich über den Roten Platz / Der unendliche Zug der Sieger. / (...) Über sich ihre Kampfflugzeuge / Die den Himmel verdunkeln ... / Tragen sie ihre Losungen und / Die Bildnisse ihrer großen Lehrer... / (...) Fröhlich / Ziehen die Züge, viele nebeneinander, fröhlich / Aber allen Unterdrückern / Eine Drohung. / O großer Oktober der Arbeiterklasse!

– mit dem eingangs abgedruckten Gedicht »Rote Fastnacht«, das er etwa zur selben Zeit für den eigenen Gebrauch schrieb.

Im April 1940, als die Hitler-Armeen Dänemark und Norwegen überfallen haben, verläßt Brecht Schweden und flüchtet nach Finnland, um dort auf die amerikanischen Visa zu warten. »Neugierig / Betrachte ich die Karte des Erdteils. Hoch oben in Lappland / Nach dem Nördlichen Eismeer zu / Sehe ich noch eine kleine Tür.« *Nur dort.* Eine Emigration in die Sowjetunion kommt für ihn nicht in Frage.

Der Pakt Stalins mit Hitler hat ihn zutiefst verstört, wie die meisten Kommunisten in aller Welt. Er kann zwischen den Begründungen der sowjetischen Einmärsche im östlichen Polen, Rumänien, den baltischen Republiken und Finnland (dessen Annexion allerdings im Winterkrieg blutig scheitert) und der deutschen Überfälle kaum noch Unterschiede entdecken. Ja, er fragt sich einen Moment erschreckt, ob Stalin gar mit dem Gedanken spielt, »die Welt an der Seite Hitlers zu erobern«?

*Ein* Gedanke tröstet ihn selbst dann noch, als sich die Möglichkeit einer faschistischen Neuordnung des gesamten westlichen Europa (nach der Kapitulation Frankreichs) abzuzeichnen scheint: daß das Bündnis mit der Sowjetunion Hitler in den Augen der deutschen Bourgeoisie »schwächen« könnte; und die gilt unverändert als die »herrschende Klasse« im Nazireich. Überhaupt würden bei einer deutschen Vorherrschaft über Europa »so manche konstituierenden Elemente des deutschen Faschismus wieder verschwinden«. (Zitate aus seinem »Arbeitsjournal«)

Von solchen Spekulationen über die »neue Lage« schwirrt ja die ganze kommunistische Bewegung. Die französischen Kommunisten hatten gegenüber der deutschen Bedrohung einen »revolutionären Defaitismus« propagiert, dessen einzige Ratio sein konnte, daß – *nach* dem Zusammenprall der bürgerlich-demokratischen und der bürgerlich-faschistischen Mächte – die Stunde der Diktatur des Proletariats kommen werde. In Moskau spricht der junge Student Wolfgang Leonhardt mit dem hervorragenden kommunistischen Parteidichter Erich Weinert, wie man als deutscher Antifaschist die eingetretene Situation zu beurteilen hat.

Weinert, der in der Partei hohe Funktionen hat (und später den Vorsitz des »Nationalkomitees Freies Deutschland« übernehmen wird), spricht von einer »völlig veränderten Situation« und »neuen Perspektiven«: »Der Nichtangriffs- und Freundschaftspakt vom September 1939 ist vielleicht nur der Anfang, und gewiß ist dann mit der Möglichkeit einer noch weitergehenden Zusammenarbeit mit Deutschland zu rechnen.« Noch lebte Thälmann in einem deutschen KZ. Konnte die deutsche herrschende Klasse im Falle einer stabilen Zusammenarbeit mit der Sowjetunion nicht wieder zur Politik von »Rapallo« zurückkehren und Hitler ablösen? Vielleicht durch jene Generäle der »Schwarzen Reichswehr«, die vor 1933 so hervorragend mit der Roten Armee zusammengearbeitet hatten?

Nur im Lichte solcher »neuen Perspektiven« läßt sich das Gedicht richtig lesen, das **Erich Weinert** im Moskau des Jahres 1940 verfaßt:

## Im Kreml ist noch Licht

Wenn du die Augen schließt und jedes Glied
Und jede Faser deines Leibes ruht –
Dein Herz bleibt wach, dein Herz wird niemals müd;
Und auch im tiefsten Schlafe rauscht dein Blut.

Ich schau aus meinem Fenster in die Nacht;
Zum nahen Kreml wend ich mein Gesicht.
Die Stadt hat alle Augen zugemacht.
Und nur im Kreml drüben ist noch Licht.

Und wieder schau ich, weit nach Mitternacht,
Zum Kreml hin. Es schläft die ganze Welt.
Und Licht um Licht wird drüben ausgemacht.
Ein einzges Fenster nur ist noch erhellt.

Spät leg ich meine Feder aus der Hand,
Als schon die Dämmrung aus den Wolken bricht.
Ich schau zum Kreml. Ruhig schläft das Land.
Sein Herz blieb wach. Im Kreml ist noch Licht.

# VATER DES VATERLANDES

Die Menge schrie und rief: ›Stalin! Stalin! Stalin!‹ Das war ein Ruf der Stärke und der Ehre, es klang nach ›Vorwärts!‹ Im Moment des Volkszornes rief die Menge nach ihrem Führer, und um zwei Uhr nachts kam er aus dem Kreml ins Bolschoi-Theater, um mit Moskau zusammen zu sein ... Seine ruhige Gestalt in dem einfachen, zugeknöpften Mantel über der Mütze mit dem weichen Schirm war so schlicht, daß man hätte weinen können. Es gab nichts Überflüssiges und Zufälliges daran. Stalins Antlitz war streng. Er schritt eilig und drehte sich oft zu den ihn umgebenen Politbüro- und Regierungsmitgliedern um, sagte irgendetwas zu ihnen und wies mit der Hand auf die Menschenmenge.«

An dieser Szene eines fiktiven Kriegsausbruchs, die **Peter Pawlenko** in seinem Roman »Im Osten« skizziert, ist gleich mehreres bemerkenswert. Geschrieben ist der Roman 1937, seine fiktive Annahme ein Krieg gegen *Japan* um Sibirien und Asien. Die Szene stimmt jedoch fast wörtlich überein mit der Szene des Einzugs des Fürsten »Alexander Newski« im Drehbuch des gleichnamigen Filmes von Sergej Eisenstein, an dem Pawlenko zur selben Zeit arbeitete. Der Film behandelt die Schlacht des Nowgoroder Bürgeraufgebots gegen den Vorstoß einer Armee der Deutschherren-Ritter (1242); er ist eines der ersten Anzeichen, daß die Hitlerschen Ostraumpläne in der Sowjetunion überhaupt ernst genommen wurden. (Stalin selbst und die offizielle Propaganda hatten sie bis dahin stets ironisiert und als Ablenkungsmanöver behandelt.)

Stalin nahm persönlich regen Anteil an den verschiedenen künstlerischen Arbeiten zur Stilisierung seiner historischen Vorläufer – an den Romanen Alexej Tolstojs über »Peter den Großen« und »Iwan den Schrecklichen« ebenso wie an diesem Film über »Alexander Newski«. Eigenhändig streicht er am Schluß die Sterbeszene und verfügt: »So ein guter Fürst kann nicht sterben.« Der Film beschränkt sich jedoch keineswegs darauf, die kriegerischen Ereignisse von damals zu zeigen. Womöglich noch wichtiger war die innenpolitische Idee: angesichts der Gefahr gibt das Volk von Nowgorod aus freien Stücken seine demokratische Verfassung auf (verkörpert durch die Wetsche, die Volksversammlung) und unterwirft sich der Diktatur des Fürsten Alexander Newski. Der daraufhin in der beschriebenen Weise in die Stadt einzieht – wie Stalin in der Nacht des fiktiven Kriegs »Im Osten«.

Nichts konnte freilich einen grimmigeren Kontrast bieten zur *Rea-*

*lität* des Kriegsausbruchs »im Westen« im Juni 1941. Stalin hatte an den Überfall selbst dann noch nicht geglaubt, als die Spatzen den deutschen Aufmarsch von den Dächern pfiffen. Er konnte sich nicht vorstellen, daß Hitler, der sich in Absprache mit ihm Europa geteilt hatte und dabei war, mit Mussolini zusammen das Mittelmeer und den Nahen Osten vom Britischen Weltreich loszureißen, aus heiterem Himmel, ohne jede Not, auch noch eine dritte, mehr als tausend Kilometer breite Front eröffnen würde. Zumal er doch wissen mußte, daß die Sowjetunion ihrerseits voll mobilisiert und bis an die Zähne gerüstet war. Aber Hitler tat es dennoch und gerade *deswegen*.

Für den beinahe vollständigen Kollaps der Roten Armee in den ersten Tagen und Wochen nach dem Überfall gibt es denn auch keine angemessene militärische, sondern nur eine politische und soziale Erklärung. *Politisch* war die Sowjetunion eben (jenseits aller militärischen Mobilisierungen) weitgehend unvorbereitet; noch am Vorabend hatte die »Prawda« alle Meldungen über einen drohenden Überfall als »provokatorisch« zurückgewiesen. *Sozial* war eine passive, aber dennoch virulente Unzufriedenheit über das immer drakonischere Zwangsregime in den Fabriken und Kolchosen, bei fortwährender Knappheit an Lebensmitteln und Konsumgütern, deutlich zu spüren. Beides zusammen führte zu einer Mischung aus Passivität und Betäubung in den ersten Kriegsmonaten – und bei nicht geringen Teilen der baltischen, ukrainischen und zentralasiatischen Nationalitäten sogar zu anfänglichen Hoffnungen auf einen deutschen Sieg – die freilich binnen kurzem von den neuen Herren(-menschen) auf das brutalste frustriert wurden.

In den ersten 14 Tagen des Krieges war von Stalin nichts zu sehen und nichts zu hören. Keine Rede davon, daß er in der Nacht nach dem Überfall ins Bolschoi gekommen wäre, »um mit Moskau zusammen zu sein«. Nur die blecherne Stimme Molotows schepperte aus den allgegenwärtigen Lautsprechern. Er ruft auf, gegen den »treubrüchigen«(!) deutschen Überfall sich um die Partei, um Stalin, zusammenzuschließen. Hängen bleibt ein anderes Wort, das hier zum ersten Mal fällt: das vom »*Vaterländischen Krieg*.« Und noch eindrücklicher ist die Anrede, die Stalin dann selbst benutzt, als er sich am 3. Juli endlich meldet: »*Brüder und Schwestern*« ...

Die Partei und ihr Führer, am Rande des Zusammenbruchs ihrer Macht, appellieren an das Volk. Und das Volk antwortet. Es antwortet durch den Krieg. Es besiegt den »totalen Krieg« der Nazis durch ein *noch totaleren* Krieg, der in der Tat ein »vaterländischer« Krieg ist. Nichts war in dieser furchtbar verworrenen Situation auf einen Nenner zu bringen. Aber – und davon läßt **Boris Pasternak** am Ende seines »Doktor Schiwago« zwei seiner Romanhelden sprechen – der Krieg erscheint in paradoxer Weise vielen »wie ein Sturm der Läuterung und Befreiung«; »die realen Greuel, die reale Gefahr, die Bedrohung durch den realen Tod (erwiesen sich) als ein Segen im Vergleich zur unmenschlichen Herrschaft des bloß Erdachten«, Verlogenen, Fiktiven, des Regimes der universalen Lüge ...

W as noch paradoxer erscheinen könnte: Stalin, der Hauptverantwortliche für *dieses* Desaster, wird zum »natürlichen«, weil einzig möglichen Mittelpunkt dieser vaterländischen Kriegsanstrengung.

Seine starre, abstrakte Gestalt »belebt« sich in der Phantasie seines Volkes. Nie davor und nie danach erscheint die kultische Überhöhung seiner Person authentischer als in dieser Kriegsliteratur, den Liedern, den zahllosen Kriegsgemälden – etwa so, wie es Pawlenko vorausgeahnt hatte.

Der vielleicht wichtigste Grund ist, daß Stalin nun vollends und sehr systematisch sich einreiht in das Pantheon großer, nationaler Gestalten: Alexander Newski, Iwan der Schreckliche, Peter der Große, die Generäle Suworow und Kutusow ...»Streng war ich mit euch, meine Kinder, aber nicht um meinetwillen, sondern weil Rußland mir teuer war«, läßt **Alexej Tolstoi** Zar Peter am Ende seines Roman(fragments) sagen. Das trifft ungefähr den Ton. Die unsäglichen Opfer der Revolution, der Kollektivierung, der Säuberungen erscheinen »irgendwie« im nachhinein gerechtfertigt durch den Krieg – obwohl in der Realität keinerlei Zusammenhang besteht, außer gerade mit dem Desaster und den *unnötigen* Opfern, die es kostet, die bis Leningrad, Moskau und Stalingrad vorgedrungene deutsche Kriegs- und Besatzungsmaschine in Stücke zu schlagen, sie aus dem Land zu werfen und bis zu ihrem Kommandozentrum, der Berliner Reichskanzlei, zurückzuverfolgen.

Stalin, indem er nicht mehr in erster Linie als Generalsekretär der Partei auftrat, sondern das Amt des Ministerpräsidenten und des Oberkommandierenden übernahm, verstärkte in geschickter Weise die Identifizierung seiner Person mit dem *Staat* (statt der Partei). Die Verleihung des Rangs eines Feldmarschalls und später eines Generalissimus überhöhte das noch.

Als die deutschen Truppen vor Moskau standen, wurde (nach dem Zeugnis seiner Tochter Swetlana) auch *seine* Bibliothek nach Kuibyschew, wohin die übrige Regierung bereits evakuiert war, verladen. Aber Moskau konnte mithilfe der herangeführten sibirischen Reservedivisionen gehalten werden. Stalin blieb. Bei einer eher schlichten, aber umso eindrucksvolleren Truppenparade zum Jahrestag der Revolution im Novembernebel 1941 sah man seine Gestalt auf der Tribüne. Das erhöhte seinen Nimbus (nach allen vorausgegangenen Niederlagen) gewaltig. »Im Kreml brannte noch ein Licht.«

Die Legenden um seine Person wucherten. So behauptete ein hoher sowjetischer Presseoffizier namens Kraskin auch nach dem Krieg, als er sich in den Westen abgesetzt hatte, noch:

>Stalins häufige Besuche der vordersten Frontlinien zu Zeiten, da der Kampf besonders heftig wütete und praktisch jeder Zentimeter unserer Verteidigungslinien mit feindlichen Kugeln und Granaten überschüttet wurde, sodaß es für niemanden Schutz gab, waren ein überzeugendes Beispiel von Mut, Entschlossenheit und Kampfgeist eines geborenen Führers ... Diese häufigen Besuche an den verschiedensten Frontabschnitten wurden niemals bekannt gemacht, doch verbreitete sich die Nachricht irgendwie...«

Der Presseoffizier Kraskin muß wohl wissen, auf welche Weise sich »die Nachricht irgendwie verbreitete«. Jedenfalls handelte es sich um ein klassisches *Gerücht* – eines, das zur Realität freilich in einem besonders seltsamen Kontrast stand.

Man muß an dieser Stelle ein paar Dinge über die Lebensweise des sowjetischen Führers sagen. Stalin bewegte sich nämlich Zeit seines Lebens nicht (oder *fast* nicht) aus einem immer ausgebauteren Bunkersystem heraus. »Stalin im Kreml« – diese populäre Formel drückte beinahe schon die Realität aus. Sein Volk sah er so gut wie nie; allenfalls auf Kongressen, wenn er ein paar Delegierte begrüßte und man sich zum Gruppenphoto aufstellte. Aber auch sein Land sah er kaum; er reiste (wieder mit einer Handvoll Ausnahmen) ausschließlich zwischen seinen »Datschen« (tatsächlich befestigten, von Kompanien, wenn nicht ganzen Regimentern bewachten und bewirtschafteten Gütern) und dem Kreml hin und her. Vom Ausland (Stockholm, London, Berlin, Krakau) hatte er bei sporadischen Reisen 1907–1912 im Auftrag der Partei ein bißchen gesehen. Dann noch einmal bei den Konferenzen von Teheran 1943 und Potsdam 1945 – aber niemand hat ihn dort umherschlendern und etwas anschauen sehen. Es interessierte ihn nicht. Stalin lebte, totaler als je ein großer Herrscher, *ausschließlich* in der Welt seiner Berichte, Zahlen, Daten – kurz, einer Wirklichkeit aus zweiter Hand. Auch wenn es wie gut erfunden klingt: er scheute das Tageslicht, lebte und regierte zwischen 6 Uhr abends und 6 Uhr morgens – und verwandelte sogar seine normalen Arbeitsräume durch Sichtblenden in künstlich klimatisierte Bunker. Wenn er nicht im Kreml war (oder im Sommer auf einer seiner »Datschen« im Süden), war er auf seiner »Hellen« (Datscha) außerhalb Moskaus, die im Grunde eine großes NKWD-Camp war.

Der junge und erfolgreiche ungarische Schriftsteller **Julius Hay** riskierte in seinen Moskauer Jahren, so etwa 1937, fast sein Leben, als er seine Nachmittagsspaziergänge nichtsahnend bis an eine »schöne neue Autostraße, Richtung Moshaisk, die ... den Wald in zwei

Teile schnitt«, ausdehnte. Bis ihn jemand entsetzt darauf hinwies:

>Die Autostraße, die ich so gern und oft besucht hatte, war tatsächlich für einen einzigen Menschen da: für Stalin. Mit europäischem Hirn war das kaum zu begreifen. Er fuhr darauf vom Kreml zur Datscha, von seiner Datscha zum Kreml. Wenn er überhaupt fuhr. Denn das wußte man nicht, das sah man nicht. Es war verboten, ihn vorbeifahren *zu sehen*. Es war verboten, überhaupt zu wissen, daß er dort – oder auch irgendwo anders – zu fahren pflegte. Es war verboten, darüber zu sprechen ja, es war praktisch verboten, daran zu denken.«

Über Besuche in Schützengräben während des Krieges ist denn auch allen Memoiren der maßgeblich Beteiligten nicht einmal eine Andeutung zu entnehmen. In den Erinnerungen **Marschall Schukows** findet man höchstens knappe Bemerkungen wie diese:

>Ich werde häufig gefragt, welche Rolle Stalin bei der Schlacht von Moskau spielte. – Stalin war in Moskau. Er organisierte die Kräfte und Mittel zur Zerschmetterung des Feindes. Man muß ihm Gerechtigkeit widerfahren lassen für die kolossale Arbeit, die er an der Spitze des Staatlichen Verteidigungskomitees ... geleistet hat.«

Gerechtigkeit widerfahren läßt Schukow seinem Oberkommandierenden auch im Kapitel über Stalingrad. Stalin habe unablässig gedrängt, dort eine Entscheidungsschlacht zu suchen, um welchen Preis auch immer. Für Stalins Drängen gab es sehr gute militärische und politische Gründe – nachdem sich sein Gegenspieler Hitler schon einmal so sehr auf dieses Ziel fixiert hatte. Aber vielleicht waren *dessen* Erwägungen (jenseits ihres Zuges von Besessenheit) auch nicht *so* abwegig, wie es nachträglich erscheint.

Die Schlacht um Stalingrad jedenfalls trägt gewisse Züge einer »folie-à-deux«. Es ging für den einen wie den andern der Kombattanten nicht zuletzt um den *Namen*. Dafür starben eins Komma drei Millionen Menschen.

Hitler trifft seine entscheidende Disposition schon im Vorfeld der eigentlichen Schlacht. Obwohl klar ist, daß Stalingrad nur Haus für Haus, unter immensen Verlusten und bei Gefahr der Umklammerung, genommen werden kann, dekretiert er (dies sind protokollierte Monologe im Führerhauptquartier):

>Das Entscheidende ist aber, daß man diese Sache hält.... Wenn man das in die Hand kriegt, und ich stelle mir diesen Sack vor ... – daß man mit den Hauptkräften ... hier stehenbleibt und wartet, was er [*der Russe? Stalin?*] in dem Sack macht.«

Im Klartext: Hitler stellt sich Stalingrad als ein überdimensionales Verdun vor, als einen »Sack«, worin er die Hauptkräfte der Roten Armee »fangen« und verbluten lassen kann. Wenig später dann:

86

»Der Führer zeigt sich überzeugt, den Sieg in der Tasche zu haben. Gab zu, daß er sich geirrt habe über den Widerstand, die Kampfkraft der Russen. Hätte er das geahnt, hätte er nicht den Entschluß gefaßt, sie anzugreifen. Jetzt aber sei er froh darüber! ›Dieses Hauptquartier wird ein historisches Denkmal werden‹, weil von hier eine neue Weltordnung begründet wurde! *Anerkennung für Stalin – großer Mann!* Eine künftige Geschichtsschreibung wird von der Tatsache auszugehen haben, daß die jetzigen historischen Ereignisse durch das Zusammen- und Gegeneinanderspiel von welthistorischen Figuren erfüllt sind, die in einer solchen Zusammenballung nur einmal in Jahrhunderten vorkommen. Es läge schon eine besondere Größe der Geschichte darin, daß ihm Mussolini zur Seite steht, auf der anderen Seite Churchill und Stalin sind. Hitler entwickelte dann unter anderem den Plan, in Rußland Militärbezirke einzurichten. Vermischung von Vorstellungen des altrömischen Limes und der österreichischen Militärgrenze. ›Dauernde Schule für die Wehrmacht.‹«

Wieder in Klartext übersetzt: bei Stalingrad wird die Rote Armee ausbluten – und wenn »von hier eine neue Weltordnung begründet« werden wird, dann gerade auch wegen seiner (Hitlers) »Anerkennung für Stalin«. Weil um so mehr die Einnahme und Verteidigung seiner Stadt (»Stalingrad«) seinen Nimbus zerbrechen muß. Freilich: »Ostfront wird ständig bleiben«, notiert ein Adjutant Hitlers an anderer Stelle. Die Wolga soll dieser Vorstellung nach eine Art *Grenz*fluß werden, ein »Limes«; dahinter mag das seiner Weltgeltung beraubte, »wilde Moskowien« beginnen – das ist für's erste gleichgültig.

Stalin konterkariert diese (vielleicht durchaus reale) Gefahr. Natürlich weiß er, daß Hitler weiß, daß er weiß ... Aber Hitler weiß auch, daß Stalin weiß, daß er weiß ... So wird die Schlacht um STALINGRAD zur mörderischsten Schlacht, die je um einen Namen, ein Symbol, geschlagen worden ist. Diese Schlacht gewinnt STALIN. Und dieser Sieg hat in der Tat, wie Hitler es voraussah, »eine neue Weltordnung begründet«.

In den 30er Jahren hatte Stalin – vor allem in der permanenten, geisterhaften Auseinandersetzung mit der historischen Figur Trotzkis – mehrere nicht nur wissenschaftliche, sondern auch literarische Fälschungen der Geschichte des Bürgerkriegs veranlaßt. Die »Schlacht um Zarizyn« wurde nun zur eigentlichen Entscheidungsschlacht des ganzen Bürgerkriegs stilisiert. Aus Zarizyn, der »Zarenstadt«, wurde 1925 »Stalinstadt«, eben Stalingrad.

**Alexej Tolstoi** lieferte in seinem Romanepos »Brot« die berühmteste dieser Fälschungen, die durch endlose Zitate in allen Schulbüchern, in Broschüren und Wandzeitungen binnen kurzem zu einer Legende aus Kunststoff wurde:

»Das Verhältnis der beiderseitigen Streitkräfte (im Sommer 1918) war so, daß der Sieg der Gegenrevolution wie bei einem Schachspiel klar entschieden schien. Es geschehen keine Wunder ... Die ›Linken Kommunisten‹ führten einen wütenden Fraktionskampf gegen die von Lenin vorgezeichnete Linie. Aber Lenin, Stalin und Swerdlow blieben in der Führung der Gesamtpartei allem zu Trotz fest auf ihrem Standpunkt. ... Gerade dies und nur dies allein rettete die Revolution: die Größe ihrer Aufgaben und das strenge Festhalten und Durchführen ihrer Ideen. In dieser schrecklichen Zeit wurden drei Losungen ausgegeben. *Erstens: Zentralisierung der Lebensmittelversorgung, Festsetzung des Preises für Getreide, das durch die Requirierungskommandos in einem ›Kreuzzug‹ den Kulaken fortgenommen werden sollte. Zweitens: Mobilisierung des gesamten städtischen Proletariats ... Drittens: Organisierung der Dorfarmut, aller der Millionen ... Landarbeiter, Kleinbauern und Mittellosen.*

Wladimir Iljitsch schaltete die elektrische Birne auf seinem Schreibtisch aus ... und rieb sich die ermüdeten Augen. Draußen vor dem nicht verhängten offenen Fenster blaute noch ein stiller Abend.

›Ich habe soeben eine Nachricht erhalten, freilich muß sie noch überprüft werden‹, sagte Stalin, ›in Zarizyn, Saratow und Astrachan haben die örtlichen Sowjets das Getreidemonopol abgeschafft ...‹

›Die Dummköpfe!‹ Wladimir Iljitsch streckte die Hand nach dem Bleistift aus ...

›Ich glaube nicht, daß es bloß Dummheit ist. Im unteren Wolgagebiet geht es mit der Getreidebeschaffung drunter und drüber ...‹ Die Dohlen auf dem Turm schien irgendetwas zu beunruhigen, sie flogen auf, ließen sich aber bald wieder nieder.

›Was für konkrete Vorschläge haben Sie zu machen, Genosse Stalin?‹ Stalin strich ein Streichholz an ... Der Lichtschein fiel auf seine wie im Lächeln zusammengekniffenen glänzenden Augen mit den etwas hochgezogenen unteren Lidern.

›Wir unterschätzen die Bedeutung von Zarizyn. Heute ist Zarizyn die Schlüsselstellung der Revolution‹, sagte er in der ihm eigenen Weise, als betrachtete er jedes einzelne Wort. ›Die Haupteisenbahnlinie Zarizyn-Poworino-Moskau ist die einzige uns verbliebene Lebensmittelader ... Eine Verteidigung [Zarizyns] ist sehr wohl möglich! Dort sind fünfunddreißig- bis vierzigtausend Arbeiter und in der Umgebung reiche Getreidevorräte. Um Zarizyn zu kämpfen, verlohnt sich.‹

Wladimir Iljitsch ... stützte mit einer raschen Bewegung den Ellenbogen auf, hielt die Hand über die Augen und überflog ein engbeschriebenes Blättchen. ›Man muß sich an die Spitze des ›Kreuzzuges‹ nach Brot stellen‹, sagte er. ›Es ist ein Fehler, daß dies nicht schon früher geschehen ist. Ausgezeichnet, ausgezeichnet!‹ Er lehnte sich in den Sessel zurück, und sein Gesicht bekam einen lebhaften, schalkhaften Ausdruck. ›Zarizyn wird zum Mittelpunkt des Kampfes bestimmt. Ausgezeichnet! Und dort werden wir auch siegen.‹

Stalins Lippen lächelten unter dem Schnurrbart. Mit verhaltenem Entzücken betrachtet er diesen Menschen, den größten Optimisten der Geschichte ...

Am 31. Mai wurde in der Moskauer ›Prawda‹ folgendes Mandat veröffentlicht:

*31. Mai 1918 / Nr. 3224*
*Ernennung: Das Mitglied des Rates der Volkskommissare, Josef Wissariono-*
*witsch STALIN, wird vom Rat der Volkskommissare zum Gesamtleiter der Le-*
*bensmittelbeschaffung im Süden Rußlands ernannt und mit außerordentlichen*
*Vollmachten ausgestattet. Die örtlichen und regionalen Räte der Volkskommis-*
*sare ..., alle sind verpflichtet, die Anordnungen des Genossen STALIN durchzu-*
*führen.*

*Vorsitzender des Rates der Volkskommissare*
*W. Uljanow (Lenin)«*

So hatte es 1942 in Stalins Augen eine zwingende Logik, daß (wie
damals) »sein« Zarizyn alias Stalingrad zum Ort der Entscheidung
werden mußte. Die Schlacht um Stalingrad vollendete ein Stück seiner eigenen Lebenslegende.

So gefälscht die Legende um Zarizyn – so real und geschichtsmäch-
tig die Legende von STALINGRAD. Die Fanalwirkung dieses Sieges –
und gerade in der mythischen Aura, die sich an den Namen knüpfte
– kann schwerlich überschätzt werden. Er wurde vor allem in den
weiten Gebieten der kolonialen Welt als Zeichen umstürzender Än-
derungen der gesamten alten Weltordnung aufgefaßt.
So stammt vielleicht die schönste und authentischste Huldigung
Stalins von dem schwarzen Kubaner, Avantgardisten der »poesía negra« und Kommunisten **Nicolás Guillén:** »Ein Lied auf Stalin – Zum
Großen Vaterländischen Krieg«.

[...]
Europa bebt auf seinem Grund aus Kohle und Stein.
Tausend Epochen stürzen ein, rollen hin ohne Halt.
Kanonen von Pol zu Pol in den verheerten Räumen.
Köpfe, an der Wurzel gefällt. Blutiges Schrein.
Ein Strahl aus Teer, brennt die See mit Flammengewalt.
Münder, die gestern die Wahrheit besangen, das Gute so schön,
sie liegen nun vier Meter tief unter bittren Träumen...
Stalin, großer Held, Kapitän.

Die Zukunft aber fand ihr Haus auf deinen tiefroten Erden,
dort, wo die Hoffnung ersteht, wo glücklich das Brot,
und breite bewaffnete Brüste, aus denen Gesänge aufwehn,
die Flügel der Geier aufhalten und zerbrechen werden,
dort unterm Himmel aus dröhnendem Flammenrot.
Stalin, großer Held, Kapitän.

Das Blütenherz Buddhas, das wie ein Magnolienbaum brennt,
voll Leidenschaft seine Gebärde reckt;
auf asiatischen Meeren lastet ein Kontinent:
o roher Block aus Blut, von Ceylon bis an Sibiriens Borde gestreckt,
von Smyrna bis Kanton, wo Banner der Zukunft wehn...
Stalin, großer Held, Kapitän.

Aus afrikanischer Trommel erdröhnt der Schall,
schlägt über Urwald und Wüste durchdringend Alarm
wilder als des Löwen Gebrüll, hart wie Metall;
bis zum Schläfenbein des wetterumstürmten Andenvulkan
versammelt Amerika seine Scharen von Puma und Kaiman,
es ölt seinen Motor, ölt seinen Zug.
Allüberall wird der verblendete Deutsche finden nur Haß:
ihn haßt die Taube und das Gedröhn des Avions,
der Schnabel des Urwaldvogels Tukan,
der tierreiche Fluß, von Empörung gekrümmt,
die Pfeile, die immer treffen das Ziel im giftigen Flug
und auch der Wind, antreibend das Rad des Zyklons...

Stalin, großer Held, Kapitän,
den Gott Chongó beschützt, den Gott Ochún bewahrt...
An deiner Seite singend die freien Menschen gehn:
aus des Chinesen Brust
Stürme vulkanischen Atems wehn,
der Neger mit weißen Augen und pechschwarzem Bart,
der Weiße mit grünen Augen und dem Bart aus Safran,
Stalin, großer Held, Kapitän!
Die erwachenden Völker werden den gleichen Weg mit dir gehn.

Im Februar 1942 wandte Josef Stalin sich in einem Tagesbefehl gegen Behauptungen »der ausländischen Presse«, daß es das Ziel der Sowjetunion sei, »das deutsche Volk auszurotten und den deutschen Staat zu vernichten«. Das sei »dumme Verleumdung«. Zwar werde dieser Krieg »sehr wahrscheinlich ... zur Verjagung oder Vernichtung der Hitlerclique führen«, aber, so der berühmte Satz: »Die Hitler kommen und gehen, das deutsche Volk, der deutsche Staat bleibt.«

Nobel, wie der Satz klang, hatte er eine präzise politische Bedeutung: Er war ein verkapptes Friedensangebot an den Kriegsgegner – wobei die Verjagung und Vernichtung der Hitlerclique »sehr wahrscheinlich« die Voraussetzung sein würde ... Der Appell richtete sich in erster Linie an die deutschnationalen Generäle und Beamten, die nicht von Haus aus Nationalsozialisten waren: Hitler auszuschalten, um zur alten, vorteilhaften Position der Zusammenarbeit zurückzukehren. Nach Stalingrad wurde aus gefangenen Offizieren und Generälen der Wehrmacht ein »Nationalkomitee Freies Deutschland« gebildet, das den Kern einer künftigen Regierung des Deutschen Reiches für die Zeit »nach Hitler« bilden sollte. Das Emblem des Nationalkomitees waren die alten Kaiserfarben Schwarz-Weiß-Rot, und seine Mitgliedsliste las sich wie ein preußisch-ostelbischer Adels-Gotha, außer daß der Präsident des Komitees der Kommunist Erich Weinert war.

Erich Weinert (mit Johannes R. Becher zusammen) war es, der die Propaganda unter den Wehrmachtsoldaten (auf der anderen

Front-Seite und in den Gefangenenlagern) sehr entschlossen von hohl – revolutionären Aufrufen auf handfest-nationale Appelle umstellte. Stalin erscheint darin als jemand, dem unter allen Völkern gerade das Schicksal des deutschen Volkes besonders am Herzen liegt. Den Ton gab Weinert mit einem (per Flugblatt abgeworfenen) langen Poem »Stalin spricht« an, dessen erste Strophen lauten:

Zum Befehl Nr. 55 vom 23. Februar 1942 des Volkskommissars für Verteidigung der Union der Sozialistischen Sowjetrepubliken, J. Stalin

*An die deutschen Soldaten*

Mag Hitler auch die ganze Welt beschwören,
Sie ist es satt, sein Kauderwelsch zu hören.
Doch hat sie aufgehorcht, wenn STALIN sprach.
Und wenn sie auch zu denken euch verwehren,
Ihr denkt doch über seine Worte nach! ...

Er sprach nicht nur zum eigenen Vaterlande;
Und Deutschland ist für ihn nicht Feindesland.
Sein Herz bewegt auch unsrer Heimat Schande.
Reicht ihm die Hände! Nur in diesem Band
Ruht Deutschlands Ehre, Rettung und Bestand!

Gern zitiert wurde in diesem Zusammenhang auch ein Satz, den Stalin 1931 (im Gespräch mit dem Publizisten Emil Ludwig) gesagt hatte:

»Wenn es überhaupt ein Volk gibt, zu dem wir uns hingezogen fühlen – zum ganzen Volk oder zum mindesten zu seiner großen Mehrheit –, so ist dies Deutschland.« (Auf Ludwigs Frage, warum, antwortete Stalin nur:) »Das ist eine Tatsache.«

Emil Ludwig, in der Zwischenkriegszeit der vielleicht erfolgreichste Autor von Biographien großer Männer, brachte 1941 in New York eine Biographie Stalins heraus, die die Serie seiner Erfolge fortsetzte. Die Aufnahme in den Kanon der anerkannten Antifa-Literatur blieb ihm allerdings versagt, vielleicht weil Ludwig schon im Gespräch von 1931 Stalin allzu respektlos-persönliche Fragen gestellt hatte oder weil er in der Art seiner Bewunderung für die Stalinsche Sowjetunion allzu deutlich die Umrisse eines Machtstaates sui generis enthüllte.

Dabei entspricht die Linie seiner Argumentation weitgehend derjenigen, die auch die Webbs und Lion Feuchtwanger in ihren Büchern über die Sowjetunion entwickelt hatten. Der Schlüsselsatz der Darstellung von Leben und Wirken Josef Stalins findet sich gleich am Anfang: »Josef Stalin ist ... der größte *Kolonisator* unserer Epoche.«

Statt Südafrika (wie bei den Webbs) ist bei Ludwig *Amerika* das Vergleichsland. Er stellt recht frappierende Betrachtungen an:

>»Stalin und die Seinen brauchten beinahe nichts zu entdecken; sie fanden ein lange durchstudiertes Land vor, das nur Faulheit und Hochmut einer kleinen herrschenden Klasse unentwickelt gelassen hatte ...
Einen amerikanischen Stalin als Zentralhirn der Kolonisation gab es nicht ... Jene Epoche, die das Wort Kollektivismus nicht kannte, entwickelte eines der beiden reichsten Länder der Erde kollektiv, ohne Befehl und Plan. – In Rußland dagegen wurde das Land unter der Diktatur einer Klasse, zugleich eines einzelnen Mannes entwickelt ... Die Bodenschätze Nordamerikas sind in voller Freiheit, die Rußlands in voller Unfreiheit des Einzelnen gehoben worden. Amerika ist gewachsen wie ein Baum, Rußland konstruiert worden wie eine Maschine.«

Ludwig schwingt sich zu noch kühneren historischen Vergleichen auf:

»Man könnte den (Fünfjahr-)Plan auch den Plan des Prometheus nennen. Nur, daß dieser allein begann, während sein moderner Nachfolger aus dem Kaukasus 150 Millionen Menschen zwar zur Hilfe vorfand, diese zugleich aber während des Werkes ernähren, anfeuern und beruhigen mußte.«
»Während der Durchführung des ersten Fünfjahrplanes aktivierte Stalin alle Flüsse Rußlands, um mit Hilfe ihrer Energie den Reichtum des Landes in Maschinen und Waren zu verwandeln. ... Unter der Herrschaft Stalins sind ... mehr als 82 Städte von mehr als 100.000 Einwohnern aus dem Boden gewachsen. Und all dies in einem traditionellen Bauernlande ... Rußland, das vor zwanzig Jahren das am schwächsten motorisierte Land war, steht heut an erster Stelle.«
»All dies aber konnte nur von einer begeisterten Jugend durchgeführt werden, die den Ruhm eines Pioniers allen Bequemlichkeiten vorzog... Jeder fühlte sich als Kreuzritter: der Idealismus für eine neue Weltordnung hat wirklich die Jugend erfaßt und zum Siege geführt. ... Als ich, zehn Jahre vor Gide, zum ersten Mal durch Rußland reiste, ... erkannte ich das neue Staatsgefühl, in dem jeder Staatsbürger sagt: ›L'état, c'est moi!‹ ...
Hier, wie in Deutschland, wird der Staat bis zu gefährlicher Höhe vergöttert, das Individuum erschreckend ausgelöscht. Die Zahl regiert. Eine ganze Generation geht im Bau des Staates auf und unter, als ob es weder Gott gäbe noch die Natur noch die Kunst noch die Liebe. – Während aber in Deutschland dieser Götze als Organ der Herrschaft sich unter Hitler verzehnfachte, ist er in Rußland zum Schutzgott der Menge geworden. ... In Rußland, ... wo der Zar als ein göttliches Wesen unsichtbar in einer Wolke ruhte, gleicht er (der Staat) heute eher einem Christbaum, den alle immer schöner zu gestalten suchen. ...
Was aber die hervorragenden Geister betrifft, von denen auch in Rußland keiner sagen und schreiben darf, was er will, so sind sie durch das großartige Schauspiel gefangen, an dem sie geistig mitzuwirken berufen werden. Außerdem werden sie hoch bezahlt ... Mit großem Recht lebt in diesem Lande das Genie besser als der Bankier.«

Für Ludwig steht Stalin ganz einfach in der Reihe jener großen Männer, die die Weltgeschichte gemacht haben:

»Die Beherrscher der Völker sichern sich den Ruhm der Nachwelt durch Bauten und durch Gesetze. Ihre eigene Generation, ihre Untertanen oder Mitbürger danken ihnen diese Taten nicht. Das Volk ... kritisiert alles und ist nie zufrieden. ...

Niemand, der den Namen Justinian hört, eines der größten Herrscher, wird dabei an etwas anderes als an seine Gesetzgebung erinnert. ...

Nichts anderes hat Napoleon überlebt als sein Bild, seine Legende und der Code Napoléon. ... Sowohl Justinian als auch Napoleon, die beiden großen Gesetzgeber der christlichen Ära, waren Autokraten und Generale, opferten Tausende von Leben ihren individuellen Machtwünschen und beeilten sich trotzdem, ihren Völkern Gesetze zu geben, die all ihre Eroberungen überlebten...

Das dritte große Dokument der modernen Menschheit nach der Unabhängigkeitserklärung (Amerikas) und den Menschenrechten von Paris stellt die Sowjetverfassung von 1936 dar... Die Geschichte wird diese neue Verfassung mit dem Namen Stalins verbinden.«

Ludwig sieht die Stalinsche Sowjetunion als den Kern eines universalen sozialistischen Weltstaates im Osten heraufkommen – neben Amerika, dem anderen Weltstaat. Und wenn er zu dieser Perspektive Zutrauen hat, dann ist dies zum wesentlichen Teil ein Zutrauen zu Stalin als Person:

»Stalin, der Mann, der in Prozenten denkt, in Pferdekräften und in Volt, hat eine weit phantastischere Legende geschaffen; die Geschichte vom Schusterssohn, der auf der Burg der Zaren beinahe noch lebt wie ein Schuster. ...

Ja, er ist einfach, und er ist der einzige Diktator, dem ich meine Kinder anvertrauen würde.«

D as Buch von Emil Ludwig ist keineswegs ein extremes Einzelbeispiel. Im Gegenteil: Die liberale Öffentlichkeit des Westens ließ in der Zeit des Bündnisses »Uncle Joe« Stalin in einer Weise einen guten Mann sein, wie man es selbst nach allen Vorschußlorbeeren der 30er Jahre kaum erwarten konnte. Natürlich, da war der verdoppelte und verdreifachte Impuls einer antifaschistischen Parteinahme – und was wäre das antifaschistische Bündnis ohne die Sowjetunion gewesen! Und es erschien damals vielleicht schlichtweg unanständig, nachdem sich das ganze Ausmaß der NS-Verbrechen allmählich enthüllte, über die Verbrechen Stalins zu sprechen – und selbst die, die er gerade frisch beging.

Ein nicht geringer Teil des diplomatischen Personals ebenso wie führende Korrespondenten der angelsächsischen Länder äußerten jedenfalls ihre Sympathien in der erstaunlichsten Weise. Der **US-Botschafter Davies** schrieb an seine Tochter (und gab das an die Presse):

»Ich hatte Stalin bei offiziellen Verhandlungen schon gesehen, aber nie zuvor Gelegenheit gehabt, ihn aus der Nähe kennenzulernen ... Er wirkte freundlich, aber zurückhaltend. Seine ganze Persönlichkeit drückte verhaltene Kraft und eine bemerkenswerte Sicherheit aus.

Ich erzählte ihm, daß ich praktisch alle Betriebe der sowjetischen Schwerindustrie besichtigt hätte, wie auch die großen Kraftwerke des Landes …; daß er nach allgemeiner Meinung als ein größerer Baumeister in die Geschichte eingehen werde als Peter der Große oder Katharina; daß es für mich eine große Ehre wäre, den Mann persönlich kennenzulernen, der zum Wohl der kleinen Leute gebaut hätte.

Bei diesen Worten widersprach Stalin und setzte mir auseinander, daß dies nicht sein Verdienst wäre … Das russische Volk sei der verantwortliche Träger des Aufbaus, er lehne jedes persönliche Verdienst darum ab. So erschien er mir als ein Mann von einzigartiger Bescheidenheit.

Wir unterhielten uns … zwei Stunden lang. Es war eine sprühende geistige Auseinandersetzung, die uns beide sehr reizte. Zwischendurch fielen Scherze und dröhnte Gelächter. Er hat einen ausgesprochenen ›schlauen‹ Humor, einen vielseitigen Geist, scharf, klug, vor allem aber von echter Weisheit…. Wenn Du Dir einen Mann vorstellen willst, der ganz das Gegenteil von dem ist, was seine bösartigsten Gegner von ihm behaupten, dann stelle Dir Josef Stalin vor.«

Dieses Stück ungewöhnlicher Diplomatie spielte noch kurz vor Beginn des Krieges. Der Hitler-Stalin-Pakt tat der hohen Meinung durchaus keinen Abbruch. Gerade auch der Block von Sympathisanten der UdSSR trat 1939–41 für eine *Neutralität* der USA im europäischen Krieg ein – um nach dem Überfall auf die Sowjetunion dann zu Befürwortern einer äußersten Kriegsanstrengung zu werden.

Präsident Roosevelt und auch Churchill gewannen während des Krieges ihrerseits eine sehr hohe Meinung über Stalin. Bei Churchills Treffen mit Stalin im Kreml 1942 wurde Stalins Tochter Swetlana aus Kuibyschew eingeflogen. Sie brachte der Verhandlungsrunde Tee, und Stalin stellte sie als »meine kleine Hausfrau« vor – was Churchill menschlich tief beeindruckte; er hatte nicht gedacht, daß Stalin ein Familienleben hätte (was ja auch nicht der Fall war).

Präsident Roosevelt nahm sich bei seiner Begegnung mit Stalin in Teheran sehr ernsthaft vor, diesen »von Angesicht zu Angesicht«, wie er sagte, im christlichen Geiste zur Demokratie zu bekehren, zumindest für die Zeit nach dem Krieg. Auch äußerte er öffentlich die Überzeugung, daß Stalin »nicht versuchen wird, auch nur irgendetwas zu annektieren, und daß er mit mir für eine Welt der Demokratie und des Friedens arbeiten wird«. (Dabei waren von vornherein die 25 Millionen Menschen und 680.000 km² vergessen, die die Sowjetunion bereits 1939/40 gewaltsam annektiert hatte.)

Eine beinahe surrealistische Qualität erreichten die amerikanischen Goodwill-Bezeugungen bei der großen Freundschaftsvisite des **US-Vizepräsidenten Wallace** im Sommer 1944 durch Sibirien. Am stärksten beeindruckte Wallace der Besuch in Magadan, der Hauptstadt des Grubenreviers von Kolyma – jenem Komplex von Ar-

beitslagern, die nahe an die Qualität von Vernichtungslagern heran-
reichten. (Insgesamt sind nach sorgfältiger Schätzung allein zwischen 1939 und 1945 etwa 1,9 Millionen Menschen in den sowjeti-
schen Lagern umgekommen.) Man hatte für den Besuch von Wallace einen ganzen Lagerkom-
plex evakuiert, die Wachtürme abgebaut, Blumenrabatten usw. ange-
legt. Hunderte von Wachleuten mimten die (natürlich »erstaunlich
gut genährten«) Häftlinge und gaben den Besuchern auf alle Fragen
verständige und fröhliche Antworten. Man besichtigte Milchfarmen,
Treibhäuser usw. – die in der Tat für das NKWD-Personal zur Verfügung standen. Begleitet wurden sie von dem (berüchtigten) Ober-
kommandanten Nikischow – in dem Wallace eine Art sozialistischen
Großunternehmer sah.

> »Feodorowitsch Nikischow ist der Direktor von Dalstroi (der Gesellschaft
> zur Entwicklung des Hohen Nordens), einer Art Kombination aus Tennes-
> see Valley Administration [einem Elektrizitäts- und Bewässerungskomplex
> des Roosevelt'schen ›New Deal‹] und Hudson Bay Company [der klassi-
> schen nordamerikanischen Kolonialhandels-Gesellschaft] ... ›Es war ein
> hartes Stück Arbeit, diesen Laden in Gang zu bringen‹, sagte Nikischow
> mir. ›Vor zwölf Jahren kamen gerade die ersten Siedler an ... Heute hat
> Magadan 40.000 Einwohner, und alle sind gut untergebracht.‹ ...
> Wir flogen nördlich nach Kolyma ..., wo wir zwei Goldgruben sahen. Das
> Unternehmen war äußerst eindrucksvoll. Die Entwicklung ging dynami-
> scher voran als in Fairbanks [in Alaska] ... Dann ging es zu einem Spazier-
> gang in die Taiga ... Die Lärchen legten gerade ihr frisches Grün an, und
> Nikischow machte Luftsprünge und genoß sehr die frische Luft.«

Soweit aus einem Zeitungsbericht, den Vizepräsident Wallace nach
seiner Rückkehr veröffentlichte. **Owen Lattimore**, ein Politikprofes-
sor der John-Hopkins-Universität, Spezialist für Fragen des Fernen
Ostens, der Wallace begleitete, äußerte sich in einem anschließend
veröffentlichten Buch womöglich noch enthusiastischer:

> »Dalstroi ist ein bemerkenswerter Konzern ..., der Häfen, Straßen und
> Eisenbahnen baut und betreibt, aber ebenso Goldminen und ganze Städte,
> dazu in Magadan ein erstklassiges Orchester und eine gute Operetten-
> bühne...
> Wie ein Amerikaner (aus unserer Begleitung) bemerkte, scheinen erst-
> klassige Unterhaltung und Gold irgendwie zusammenzugehen; aber das-
> selbe gilt wohl für hochklassige exekutive Fähigkeiten. Mr. Nikischow, der
> Direktor von Dalstroi, hat für seine außerordentlichen Errungenschaften
> soeben den Orden eines Helden der Sowjetunion erhalten. Er selbst und
> seine Frau haben aber auch ein ausgeprägtes und tiefes Interesse an Kunst
> und Musik sowie einen starken Sinn bürgerlichen Verantwortungsbewußt-
> seins.«

Henry Wallace, der potentielle Nachfolger Roosevelts (der bei den
Wahlen dann allerdings Truman unterliegt), äußerte sich nach seiner Rückkehr anerkennend über den *Humanismus* der sowjetischen

»Arbeitserziehung«, die mit einem echt »amerikanischen« Pioniergeist zusammengehe.

Unter all den prominenten Freundschaftsreisenden muß vielleicht noch der **Dekan von Canterbury, Hewlett Johnson,** hervorgehoben werden. Bereits in den 30er Jahren hatte er sich zu einer Art von geistlichem Stalinisten entwickelt. Sein Buch »Die sowjetische Macht – Das sozialistische Sechstel der Welt« (1940) wurde zu einem Bestseller in Großbritannien und den USA, eben als die Kathedrale von Canterbury zum Symbol des barbarischen Städtebombardements der Hitlerschen Luftwaffe wurde.

Johnson war unermüdlich dabei, in der Zeit des deutsch-sowjetischen Bündnisses die Sowjetunion als Fortschrittsmacht schlechthin darzustellen; um so mehr dann natürlich während des deutsch-sowjetischen Krieges, aber auch in den Nachkriegsjahren, als der »Kalte Krieg« losbrach. Das Buch des Dekans von Canterbury folgt in vielem dem klassischen Argumentationsmuster der Webbs und Feuchtwangers. Was er hinzufügte, waren Feststellungen wie diese:

> »Die Sowjetunion ist das *moralischste* Land, das ich kenne. Während all der Monate in Rußland, in großen und kleinen Orten ..., in allen Tag- und Nachtstunden ... habe ich niemals etwas gesehen, das man vor den Augen junger Mädchen verbergen müßte.«

Ansonsten schwelgt er in persönlichen Beobachtungen über Stalin; sein Portrait gehört zweifellos unter die schwül-schwülstigsten von allen:

> »An ihm ist nichts grausames oder dramatisches ... Er ist ganz zielgerichtete Beständigkeit und freundliche Genialität ... Hier also ist der Mann ..., der bewirkt hat, daß der Gerechtigkeit in breitesten Maßstab Genüge getan wurde ... den kein Angriff erschrecken konnte ... der Mann, der durch fünfzigjährige zähe Zielstrebigkeit sich den Namen Stalin oder Der Stählerne verdient hat.«

Johnson berichtet von folgendem geistlichen Dialog mit Stalin:

> »Ich war in Gori und habe die Hütte gesehen, in der Eure Exzellenz geboren wurde ... Dann habe ich das (Priester-)Seminar in Tblissi gesehen, wo Sie ausgebildet wurden, in dessen tiefem, verborgenen Keller Sie die Untergrunddruckerei betrieben ... Schließlich habe ich mit entblößtem Haupte vor dem Grab Ihrer Mutter gestanden ...‹
> ›Meine Mutter war eine einfache Frau‹ (antwortete Stalin), ›Eine gute Frau‹, fügte ich hinzu. ›Eine einfache Frau‹, wiederholte er, mit einem freundlichen Lächeln – das in ein breites Lachen überging, als ich ergänzte: ›Man sieht ja oft im Bild der Mutter die Veranlagung des Sohnes.‹«

Mutter und Sohn – und unbefleckte Töchter ... Der Dekan von Canterbury war haarscharf davor, Stalin in den christlichen Götterhimmel aufzunehmen. Gegenstand seiner allerchristlichsten Devotion war er in jedem Fall.

Der unter immensen Opfern erkaufte Sieg im Weltkrieg, dessen historische Tragweite die kühnsten imperialen Hoffnungen überstieg, die Stalin und sein Machtzirkel in den Jahren 1939/40 gehegt haben können, war im Kern ein Sieg des russischen Volkes. Alle übrigen Völker und Nationalitäten der Sowjetunion wurden als unzuverlässig oder gar kollektiv als Feinde behandelt (und deportiert: wie die Wolgadeutschen, die Krimtataren oder mehrere kaukasische Bergvölker). Auf das Wohl des *russischen Volkes* – »weil es die *hervorragendste* Nation unter allen zur Sowjetunion gehörenden Nationen ist« und weil »es sich in diesem Krieg die allgemeine Anerkennung als die *führende Kraft* der Sowjetunion ... verdient hat« – brachte Stalin beim großen Siegesbankett der Roten Armee seinen letzten und bewegtesten Toast aus.

Aber außer einem Surrogat solcher Großmachtgefühle hatte auch das russische Volk von diesem Sieg nichts. Stalin nützte seine unbestrittene Führerrolle bedenkenlos aus, um ihm den Sieg zu entreißen und in einen *persönlichen* Sieg zu verwandeln. Alle Hoffnungen auf eine große, erleichternde Reform, die sich an die Kriegsanstrengungen und an das Bündnis mit den westlichen Demokratien geknüpft hatten, wurden auf radikale Weise frustriert. Die Schraube der politischen Repressionen wurde von neuem angezogen – angefangen mit der Verschickung Hunderttausender sowjetischer Kriegsgefangener, die die Lager des 3. Reichs überlebt hatten, in die »eigenen«, sibirischen Lager. (Denn zu den unerhört schweren Kriegsregeln der Roten Armee gehörte es, daß jeder, der sich dem Feind gefangengab, schon ein Verräter war.)

In der deutschen Ausgabe der Stalin-Biographie von **Emil Ludwig** findet sich noch ein interessanter »Epilog 1945«. Ludwig geht davon aus, daß die Sowjets die faktischen Herren der deutschen Hauptstadt sind und daß die Besatzungsgrenzen die künftige Teilung Deutschlands vorwegnehmen.

> »Keiner dieser (deutschen) Stämme ist aber so geeignet, sich mit der Besatzungsmacht zu *dauernder* Gemeinschaft zu verbinden als Russia und Prussia ... – Bei den modernen Russen finden die Preußen alles, was sie brauchen und lieben: den Befehl, die Präzision, die Statistik, den Standard ... Eine gewisse Ähnlichkeit der Methoden oder Nazis und der Sowjets ist für das tägliche Leben bedeutsamer, als die vollkommene Unähnlichkeit der Ziele ... Eine Mischung zwischen Preußen und Slawen ist umso leichter, als die Preußen selbst nichts anderes als eine Mischung sind. ...
>
> Stalin, der mit hundert Millionen Osteuropäern keine Weltrevolution zu machen braucht, weil sie ihm jetzt im Frieden als Herrn und Sieger ohne Schlachten zufällt ..., wird als Panslawist genau so historisch werden wie als Kommunist ... (Und) vielleicht wird sich jemand um das Jahr 2000 der Worte erinnern, die Goethe 1813 sprach: ›Wir haben uns seit langer Zeit

gewöhnt, unseren Blick nur nach Westen zu richten ... aber die Erde dehnt sich auch noch weithin nach Morgen aus. Selbst wenn wir all das Volk vor unseren Augen sehen, fällt uns keine Besorgnis ein.‹«

Stalin und Woroschilow im Kreml, Gemälde von A.M. Gerassimow

# DER GROSSE KOLONISATOR

So, als der Vater einer gigantischen östlichen Völkergemeinschaft, steht Stalin in der Tat am Ausgang dieses Weltkrieges da. Der innere, harte Kern dieser Reichsbildung ist, *vor* jedem Panslawismus, die Rolle Stalins als Retter und Wiederaufrichter *Rußlands*. **Michail Scholochow** hat dies in eine ergreifende Allegorie gefaßt:

»Mich dünkt, am 21. Dezember (Stalins Geburtstag) wird es so kommen: zwei Sendboten des Landes werden vor Stalin treten... Auf Stalins Schultern, die so unermeßlich viel getragen, aber kraftvoll wie einst sind, werden sich zärtliche Frauenhände legen, die Kriegstat und Friedenswerk mit Manneshänden ehrlich geteilt haben, und zarte Frauenlippen werden Worte grenzenloser Dankbarkeit und Tochterliebe flüstern.

Der Stalinsche Soldat wird seinen Feldherren mit rauher Manneskraft umarmen und, Heimat und Stalin zu einem für immer untrennbaren Ganzen vereinend, sich mit den Worten des großen russischen Dichters **Michail Issakowski** an ihn wenden:

Viel Länder in all meinen Tagen
Durchmaß ich, 's Gewehr in der Hand,
Doch nichts hab ich schwerer getragen
Als die Trennung von dir, mein Land. ...

Denn von jeher verbunden waren
Für immer mein Hoffen und Glück
Mit deinem so strengen und klaren,
So beneidenswerten Geschick.«

Ein anderes Gedicht Issakowskis wäre hier ebenso passend gewesen, *»Ein Wort an Genossen Stalin«*, worin dieser als Mann der Vorsehung Rußland rettet:

»Wir danken Ihnen, daß in Not und Qualen
Sie uns gelehrt: Verzagt nicht, hoch das Haupt!
*Wir glaubten Ihnen so, Genosse Stalin,*
*Wie wir vielleicht uns selber nicht geglaubt.«*

(Dieser letzte, erstaunliche Vers diente später übrigens als eine beliebte Generalklausel der Entschuldigung, als es an die »Entstalinisierung« ging.)

Der Blick auf dieses Rußland weitet sich schon gewaltig in **Nikolai Gribatschows** Gedicht »Kreml. An Stalin«:

Hörst du in Morgenröten
wie laut der Telegraf des Herbstes summt und singt?
Wie alles Sinnen, alles Trachten unseres Landes
er in sich faßt und Werst um Werst zum Kreml bringt?

»Kreml,
        an Stalin – den Vater.
            – so klingt es in einem fort –
In Liebe und Treue zu Ihnen
hielt Moskau und Rostow sein Wort...
        Arbeiter, Bauern von Dnepr,
            von der Oka und am Amur,
                sie bauten, sie pflügten, sie säten
                    und hielten ihren Schwur...«
Hoch auf den Dächern Moskaus sprühen Abendbrände.
Der Tag zerrinnt. – Er aber schläft noch nicht. –
        Hat er je Ruh?
Was immer er ersinnt, vollenden unsre Hände.
Und was er fühlt, strömt unsern Herzen zu.

Die Vorstellung eines friedlich im Wiederaufbau vereinten östlichen Vielvölkerreiches – worin ein Schuß Panslawismus das Bindemittel wäre, das gerade auch Europäer und Asiaten zusammenfassen kann – übt im mittleren und östlichen Europa auch auf weniger strikte Parteigänger der Sowjetmacht einen Moment lang ihre Anziehungskraft aus. Denn schließlich war die raffinierte Ausnutzung des hundertfachen Völkerhaders eines der Hauptherrschaftsmittel des Hitler-Reichs in der Zeit von Krieg und Okkupation gewesen.

**Julian Tuwim**, in der polnischen Zwischenkriegsrepublik ein respektloser Autor satirischer Verse, Vertreter einer allem patriotischen Schwulst feindlichen »Asphaltliteratur«, hatte sich schon in seinem amerikanischen Exil während des Krieges vor Heimweh verzehrt (»Polnische Blumen« heißt ein dort verfaßtes Versepos). 1946 kehrt er nach Polen zurück und setzt nun alle Hoffnungen in ein neues *Über*-Vaterland der Völker vom Amur bis zur Oder. Und *diesem* Vaterland (und seinem obersten Schirmherr) ist er nun bereit, selbst schwülstiges Lob auszubringen; etwa in seinem Gedicht »**Ex oriente**« (die Stalin-Ode Tuwims sei aus Sympathie verschwiegen):

Ihr neuen Freunde, wie schön prangt die Welt mit geweiteten Räumen!
Ein Kind aus Lódz spricht zu euch. Von phantastischen Schülerträumen –
        sing' ich.

Muse, erzähle das Lied von Suleiman Stalski, dem Lesghier!
Schönheit und Wohlklang der Sprachen: Ossetisch, Burjatisch, Kasachisch
        – besing' ich.

Mirza Tursun Sade aus Tadschikistan! Ich gedenke
deines Gedichts über Indien! Daß du's sprachst in der Wroclawer Schenke –
        besing' ich.

Simon Tschikowani, du Barde, von Georgiens Schwalbe beflügelt!
Unsere Freundschaft, in Warschau mit kaukasischem Wein besiegelt –
        besing' ich.

Von euch, die nun froh mit uns andern im Festzug der Menschheit
    schreiten,
von euch, ihr erwachten Brüder, im Morgenrot neuer Zeiten – sing' ich.

Zwei Führerherzen voll Weisheit – o Söhne der Revolution –,
die euch aus Höhlen befreit, auf daß alle vom Lichte kosten – besing' ich.

Mein Lied erheb' ich als Becher! Auf die Hundert-Völker-Nation!
Von dir, du östliche Sonne, von dir, du Sonne im Osten – sing' ich.

So richtig geht der Vorhang aber erst auf in **Wladyslaw Broniews-
kis** »Lied von Stalin« (ein Titel, der in seiner archaisierenden Sprache
an das »Lied von Igor«, die klassische alt-russische Heldensage, an-
klingt). Begnügen wir uns mit Strophe VIII:

Die Millionenmassen der Sowjetunion, der Länder, die den Weg des So-
zialismus eingeschlagen, baun eine neue Welt. In ihren Herzen, auf ihren
Lippen tragen sie alle den Namen:
*Stalin!*

Die chinesische Volksarmee kämpft sich frei von dem fremden Zwang,
von der Goldsklaverei. Sie schreitet voran mit dem Namen
*Stalin! ...*

Die streikenden Kumpel Frankreichs gehn auf die Straße hinaus, strek-
ken nach Osten die Arme und rufen:
*Stalin! ...*

Man vertrieb einen Dichter aus seinem Land, denn er hatte zu Freiheit
und Recht sich bekannt. Dieser große chilenische Dichter schreibt eine
Dichtung auf
*Stalin.*

Zerschmettertes Warschau, du mauerst zu deine Wunden mit blutigen
Ziegeln. Im Nu ist dein Werk vollendet, begleitest du dieses Werk mit dem
Ausruf:
*Stalin!*

Überall in der Welt, wo das Geld regiert, das Seitengewehr des Söldners,
der Knüttel des Büttels agiert, kämpft die Menschheit den Kampf, den zum
Siege führt der Mensch namens
*Stalin.*

Die Millionenmassen rufen ihm zu:
*Stalin! Stalin! Stalin!*

Wir befinden uns jetzt bereits in der späten Hochblüte des Stalin-
Kultes. Ein solches »Lied für Stalin«, in Vers, Prosa oder irgendeiner
anderen Form, wird für *jeden* Schriftsteller und Künstler ein dringen-
des Muß. Broniewkis Ode ist schon ausgesprochene Meterware, wie
sie in Prag, Budapest, Berlin oder Moskau in fast gleicher Qualität
und nach standardisiertem Webmuster verfaßt wird. Ja, der Kanon
der hervorzuhebenden »Eigenschaften« Stalins gewinnt geradezu
die Qualität politischer Richtlinien.

1947 redigiert Stalin eigenhändig eine Arbeit eines hochrangigen Verfasser-Kollektivs »J. Stalin – Kurze Lebensbeschreibung«. Schon der Titel verweist auf die »Geschichte der KPdSU – Kurzer Lehrgang« von 1938, mit dem Unterschied freilich, daß Stalin sich dort der Verfasserschaft rühmte, während die Eigenredaktion seiner »Kurzen Lebensbeschreibung« erst von **Nikita Chruschtschow** 1956 (in seiner Geheimrede gegen Stalin) enthüllt wurde:

»Dieses Buch ist ein Ausdruck der hemmungslosesten Schmeichelei, ein Beispiel dafür, wie man einen Menschen zum Götzen macht ... Was hielt Stalin für so wesentlich, daß er es selbst in dieses Buch schrieb? ...

Hier sind einige charakteristische Beispiele für Stalins Verbesserungen, die er mit eigener Hand eingefügt hat:

›Im Kampf gegen die Skeptiker und Kapitulanten, die Trotzkisten, Sinowjewisten, Bucharinisten und Kamenewisten wurde nach dem Tode Lenins der Führungskader der Partei endgültig zusammengeschweißt ... Führer dieses Kaders und leitende Kraft der Partei und des Staates war Genosse Stalin.‹

So schreibt Stalin selbst! Und dann fügt er hinzu: ›Obgleich er seine Aufgabe als Führer der Partei und des Volkes mit vollendeter Kunst meisterte und die uneingeschränkte Unterstützung des ganzen Sowjetvolkes genoß, ließ Stalin es niemals zu, daß seine Arbeit auch nur durch den leisesten Schatten von Eitelkeit, Hochmut oder Eigenlob beeinträchtigt wurde.‹

Wo und wann konnte sich ein führender Politiker selbst so loben? Ist das eines Führers marxistisch-leninistischen Typs würdig? Nein ...

In dem Manuskript taucht der Satz auf: ›Stalin ist der Lenin unserer Tage.‹ Dieser Satz erschien Stalin zu schwach. So änderte er ihn eigenhändig um, so daß er nunmehr lautet: ›Stalin ist der würdige Fortsetzer von Lenins Werk oder, wie es in unserer Partei heißt, Stalin ist der Lenin unserer Tage.‹ Da sehen Sie nun selbst, nicht das Volk sagte es, sondern Stalin ...«

So eindrucksvoll die aufgeführten Beispiele sind – sie beweisen nicht, was Chruschtschow mit ihnen beweisen wollte: nämlich, daß »der Persönlichkeitskult *vor allem deshalb* so ungeheuerliche Formen an(nahm), weil Stalin selbst mit allen denkbaren Methoden die Glorifizierung seiner Person unterstützte«.

Man kann sich Stalins Arbeit an diesem Text schwerlich sehr lustvoll vorstellen. Es war die harte Mühe der Ausarbeitung fast liturgischer Formeln. Was da in seiner Person gefeiert wurde, war die uneingeschränkte Diktatur der Neu-Partei, die aus dem Massaker an der Alt-Partei (die in den Säuberungen zu 80–90 % physisch vernichtet oder zumindest ausgeschaltet worden war) als herrschende politisch-ökonomische Klasse oder Kaste von relativ jungen Mandatsträgern hervorgegangen war.

Ähnliche Neu-Parteien bildeten sich gerade in den »Volksdemokratien« Mittelosteuropas – und auch für sie war die Berufung auf Stalin als den Vater aller Werktätigen der Ersatz für eine originale Legitimation, die sie nicht besaßen. Stalins Name stand für die pure Faktizität einer aus Revolution, Kollektivierung und Weltkrieg siegreich hervorgegangenen Sozialordnung, die mit allen ursprünglichen Ideen über »Sozialismus« vergleichsweise wenig (bis auf die formale Eigentumsverfassung) zu tun hatte. Die Erbfolge von Lenin auf Stalin war in der Tat das, was für die christliche Kirche die Erbfolge von Gott über Jesus und die Jünger auf Simon Petrus bedeutete: nämlich den Fels der *Unfehlbarkeit*, auf den die Kirche allein gebaut werden konnte. Stalins Autokratie war der terroristische Unfehlbarkeitsanspruch der Partei – den sie anders als terroristisch nicht verteidigen konnte.

Nach diesem Gesetz mußte sich nun das soziale Leben in seiner Totalität richten. Es ist in der Tat ein Akt permanenter »Umerziehung«, worin die Anarchie menschlicher Gefühle und Interessen die Rolle der »Erbsünde« einnimmt, die es immer von neuem niederzukämpfen gilt.

Dimitri Schostakowitsch wird 1948 (zusammen mit anderen berühmten Komponisten wie Prokofjew, Chatschaturjan und einer Reihe von Schriftstellern, vor allem der Achmatowa und Michail Soschtschenko) zu einer Hauptzielscheibe der Kulturkritik des ZK. Der Vorwurf lautet auf »Formalismus«, im Klartext: »Diese Musik riecht stark nach der heutigen modernistischen bürgerlichen Musik Europas und Amerikas...« Politisch steht dies im Zusammenhang der Kampagne gegen den »Kosmopolitismus«, d.h. gegen alle subversiven kulturellen Einflüsse des Westens (einer Kampagne, die in ihrem weiteren Verlauf deutlich antisemitische Züge annimmt).

Und Schostakowitsch tut Buße. Unter der Überschrift »Unschätzbare Hilfe« schreibt er einen Artikel, in dem es heißt:

»Die Partei, der große Stalin haben die Sowjetmenschen dazu erzogen, alle Erscheinungen und Dinge nach einem eigenen, nach dem sowjetischen Maßstab zu bewerten. Das künstlerische Schaffen ist zu einer Aufgabe geworden, die edel und schwierig ist wie nie zuvor. Die Geschehnisse und Taten der Stalinschen Epoche, die Größe unserer Tage können nur in großen Werken würdig wiedergegeben werden. ...
Die Arbeit eines Sowjetkünstlers ist ehrenvoll, aber nicht leicht. An das Schaffen der Komponisten stellt unser Volk die hohen Anforderungen des Liebenden. In den Kollektivwirtschaften und Arbeiterclubs, wo man ausgezeichnet singt und spielt, haben mißglückte Tonschöpfungen, die gegen die Gesetze der Melodik verstoßen, keinen Erfolg. ...
Menschen von Kenntnissen und Kultur, Menschen mit hohen ideellen und moralischen Eigenschaften werden in unserem Lande außerordentlich geschätzt. Genosse Stalin hat dazu aufgerufen, die Menschen, die Erbauer des neuen Lebens, als das wertvollste Kapital des Landes zu hegen und zu pflegen. Und wie ein Gärtner seine Bäume großzieht, so erzieht der große Führer auf allen Gebieten des Lebens liebevoll und behutsam Men-

schen eines neuen Typus. Und die besten von ihnen sind gerade deshalb die besten, weil sie lernen, nach Stalinschen Konzeptionen zu bauen und zu schaffen...

Die Begegnungen, die der Komponist A. Alexandrow – der Schöpfer des so populären Gesang- und Tanzensembles der Sowjetarmee – mit Josef Wissarionowitsch Stalin hatte, waren von großer Bedeutung für die Entwicklung des musikalischen Schaffens. Der Komponist erzählt: »Zum XVII. Parteitag hatten wir das ›Lied von der Partei‹ mit dem Text von Lebedew-Kumatsch einstudiert. Das Ensemble brachte es bei einem Konzert im Kreml zum Vortrag... ›Singen Sie dieses Lied noch einmal‹, bat Genosse Stalin. ›Nur versuchen Sie, es feierlicher, wie eine Hymne herauszubringen.‹ Und als das ›Lied von der Partei‹ zum zweitenmal – bereits nicht mehr in dem anfänglichen Marschtempo – vorgetragen wurde, klang es wie eine Offenbarung für den Komponisten selber...«

... Mit der gleichen Wärme und väterlichen Besorgheit, mit der gleichen feinen Einfühlungsfähigkeit in das Wesen des Schaffens hat sich Genosse Stalin des öfteren mit Musikern, Schriftstellern, Malern, Schauspielern, Filmschaffenden und Architekten unterhalten. Seine Worte sind bei den Sowjetkünstlern gut aufgehoben, sie gehen von Mund zu Mund wie ein Schaffensauftrag... Sie lassen einen die riesige, von den Künstlern noch nicht eingelöste Schuld und Pflicht gegenüber der Heimat, gegenüber unserem Lehrer und Führer Stalin empfinden.«

Es wäre wahrscheinlich ganz falsch, dies als einen bloßen Fall von Unterwerfung zu behandeln. Schostakowitsch war nämlich mutig genug, weiterhin in die Schublade zu »sündigen« oder durch eine Vielzahl apokrpyher musikalischer Signale in den veröffentlichten Musikstücken seinen Protest anzumelden. Aber man versteht wahrscheinlich den Protest, die Signale und schon gar die geheimen »Sünden« nicht, wenn man nicht von einem tief empfundenen Gefühl der *Schuld* ausgeht.

Mehrere der in Schostakowitschs Text verwendeten Stereotypen lohnt es sich, näher auszudeuten. Da ist zum Beispiel der *hymnische* Charakter, der von der Musik verlangt wird. Die Hymne wird in dieser Zeit die universale Form nahezu jeder Art von öffentlicher Äußerung.

Dies ist einer der eigentümlichsten Züge der Gesellschaftsformen des realen Sozialismus bis heute (der, von den Faschisten nachgeäfft, in der Ära Stalins zur höchsten Entfaltung kam): die Art und Weise nämlich, wie die banalsten Akte der materiellen Produktion und Reproduktion sich in sakrale Handlungen verwandeln, von der Erzeugung von Unterwäsche bis zur Eröffnung eines Stahlwerkes oder Wasserkraftwerkes. Boris Souvarine fand es schon in den dreißiger Jahren befremdlich, wie Heerscharen westlicher Besucher ergriffen zu dem »Wunderwerk« der (übrigens von amerikanischen Ingenieuren konstruierten) Dnjepr-Staudämme pilgerten, während in den USA der vergleichbar große Colorado-Staudamm oder in den Nieder-

landen der technisch viel anspruchsvollere Damm durch die Zuider-
see eröffnet wurden. Sicherlich hatten die großen Industriebau-
werke der ersten Jahrhunderthälfte überall ihr Pathos; und für den
Wiederaufbau nach dem zweiten Weltkrieg galt dies noch einmal in
besonderer Weise. Aber der Hymnus der (eher tristen) sozialistischen Gebrauchsgüterproduktion ist etwas Spezifisches. Es ist in
Wirklichkeit der Hymnus auf das von *einer* leitenden Kraft zusam-
mengefügte Menschenkollektiv.

Charakteristisch ist auch Schostakowitschs Rede von den »Gesetzen der Harmonik«. Gegen diese Gesetze sollte seine eigene »disso-
nante«, »dekadente« Musik ja gerade verstoßen haben. Im Grunde
handelte es sich um die Annahme eines »gesunden Musikempfin-
dens« des Volkes; und dessen höchstes Organ konnte kein anderer
als der Führer selbst sein.

Die Vorstellungen einer systematischen Erziehung der Künstler
gehen unmerklich in Vorstellungen der *Zucht* von Künstlern (als einer besonderen Menschenspezies) über. Denn schließlich: »Wie ein
Gärtner seine Bäume großzieht, so erzieht der Große Führer auf *allen* Gebieten des Lebens liebevoll und behutsam Menschen eines
neuen Typus.« Er formt sie buchstäblich nach seinem Bilde: »Die besten von ihnen sind gerade deshalb die besten, weil sie lernen, nach
Stalinschen Konzeptionen zu bauen und zu schaffen ...« Kurzum, es
ist der universelle Gedanke einer sozialen Zuchtwahl, eine Art wis-
senschaftlicher Beschleunigung und Systematisierung des Darwin-
schen Entwicklungsprinzips (»Survival of the fittest«).

Die Produktion »Stalinscher Menschen« war eine universale
Phrase dieser Jahre. Vom »Klonen« hat man vielleicht nur deshalb
nicht gesprochen, weil man von Gen-Technologie noch nichts wußte.
So hielten sich die Vorstellungen auf der metaphorisch liebenswürdi-
geren Ebene vom Führer als einem »Gärtner«, der die Menschen
(er)zieht wie die Pflanzen.

Immerhin fand der Übersprung von sozialen in biologische Ent-
wicklungstheorien nicht zufällig im Bereich der *Genetik* statt. Die
Bedeutung der wissenschaftlichen Irrlehren, für die der Name LYS-
SENKO steht, war keineswegs auf die Biologie beschränkt, sondern
legte seinen Schatten auf die Gesellschaftstheorien, die Künste, das
ganze Bild von der Welt und den Menschen.

Irr-witziger Weise muß man wohl davon ausgehen, daß die Lyssen-
kosche Lehre: nämlich, daß sozial erworbene Eigenschaften in das
biologische Erbgut eingehen und auf dieser »materialistischen«
Grundlage zuverlässig weiterübertragen werden können, bereits ein
*Rückschluß* aus dem Gesellschaftlichen ins Biologische war. Die so-

wjetische Gesellschaft stellte sich als erfolgreiche Züchtung eines »neuen Menschen«, einer neuartigen, höherwertigen, eben Stalinschen Menschenpopulation heraus – nachdem man das menschliche »Unkraut« rücksichtslos ausgejätet und vor allem das jugendliche Menschenmaterial im striktesten stalinistischen Geiste erzogen hatte. Und warum sollte das nicht auch mit Pflanzen möglich sein?! Wenn Stalin in diesen letzten Jahren besonders auch als »Koryphäe der Wissenschaften« (dies die feste Formel) gepriesen wurde, so hatte das nicht mehr den schmeichlerisch-beliebigen (und daher heuchlerischen) Charakter wie in den 30er Jahren. Es war ungleich strenger zu verstehen – denn in dem oben beschriebenen Sinne *war* Stalin nun eine echte Koryphäe der Wissenschaft geworden.

Der Physiker und Philosoph **Walter Hollitscher** faßte dies in einem Vortrag an der Humboldt-Universität mit dem Thema »Der Begriff der Entwicklung« so zusammen:

»So groß die Zahl der neuen Elemente ist, die den Begriff des ›gesellschaftlichen Fortschritts‹ von dem biologischen unterscheidet, schließt er sich ihm doch folgerichtig an: er geht durch eine legitime Begriffserweiterung aus ihm hervor. Der hohe Grad biologischer Anpassung, der ... die Menschenart auszeichnet, wird noch durch ihre soziale Aktivität gesteigert, ja potenziert. Der Mensch ist ein werkzeug-erfindendes und -gebrauchendes Tier, und eben durch diese Tätigkeit hat er aufgehört, bloß Tier zu sein, hat er die Entwicklungsleiter ... verlängert, ja ins Ungeahnte überhöht. An die Stelle der durch biologische Anpassung erworbenen Organe und Funktionen treten Werkzeuge und planvolle Arbeit.«

»Natürlich hat sich der Menschheitsfortschritt nicht auf einer Einbahnstraße der Geschichte abgespielt ... Das Muster, das der Geschichtsprozeß webt, ist von außerordentlicher Mannigfaltigkeit, ja bisweilen Verwirrtheit. Zu seiner Entwirrung bedarf der Adept der Geschichtswissenschaft des Instruments des historischen Materialismus. ...

Es ist noch nicht lange her, daß Josef Stalin in seinem grandiosen Werk über die Geschichte der bolschewistischen Partei – die den letzten großen Fortschritt der Menschheitsgeschichte getätigt (*sic!*) hat – die Grundzüge des historischen Materialismus in dem berühmten ›Vierten Kapitel‹ darlegte ... Selten zuvor hat die Vereinigung von Theorie und Praxis, jenes Kriterium wahrer Wissenschaftlichkeit, solch klaren und für die Entwicklung der Menschheit so fortschrittstragenden Ausdruck gefunden.«

Bevor die nächsten Fortschritte auf der unendlichen Entwicklungsleiter »getätigt« werden können, muß die Stalinsche Partei allerdings noch das lästige Ernährungsproblem lösen. Und eben dieses Versprechen liegt im »System Lyssenko« – der Übertragung der Stalinschen »Erziehung« auf die Pflanzenwelt.

Der vermeidliche **Peter Pawlenko** hat dieser faszinierenden Idee einen Roman mit dem schlichten Titel »Das Glück«, gewidmet:

»Woropajew stand unbeweglich da.

Er sah Stalin.

In einem hellen Frühjahrsrock und heller Mütze stand Stalin neben dem alten Gärtner an einem Weinstock, der sich mit seinen knotigen Fingern an das Spalier klammerte...

›Versuchen Sie diese Methode, haben Sie keine Angst!‹ sagte Stalin. ›Ich habe sie selbst ausprobiert, sie ist sicher.‹

Verwirrt und zugleich kindlich begeistert sah der Gärtner seinen Gesprächspartner an und hob die Hände. ›'s ist gegen die Wissenschaft – ein wenig unheimlich, Josef Wissarionowitsch. Unter dem Zaren hatten wir vorzügliche Spezialisten, aber das haben sie nicht gewagt.‹

›Die haben so manches nicht gewagt‹, erwiderte Stalin. ›Unter dem Zaren wuchsen auch die Menschen schlecht, so daß wir damit nicht zu rechnen brauchen. Experimentieren Sie mutiger! Weintrauben und Zitronen brauchen wir nicht nur in Ihrer Gegend.‹

›Das Klima, Josef Wissarionowitsch, stellt hier Fragezeichen. Was für eine Zartheit und Empfindlichkeit, sehen Sie nur! Wie soll so eine Rebe den Frost aushalten!‹, sagte der Gärtner und wies auf den Weinstock.

›Gewöhnen Sie sie an strenge Lebensbedingungen, haben Sie keine Angst! Sie und ich sind Südländer und fühlen uns auch im Norden nicht schlecht‹, schloß Stalin und machte einige Schritte auf Woropajew zu. ›Du lieber Gott!‹, flüsterte der Gärtner. ...

›Nun, erzählen Sie, woran Ihrer Ansicht nach am meisten Not ist. Sprechen Sie geradezu!‹ Stalin setzte sich bequemer in den Sessel.

›An Menschen‹, antwortete Woropajew. ›Und vor allem an klugen Menschen, Genosse Stalin.‹ ...

›Kluge Menschen müssen gemacht werden, Genosse Oberst‹, sagte Stalin rasch, wie befehlend. ›Man muß sie selbst überall machen und nicht warten, bis sie aus Moskau fix und fertig vom Himmel fallen ...‹

›Sie wachsen natürlich auch hier, aber langsam, und die Not ist groß. Alles ist kahl und leer‹, versetzte Woropajew ...

›Und wie lebt es sich für Sie selber, nicht leicht?‹, fragte Stalin mit einem seitlichen Blick auf Woropajew... ›Nicht leicht.‹

›Das ist schön, daß Sie das so einfach sagen. Sonst fragt man machmal, wie es geht. Ausgezeichnet, heißt es, in Wirklichkeit aber ißt er nicht einmal jeden Tag zu Mittag. Ja, wir leben vorläufig noch schlecht. Sagen Sie aber den Kolchosbauern, es wird sich alles zum Guten wenden. Die Partei wird die Ernährungsfragen des Landes genau so entschlossen lösen wie seinerzeit die Fragen der Industrialisierung. ... Wenn wir mit dem Getreide durch sind, machen wir uns an euch... Wein, Zitronen, Feigen muß man auch nach Norden verpflanzen. Man hat uns gesagt, daß die Baumwolle im Kubangebiet und in der Ukraine nicht gedeihen würde. Und sie gedieh. Die Frage ist nur, daß man will ...‹

Er sah Woropajew gerade in die Augen, und sein Gesicht leuchtete auf, als sei ein Sonnenstrahl darüber hingefahren.«

Daß es **Bertolt Brecht** in seinem großen Lehrgedicht »Die Erziehung der Hirse« gelang, den universalen Zuchtgedanken der Marke »Lyssenko« auf ein phantastisches Bild menschlichen Forscherdrangs zurückzuführen und damit wieder zu vermenschlichen, mag man für sein künstlerisches Verdienst halten – oder auch für eine seiner größten künstlerischen Verfehlungen.

Brechts Erzählung in 52 Strophen (die auch gerne in Schulen mit verteilten Sprechrollen aufgeführt wurde) ist eine lyrische Umarbeitung einer typischen stalinistischen Neu-Legende, eines im Märchenton gehaltenen Berichts von Gennadij Fisch mit dem Titel »*Der Mann, der das Unmögliche wahrgemacht hat*«. Der Titel ist Programm. Erzählt wird vom alten Nomaden Tschaganjak Bersijew, der sein Leben lang mit forschendem Eigensinn sein ärmliches Hirsefeld bebaut hat – bis »die Sowjetmacht am Uil stand« und »die großen Beis vertreiben half aus Kasachstan«, obschon die Tschaganjak nicht weiter bedrückt zu haben scheinen. Tyrannischer war da schon seine Hirse, denn leider

... schrie sie ewiglich nach Jäten.
Ach, sie zwang das Volk auf seine Knie...
Aber Tschaganjak Bersijew war für sie.

Die Kolchose gibt ihm nun bessere Möglichkeiten, die Hirse zu erziehen:

›Ich erzieh sie‹, sprach der Alte, ›wie mein Kind‹
Bis sie tapfer wie ein Reiter, wie ein Mullah listig
Unschlagbar durch Unkraut, Rauch und Dürrewind.‹

Aber der Alte arbeitet noch mit seinen vorsintflutlichen Methoden; er selbst braucht auf seine alten Tage noch Erziehung. Und dieses Glück wird ihm zuteil:

*Im Frühjahr 1939 rief die Partei der Bolschewiki die Akademie der Wissenschaften und die Kolchose der südöstlichen Republiken zu gemeinsamem Feldzug gegen die Dürre auf.*

Josef Stalin sprach von Hirse
... sprach von Dung und Dürrewind.
Und des Sowjetvolkes großer Ernteleiter
Nannt die Hirse ein verwildert Kind.

Nicht die Hirse war die Angeklagte
Als die launische Steppentochter ward verhört.
In Lyssenkos Treibhaus, fern in Moskau, sagte
Aus sie, was ihr hilft und was sie stört.

Aus fuhr das Geschlecht der Agronomen
In die süd- und östliche Erzeugungsschlacht
Hirsepflanzern zu berichten von der Hirse,
Wie man ihr das Blühn und Reifen leichter macht.

Und nachdem Lyssenkos Leute die Hirsepflanzer so über die »Aussagen der Hirse« (gegen wen?) unterrichtet und dementsprechende Anordnungen erteilt haben, wächst die Ernte gleich auf 25 Doppelzentner pro Hektar. »Zehnmal mehr war's als in frühren Jahren ... /

Doch der Alte sann auf eine neue Art.« Und bringt es durch regen sozialistischen Wettbewerb im folgenden Jahr bereits auf 87 Doppelzentner, mehr als das Dreifache des Zehnfachen mithin.

Tschaganjak Bersijew kam nach Moskau
Als die Sowjetmacht den Leninorden ihm verlieh
Vor Mitschurins Schülern saß der einstige Nomade
Freundlich in der Wissenschaft Akademie.

Und er fragte sie die erste Frage:
Was die Grenze des Ertrages eines Feldes war?
Und die Antwort war: An einem fernen Tage
Sind es wohl zweihundert Doppelzentner pro Hektar.

Er läßt sich übers Walzen und Düngen belehren und kehrt »versehn mit neuen Künsten« heim in den Kolchos. Und siehe da, im nächsten Jahr bringen sie es schon auf 155 Doppelzentner – fast das Doppelte des Dreifachen des Zehnfachen.

Da fallen die Hitler-Armeen in die friedliche Sowjetunion ein, und die Hirse wird die Grundlage der Soldatenkost der Roten Armee. Und Tschaganjak »versprach in der Kolchose Namen / Hirse für das Heer«. Und im Winter liest er aus den Millionen Hirsekörnern die stärksten heraus und »erzieht« die Hirse: »Vor zu gierigem Trinken in der Hitze. Sachte / Trinkt man in der Kühle, sprach er, da ist's gut«.

›Wo ist Hirsebrei?, fragen die Soldaten.
›Hier kommt Hirse. Sie ist gut geraten.‹
Sagen die Kolchosbrigaden.
›Jeder kämpfe jetzt für zwei.‹

Regimenter messen sich jetzt mit Kolchosen
Als der Vaterländsche Wettkampf so entbrennt.
Und Kolchos steht mit Kolchos im Wettkampf
Und im Wettkampf Regiment mit Regiment.

Daß sie aus dem schönen Feld den Kriegswolf jagen
Und zum letzten Horizonte reich' das Feld!
Ähren soll die Erde tragen.
Friedlich, fröhlich sei die Welt!
    Tod den Faschisten!
    Jätet das Unkraut aus!

Und als im Jahr 43 das Naziheer im Kursker Bogen entscheidend geschlagen wird, wog man im Kolchos Tschaganjaks 201 Doppelzentner pro Hektar – annähernd schon das Hundertfache des früheren Ertrages auf Nomadenart und einen Zentner über dem weitgesteckten Planziel.

Laßt uns so mit immer neuen Künsten
Ändern dieser Erde Wirkung und Gestalt
Fröhlich messend tausendjährige Weisheit
An der neuen Weisheit, ein Jahr alt.
    Träume! Goldnes Wenn!

Laß die schöne Flut der Ähren steigen!
Säer nenn
Was du morgen schaffst, schon heut dein Eigen!

Um Tschaganjak, des Nomaden, Grab aber schwankt nun ein goldenes Meer von Hirse: »Er vergab das Saatgut. Lebt ihm nach!« ... *Liebe Kinder*, möchte man hinzufügen. Ist doch das Menschengeschlecht, wie die Hirse, ein »verwildert Kind«, welches der Erziehung durch den »großen Ernteleiter« bedarf, sofern es nicht »ausgejätet« werden muß. Alles ist hier so kindlich märchenhaft und friedlich grausam wie auf den chinesischen Bauernmalereien der Kulturrevolution, die die Welt als goldnes Feld bis zum Horizont ausmalten, mit Menschen und Fahnen darin, die alle Ein Großes Ganzes bildeten.

Stalin steht mit den Stalinschen Menschen durch eine besondere Form von *Blutsbanden* in Beziehung. So heißt es in dem Roman »Die Stoscharows« von **Elena Katerlis** aus dem Jahre 1948:

>»Mir scheint ..., daß jeder Kommunist ein Stückchen von Stalin in sich hat. Jeder wahre Kommunist natürlich. Und das gibt ihm Ruhe und Gelassenheit, so daß er weiß, was zu tun ist und wohin alles führt, wenn er handelt, wie die Partei es befiehlt. Ein Kommunist (ist) in allem und überall ein Führer, ein Lehrer des Lebens für das Volk.«

Durch die Vermittlung der Hunderttausende Kommunisten, jeder ein kleiner Führer und »Lehrer des Lebens«, steht Stalin aber sogar mit den Millionen und Abermillionen Menschen der ganzen Welt in untergründiger Kommunikation. Niemand konnte das vielleicht erhebender ausdrücken als der berufsmäßige Sowjet-Kosmopolit und Freund der progressiven Schriftsteller in der Welt (der in dieser Funktion selbst die letzte Kampagne gegen den »Kosmopolitismus« überlebt hat) – **Ilja Ehrenburg**:

>»Es geschah manchmal, daß ich in einem fremden Land, wo ich weder die Sprache noch die Gebräuche kannte, plötzlich das bekannte Antlitz erblickte, und dann wurde auf einen Schlag alles vertraut und verständlich. So kam ich einmal, jenseits des Polarkreises, in die schwedische Stadt Kiruna, wo Erz gefördert wird. Alles setzte mich in Erstaunen: die Rentiere der Lappen und gleich daneben Automobile, Tundra und Neonlampen ... Ich dachte: wie unverständlich ist das doch alles! Man führte mich in ein Haus, und an der Wand sah ich die Photographie: Stalin schreitet in seinem langen Militärmantel ... Ich lächelte, auch der ernste Hausherr, der Sekretär des Bergarbeiterverbandes, lächelte und sagte liebevoll: ›Stalin‹ ... Er ist in seinem Soldatenmantel über alle Straßen der Welt geschritten. ...«

Die Kommunisten der verschiedenen Länder hatten nationale Führer – manchmal auch Führerinnen. Neben Stalin als den Vater der Völker und Beschützer aller ehrlichen, werktätigen Menschen trat eine Equipe seiner »treuesten Schüler« – wovon es in jedem Land wenigstens einen gab. Aber dann gab es auch noch gewisse Sonder- und Nebenkulte zum Universalkult um Stalin. Ein solcher Kult war in Spanien der um die »PASIONARIA«, Dolores Ibárruri.

Der Bürgerkriegsmythos dieser Tochter eines Bergarbeiters, die flammende Reden wie niemand sonst halten konnte, hatte sicher etwas Authentisches (freilich, inmitten eines dichtbevölkerten Mythenhimmels: Jeder General dieser schwarz-roten Front der Spanischen Republik war ja eine lebende Legende – von der so manche in den Gefängnissen hinter der eigenen Front oder später in den sibirischen Lagern ausgelöscht wurde). Um so heller erstrahlte nach der Niederlage im Bürgerkrieg der reine Kult der »Pasionaria«.

**Jorge Semprún** (in den fünfziger Jahren einer der führenden Kader der illegalen KP Spaniens) hat mit seinem Doppelgänger »Federico Sanchez« darüber Zwiesprache gehalten:

»Im Frühjahr 1947, am Tag deiner ersten, zufälligen Begegnung mit der *Pasionaria* ... hörtest du, was Francisco Antón über die Mission und Funktion des kommunistischen Intellektuellen zu sagen hatte, und dabei ging, als euer Treffen fast zu Ende war, die Tür ... auf und herein kam die *Pasionaria* und begrüßte euch alle mit ungezwungener Herzlichkeit. Wenn du in einem Roman wärest, würdest du dieser ersten Begegnung mit der *Pasionaria* so gedenken:

Dein Lächeln, Dolores. Ich entsinne mich.
Ein lauer Märznachmittag im Exil.
Flüsternd im Saft schliefen Tausende
grüne Blätter, und die Blüten
bereiteten in der Tiefe der Knospen
ihre luftige Verneinung vor...
Und in den Scheiben erlosch die Sonne.

Die Tür ging auf. Du kamst herein. Wir
erhoben uns von unseren Stühlen. Du
drücktest Hände uns
und lächeltest.
Und da brach der Frühling an.

(Das hast du geschrieben. Nun ja, nicht du, sondern ich. Ja, ich. Ich habe das geschrieben, Jahre, bevor ich Federico Sanchez wurde ... Ich vergesse meine Vergangenheit nicht.) ...
Auszug aus einem langen, einem endlosen, einem nie beendeten *Gesang an Dolores Ibárruri* ... Die Geburtstage der *Pasionaria* waren damals Anlaß, diesem Kult in großen, kollektiven Zeremonien zu huldigen ...
Vor mir liegt zum Beispiel ein Exemplar der *Cuadernos de Cultura* [der Kulturzeitschrift der KP Spaniens] von Anfang der fünfziger Jahre. Es ist eine reine Lyriknummer ... Alle Gedichte ... sind der *Pasionaria* gewidmet.
Da haben wir als erste ein paar Strophen von **Juan Panadero**. Panadero war bekanntlich **Rafael Albertis** Dolmetsch ins Populäre, sein Double ..., dem der exquisite Mann aus Cadiz die untergeordneteren Dienste der Agitprop-Lyrik aufzutragen pflegte.

Fahnen auf der Straße
Dolores Hand in Hand
mit der armen Bauernklasse.

Sonne und Stern auf unserm Weg
Dolores mit den Arbeitern
auf dem Land und zur See. ...

Mutter voll Güte, Mutter voll Kraft
die du für das Leben
dem Tod einen Sohn hingabst.

In der letzten Strophe wird ein delikates, aber für die kommunistische
Mythologie ... jener Jahre wesentliches Thema angeschnitten. Ein Sohn
der *Pasionaria* ist bekanntlich als Soldat der Roten Armee in Stalingrad
gefallen. Er hieß Rubén, und Rubén nannten in jener Zeit viele Kommunisten ihre Söhne.

Nun, ... dieses schmerzliche private Ereignis im Leben der Dolores
Ibárruri wurde zu einem der obligaten, unfehlbar aufgegriffenen Motive ...
Der Sohn der *Pasionaria* ... ist das exemplarische Opfer. Ein Sonett von mir
aus dem Jahre 1948 endet mit folgenden zwei (Versen):

Haben sie dir einen Sohn von der Seite gerissen,
so kommen im Kampf täglich tausend neue hinzu.

Diese Metapher von der Vervielfältigung der Söhne ermöglicht es, die
Familienepik der *Pasionaria* mit der Volksepik der kämpfenden Partei zu
verquicken ... Dieses Motiv wird im »Gesang an die Partei« von **César Arconada** ... noch erheblich ausgebaut und kompliziert...

Vater aller Dinge, du spanisches Volk,
Mutter aller Dinge, du mein holdes Spanien ...
Fruchtbar war all die Zeit euer Odem,
schöpferisch und lebensspendend eure Seele,
doch das Beste, was ihr schuft,
trägt einen Namen: Dolores, *Pasionaria*! ...

César Arconada ... stellt uns hier vor die Urszene. Vater Volk und Mutter
Spanien koitieren vor unseren Augen miteinander und zeugen ... – Dolores.
Dolores ist demzufolge Tochter des männlichen Volkes und des holden
weiblichen Spanien. Gleichzeitig ist sie aber – wie alle diese Gesänge,
Oden und Elegien nicht müde werden zu wiederholen – Mutter-unser-die-
du-bist-im-Himmel. Will sagen, Mutter und Matriarchin des Kämpfers für
das Volk. Dolores ist also Tochter und Mutter des Volkes in einem. Letztlich
Mutter und Tochter ihrer selbst. Der Familienroman der neurotischen Poe-
ten aus der Zeit des Personenkults, zu denen ich mich wohl oder übel rechnen muß ...

Es darf allerdings auch nicht vergessen werden, daß wir alle einen Vorläufer und unerreichten Meister hatten: **Miguel Hernández.** . Sein der *Pasionaria* gewidmetes Gedicht »Winde des Volkes tragen mich« war das ursprüngliche Vorbild. Es zu untersuchen, wäre interessant ... – auch insofern, als bei dem seiner Herkunft nach katholischen und bäuerlichen Hernández alle religiösen Elemente des Führerkults ... mit einer marxistischen
Kultur verschmolzen und ... besonders stark – und künstlerisch wirkungs-
voll – zum Ausdruck kommen.«

Unter die authentischeren Nebenkulte dieser Jahre wäre sicher der um *Mao Tse-tung* zu rechnen (über den noch zu sprechen sein wird) und – sehr viel schwächer – der des *Luis Carlos Prestes*, des Führers der KP Brasiliens, der in den 40er Jahren den »Langen Marsch« Mao Tse-tungs (vergeblich) zu wiederholen suchte. Sein Landsmann **Jorge Amado** hat in seinem Roman »Ritter der Hoffnung« versucht, aus Prestes den legendären Helden eines phantastischen Volksmärchens zu schnitzen.

Von allen Führern des neuen »sozialistischen Lagers« konnte anfangs allenfalls der Führer der tschechischen Kommunisten, *Klemens Gottwald*, einen namhaften Dichter – **Vitezlav Nezval** – dazu inspirieren, ihn poetisch zu verewigen. Aber natürlich nur an der Seite Josef Stalins – nach dem gelungenen Staatsstreich der KPČ von 1948, der die ČSR in eine ČSSR umwandelte. Nach allen Fensterstürzen und Wirren hatte der Dichter das Wort. »Ich singe den Frieden«, heißt sein fast 40seitiges Poem:

Schon schlug die Totenglocke tief
das Ende böhmischer Geschichte,
da ward der Tod am Volk zunichte,
das Gottwald auf den Hradschin rief –
ich sing den Frieden.

Für diese Stadt! Für diese Zeit,
die ihren Garten schön bereitet,
da Gottwald neben Stalin schreitet
in großer schlichter Menschlichkeit,
sing ich den Frieden.

Ich sing den Frieden! Licht wie Stahl
sein Antlitz – sternenübergossen,
der Menschheit menschlich aufgeschlossen,
der gute große General
führt uns zum Frieden.

Ein Fall für sich war – schon vor dem Bruch mit Stalin – *Josip Broz Tito*. Er war der einzige kommunistische Führer (außer Mao Tse-tung und Enver Hodscha), der nicht direkt durch die Sowjetarmee zur Macht gekommen war. Sein früherer Mitstreiter und späterer Biograph **Milovan Djilas** berichtet über seine frühen Allüren:

»Tito erarbeitete sich einen besonderen Stil und ein besonderes Protokoll: Sein Sessel, immer im Zentrum, unterschied sich durch Aussehen von allen anderen, seine Kleidung wechselte er drei- bis viermal am Tage – je nach Bedeutung und Eindruck, den er hinterlassen wollte. ... Titos Uniformen waren goldgeschmückt, bei ihm mußte alles ›echt‹ und ›einzigartig‹ sein: Das Wappen auf dem Koppelschloß wurde aus reinem Gold geschmiedet ... ...

Er erkannte die Bedeutung von Dekoration und Pomp für die Macht – vor allem für seine persönliche Konzeption von der Macht. Dieser Konzeption paßten ... sich die ›Dekorateure‹ an. Tribünen, Kongresse und Paraden ... standen im Schatten von Titos Portrait, wurden überdacht von Titos Parolen. ...

Beim Ausbau seines Stils ... gab es viel Imitation bei Tito ... Im alten königlichen Jugoslawien hatte man die Sitte eingeführt ..., daß der Monarch zum Paten eines jeden neunten Knaben eines Ehepaares wurde. Diese Sitte übernahm Tito – auch er begann, sobald er sich in den Palästen des Königs eingerichtet hatte, den Paten zu spielen ... Diese Patenrolle Titos weitete sich in zwanzig Jahren immer weiter aus – bis sie ihm selbst zum Halse heraushing.

Besonders bestürzend war die Imitation der Gestüte der Könige und der Reichen, so daß Titos engste Umgebung rebellierte. Sobald es wieder Pferderennen gab, traten auch Pferde ›aus dem Stall Marschall Titos‹ in Erscheinung. ...

Könige sind Menschen wie andere auch – nur selten gibt es unter ihnen Führernaturen und Autokraten. ... Tito war absoluter Herrscher und erhielt gerade deshalb Ehren und eine Herrschaft, von der heutige Könige nur träumen können.«

Als der Streit mit der sowjetischen Führung ausbrach, war es denn auch eine der hämisch-treffsichersten Attacken gegen seine Person, ihn mit Göring zu vergleichen!

Der Streit ging nicht um bloße Stilfragen, aber auch kaum um prinzipielle Differenzen. Die jugoslawischen Kommunisten waren zu dieser Zeit eine Art Ultra-Sowjets: Sie wollten zunächst eine Sowjetunion der Balkanländer unter ihrer Führung errichten, um sich sodann mit der großen Sowjetunion zu vereinigen. Von »Selbstverwaltungs-Sozialismus« und ähnlichen Dingen war noch keine Rede.

Der Angriff kam für Tito denn auch völlig überraschend und verstörte ihn tief. Tito der »neue Trotzki«? Es konnte für ihn kaum etwas Beleidigenderes geben.

Tatsächlich verweist die Kampagne gegen den »Titoismus« – in ihrer Parallelität mit der gegen den »Trotzkismus« – auf eine Art Gesetzmäßigkeit des Stalinschen Universalkultes: daß er zu jeder Zeit einen *Verräter* im eigenen Lager *brauchte*...

Wie damals gegen Trotzki, erreichten die Beschimpfungen eine eigene lyrische Qualität. In Brechtsche »reimlose Lyrik mit unregelmäßigen Versen« übersetzt, kämen einwandfreie Gedichte dabei heraus, die den Charakter dieses Feindbildes als eine Art ANTI-KULT verdeutlichen würden.

Die folgenden Zitate aus ungarischen Zeitungen sind aber zugleich auch Hinweise auf den *praktischen* Zweck der ganzen Haßkampagne – war sie doch von einer Welle neuer Schauprozesse begleitet, allerdings nicht in der Sowjetunion selbst, sondern in den neuen »Volksdemokratien« Ungarn, Bulgarien und der ČSSR. Es waren gespenstische Inszenierungen, worin die KP-Führer Rákosi, Dimitroff und Gottwald auf direkte Weisung Stalins ihre engen Kampfgefährten Rajk, Kostoff und Slánský (von deren Unschuld sie völlig überzeugt waren) an den Galgen liefern mußten.

Eine kleine Zusammenstellung aus dem Budapester Zentralorgan »Szabad Nép«:

Auf spontanen Demonstrationen und Massenkundgebungen, in einer Flut von Briefen und Telegrammen fordern einzelne Bürger, Fabrikbelegschaften, Vereine und Organisationen Partei und Behörden auf, »mit unbarmherziger Energie diese gemeine Bande von Spionen und imperialistischen Agenten zu zermalmen«. Die Unterzeichner schrien ihren »wilden Haß gegen die trotzkistischen Vaterlandsverräter« heraus. In einer ständigen Spalte des Zentralorgans heißt es, jeweils in Schlagzeile: »Keine Gnade für den Verräter Rajk und seine Bande. Wir bitten das Politbüro und Genossen Rákosi, den Verrat mit der Wurzel auszurotten.« Die Parteiaktivisten von Groß-Budapest »verurteilten die Verräter mit glühendem Haß und gelobten dem Zentralkomitee und Genossen Rákosi hingebungsvolle Treue«. Die Mitglieder des Frauenbundes erklären: »Die werktätigen Frauen hassen die entlarvte Spionagebande, weil sie ein Feind der mächtigen sozialistischen Sowjetunion und der Partei, des Garanten unserer friedlichen und freien Zukunft, ist.« (26. Juni 1949)

»Der Judas Tito und der Henker Rankovic haben den faschistischen Terror in Jugoslawien eingeführt«, verkündet ein Leitartikel. »Wie Raubtiere verschleppte die MDP – Titos Gestapo – ihre Opfer.« (19. Juli 1949).

»Bei einer erhebenden Feier zur Ernennung von Nachwuchsoffizieren proletarischer Herkunft« verkündete dann der Verteidigungsminister Farkas: »Nur der kann ein guter ungarischer Patriot sein, der unseren großen Lehrer, den Generalissimus Stalin, verehrt und liebt, welcher den Kampf der Völker für Frieden und Freiheit in der ganzen Welt siegreich anführt.« (26. Juli 1949)

Diese Prozesse gegen die »Titoisten« (und vor allem dann die umgehende Hinrichtung des Schurken Kostoff, der als einziger das Spiel nicht mitgespielt und den Schauprozeß plötzlich genutzt hatte, um ihn als solchen zu entlarven) – alles dies waren schon Zurüstungen auf den 70. Geburtstag des Großen Führers Josef Stalin im Dezember 1949.

Dieser Geburtstag wurde zum Gipfelpunkt einer alles Vorherige und Seitherige in den Schatten stellenden Orgie des Personenkults – einer schauerlichen Kakophonie von Millionen Stimmen, aus denen sich nach dem Schema von Rezitativ und Arie die GROSSEN GESÄNGE der bedeutenden Dichter und Künstler dieser Zeit emporschwangen gleich »stählernen Lerchen« (wie man in Abwandlung einer Moquerie Heinrich Heines vielleicht sagen könnte).

**Louis Aragon, Viteslav Nezval, Rafael Alberti, Nazim Hikmet, Julian Tuwim** und selbstverständlich **Johannes R. Becher** lieferten kleinere oder größere Poeme – um nur einige der bedeutenderen Namen zu nennen. **Pablo Picasso** brachte eine entzückende Glückwunsch-Zeichnung aufs Papier. Am gewaltigsten freilich erklang der echte »Große Gesang« (»Canto General«) des **Pablo Neruda** (von dem noch zu handeln sein wird). **George B. Shaw**, als 91jähriger Methusalem so töricht wie nur je, erklärte:

»Stalin ist der größte Verteidiger des Friedens: ihm verdankt die Sowjetunion ihre Stärke und Einheit. Diese Stärke aber sichert den Weltfrieden. Ich habe wiederholt betont, daß die Zivilisation nur auf der Grundlage des Kommunismus möglich ist. Nur das kommunistische System sichert den Frieden. Es ist eine Frage von Leben und Tod. Ich wiederhole es deshalb noch einmal: Ich bin für Stalin.«

Die Schriftsteller der Sowjetunion müssen selbstverständlich in geschlossener byzantinischer Formation antreten:

*»Begrüßungsschreiben der Schriftsteller*
Teurer Josef Wissarionowitsch!
Die Schriftsteller der Sowjetunion entbieten Ihnen zu ihrem siebzigsten Geburtstag herzlichen Gruß ... Gesundheit und ein langes, langes Leben ... Sie, Genosse Stalin, haben zusammen mit dem unsterblichen Lenin ... die eiserne Einheit der Partei vor den Machenschaften der Feinde ... die Reinheit der Leninschen Lehre wie Ihren Augapfel ... Für uns Sowjetschriftsteller verkörpert Ihr Name die unermüdlichen, feinfühligen, väterlichen Bemühungen der Partei ... Sie, der große Freund und weise Lehrer der Sowjetliteratur, haben den Schriftstellern, indem Sie sie ›Ingenieure der menschlichen Seelen‹ nannten, einen hohen Beruf... verdanken wir die Erfolge im Studium und der Ausarbeitung des sozialistischen Realismus ... glücklich darüber, daß die besten Werke der Sowjetliteratur diejenige Epoche festhalten, die mit Recht Ihren Namen trägt ... Mögen Sie noch lange Jahre ... Sie, unser großer Führer und weiser Lehrer, unser Vater ... Ehre und Ruhm dem großen Stalin!
*Der Vorstand des Schriftstellerverbandes der UdSSR«*

Das Telegramm der Schriftsteller ist natürlich nur eines in einer nicht überblickbaren Zahl. Die »Prawda« ließ sich von Stalin die Genehmigung geben, täglich *nur* zwei Seiten damit zu füllen (was sich dann wochenlang hinzog). Keine Fabrik, keine Volkskommune, die es gewagt hätte, *kein* Geschenk zu schicken. Die Donationen füllten zehn Säle des Revolutionsmuseums, und die Moskauer konnten sie dann jahrelang anschauen. Die Schriftstellerin **Wera Inber** wiederum hatte das Los gezogen, einen Artikel über diese Geschenke schreiben zu müssen, und entledigte sich tapfer dieser Aufgabe:

»Die Republiken, Gebiete, Kollektive und die einzelnen Bürger ... haben selber nicht geahnt, zu welch großartigem Ganzen sich alle diese gesonderten Einzelgaben zusammenfügen würden ...
So hält sich eine Gruppe von Offizieren lange vor einer Skulptur auf, die ... von den Kriegern der Ersten Bjelorussischen Front dargebracht worden ist: ›Hissen wir über Berlin das Siegesbanner!‹ ... Und hier ein Panzermodell von der Belegschaft der Sormowoer Werke. Und hier das funktionierende

(!) Modell einer 76-mm-Kanone ... Der Gardeoberfeldwebel I. Nikolski hat aus einem Stück Plexiglas von einem abgeschossenen feindlichen Flugzeug während einer Atempause zwischen zwei Gefechten als Geschenk für Genossen Stalin eine Tabaksdose angefertigt ..., worauf mit Goldbuchstaben geschrieben steht: ›Dem Generalissismus von einem Soldaten ...‹ ....

Das von der Sonne der Stalinschen Verfassung erhellte Georgien sandte ... ein Schreiben an Josef Wissarionowitsch, das durch 1.671.000 Unterschriften bekräftigt war. Diese Unterschriften füllen 16 in Leder gebundene Bände. ...

Ein Neger aus einer englischen Kolonie in Afrika schickt Stalin einen Spazierstock ... Ein phantastisches Geschenk: ein Kopfschmuck aus Adlerfedern, von einem indianischen Stammeshäuptling... Siebenundzwanzig Häuptlinge schrieben an Genossen Stalin .... Und wie vielerlei Pfeifen man doch dem Genossen Stalin zusendet! ... Jeder Spender träumt, gerade seine Pfeife werde Josef Wissarionowitsch benutzen. ...

Da ist das alte, tausendjährige China vertreten, in Stickereien, Seide, Flakons, feingearbeiteten Gegenständen ... Und hier das neue China. Ein großes Photo ... ein Flugzeug, vorn die stattliche, energische Gestalt eines Mannes in Steppjacke. Darunter ist zu lesen: ›Unserm Führer, Genossen Stalin, von Mao Tse-tung‹

Der Brief des koreanischen Volkes mit 16.767.680 (!) Unterschriften ... ist mit blauer Seide auf purpurne Atlastäfelchen gestickt, die untereinander verbunden sind.«

Aus den zahlreichen Grußadressen in Vers und Prosa, die Stalin zum 70. Geburtstag aus seiner neuen »Deutschen Demokratischen Republik« erreichten, läßt sich noch ein besonderer, triumphal-hochgestimmter Ton heraushören. Auslöser dafür war wohl das Telegramm Stalins zur Gründung der DDR, das nur noch »Stalins historisches Telegramm« hieß:

»Die Gründung der Deutschen Demokratischen Republik ist ein Wendepunkt in der Geschichte Europas ... Die Erfahrung des letzten Krieges hat gezeigt, daß das deutsche und das sowjetische Volk in diesem Kriege die größten Opfer gebracht haben, daß diese beiden Völker die größten Potenzen in Europa zur Vollbringung großer Aktionen von Weltbedeutung besitzen. Wenn diese beiden Völker ... für den Frieden mit der gleichen Anspannung ihrer Kräfte kämpfen, mit der sie den Krieg führten, so kann man den Frieden in Europa für gesichert halten. ...

Es lebe und gedeihe das einheitliche, unabhängige, demokratische, friedliebende Deutschland!

13. Oktober 1949                                          J. Stalin«

Jürgen Kuczynski hat den wenigen Sätzen des Telegramms damals eine 6seitige Wort-für-Wort-Exegese gewidmet und u.a. festgestellt, der Text dürfe »als neuer Abschnitt in der historischen Betrachtung der jüngsten Vergangenheit angesehen werden«. Wenn Stalin die Tatsache, daß dieser Krieg von deutscher Seite ein ungerechter, von sowjetischer Seite aber ein gerechter Krieg gewesen sei, ganz *bewußt* außer acht lasse, so heiße dies, daß »die Vergangenheit sich nicht mehr als eine trennende Mauer zwischen unsere Völker schieben soll«, sei es in Form deutscher Beschämung oder sowjetischen Zornes.»Aber noch viel mehr steht in diesem Satz. Aus den größten Opfern des Krieges ... wird, positiv die Zukunft deutend, gefolgert, daß diese beiden Völker auch die größten Potenzen in Europa haben zur Vollbringung von Taten von Weltbedeutung.« Freilich, dieser Appell sei an die Regierung der DDR als Vertreterin *»des ganzen deutschen Volkes* (gerichtet) ... Es ist die Schaffung eines einheitlichen, demokratischen und friedliebenden Deutschland, die unter Führung der Sowjetunion den Frieden in Europa gewährleistet.« Punkt.

In der »Feierdisposition für die Unterstufe zur Gestaltung der Stalin-Feier« lernen die kleinen DDR-Bürger auf die Frage:»Warum lieben die Menschen Stalin?« denn auch nur zweierlei:»1. Stalin will den Frieden. – 2.. Stalin ist Deutschlands bester Freund.«

»Deutschlands bester Freund« wird zur festen Formel, in der sich das nationale mit dem globalen, sozialistischen Anliegen aufs organischste verbindet. Dies kennzeichnet auch die dichterischen Hauptbeiträge aus deutscher Feder, die zu Stalins 70. erbracht wurden.

**Kuba** (Kurt Barthel) war ein nicht unbegabter Autor, der sich wohl von vornherein die Aufgabe stellte, das Erbe Erich Weinerts als des Dichters der Partei·anzutreten – was ihm dann auch gelang. Mit der *»Kantate auf Stalin«* (13 S.) lieferte der gerade erst aus dem Exil Heimgekehrte sein Gesellenstück. Seine Kantate endet mit dem bemerkenswerten Aufruf:

Tapfere Menschheit, dem Frieden verschworen,
sei wie der Vater des Friedens der Welt.
Kopf des Proleten, Hirn des Gelehrten,
Rock des Soldaten:
  *Genosse Stalin*

In den folgenden Versen der »Kantate« berührt vor allem die Dialektik der Wandlung von Wölfen zu Schafen, die es »heim« in die Hege des Friedens, auch Hürde der Freiheit zieht – unter einem neuen Menschensohn als gutem Hirten, der freilich zum General wird, wenn die Taube die Krallen zeigt und zum Adler wird.

*Spasskij*

Die goldnen Zeiger / blieben nicht stehn,
vom Spasskijtum / kam ein Geläut:
Die Wölfe, sie kommen, / die Wölfe, sie gehn,
doch Deutschland / wird bleiben
und immer bestehen, / so morgen, / wie gestern, wie heute.

*Lied der weißen Taube*

Nun fliege, Taube, fliege, / dein Volk ist ohne Zahl.
Im Frieden wie im Kriege / schützt dich dein General.
So flieg und sage allen: / Mein Kleid ist weiß und rein
Doch hat die Taube Krallen, / da wird kein Krieg mehr sein!

*Reifes Jahrtausend*

Reifes Jahrtausend, dein Kern fiel zur Erde –.
Trächtige Erde, wie wohl war dem Keim!
Heim kehrt die Menschheit zum Feuer, zum Herde.
Winter und Wölfe! Die Menschheit kehrt heim!

Heim in die Freiheit der weltweiten Hürde,
wo keine Mauer die Sonnen verstellt.
Heim in die Grenzen der menschlichen Würde,
heim in die Hege des Friedens der Welt.

Reifes Jahrtausend, erwäg und begreife:
Welkte ein goldener Zar auf dem Thron.
Brachte das Volk einen Menschen zur Reife:
Mutter von Gori, wie groß ist dein Sohn –

Die *eigentliche* Geburtstags-Ode schuf aber der früher zurückgekehrte **Stephan Hermlin** (nachdem er seine »formalistischen« Fehler überwunden hatte). Sein Poem (7 S.) mit dem angemessen
schlichten Namen »Stalin« wurde auf unzähligen Schul- und sonstigen Geburtstagsfeiern zur Aufführung gebracht und konnte den
Rang einer gewissen Klassik beanspruchen.
Es beginnt mit einer weihnachtlich anmutenden Szene:

Sicherlich, damals konnte es keiner wissen,
Daß diese Nacht nicht mehr ganz so wie frühere war,
Eine Nacht, wie alle, vom Bellen der Hunde gesplissen,
Und die Wälder wie immer mit Wind in ihrem Haar.

Die Mädchen, die eine Weile noch in den Türen standen,
Schmeckten müde den Schnee, der im Gebirge wohnt...

Was die Mädchen eben nicht wissen konnten: Stalin war geboren.

Aber über den Bergen, weit hinten, von Hahnenschreien zerrissen,
Änderte sich unmerklich die Architektur der Nacht.

Stalin lernte bei den Tifliser Arbeitern, früh von Spitzeln umschli-
chen; aber »Immer horchte er hin in die Masse / Mit ihren Schmerzen beschwert«. Und »Er organisierte die Berge / Und ordnete die
Küsten.« So kam das Jahr Null Fünf:

Spuren am zischenden Hang, blau vergehende Stufen ...
Zeichen, von Lenin ins flüchtige Dasein gerufen ...
Seid ihr im Brüllen des Gusses, unter dem Ruß ...
Chiffre, die heißt *Partei*
  *eines*
    *neuen*
      *Typus.*

Es folgen, ohne weitere Verzögerung, der Oktober und der Bürgerkrieg, der Sieg – und gleich darauf schon Januar 1924, »und der
glücklose Tag war da ...«:

Lenin, gebrochenen Blicks, hinweggespült von der Woge
Nacht, mit der erloschenen Stirn, wahrhaftig wie das Firmament.

In der Pyramide ihrer Schmerzen und im Schreien der Sirenen
Begruben sie ihn, während Stalin zu ihnen sprach:
*Wir Kommunisten sind Menschen von besonderem Schlage.*

Am Fundament der neuen Städte, das aus der Steppe brach,
Hörten sie, im Frost, umsungen von den Kantilenen
Des Sturms, Stalin, den Lenin dieser neuen Tage.

Unter Stalins Losung »Es gibt keine Festungen, die die Bolschewiki
nicht nehmen können« fassen sich nun unmittelbar sozialistischer
Aufbau (»Die das Land umbauten, / Bauten sich selber um«) und
Weltkrieg zusammen (»Als es sich leichter lebte / Brachen die Mörder los«).

Der das Bauen liebte,
Griff zum Gewehr,
Die das Lernen priesen,
Fegten die Ebenen leer.
Der den Frieden wollte,
Machte sich Soldat.
Der Zaryzin gehalten,
hielt da auch Stalingrad.

Der in die Zeiten schaut,
Wußte um das Maß,
Das man Diesen und Jenen zumißt,
Weil im Jetzt er das Einst nicht vergaß;
Sagte im Frühjahr zweiundvierzig:
*Die Hitler kommen und gehn,*
*Aber das deutsche Volk, der*
*Deutsche Staat bleibt bestehn.*

Dieser Mann, kein Zweifel, ist gekommen, die Welt zu erlösen:

Stalin, der in die Zeiten hinblickt ...
Zurückgenommen werden sein ...
... die abgehauenen Köpfe von Kuala Lumpur,
Die gepfählten Körperstrünke von Vietnam,
Aus den Kellern von Belgrad die Schreie...
Zurückgenommen auch die Wunde meines Landes.

Und Finale! Anflug auf den Planeten Terra, der leuchtet wie eine Supernova, zur Musik von Beethovens »Eroica«:

> Im Gewölke der Blicke wie eine Schwinge gleitend
> Schaun wir durch Explosionen der Knospen die Stadt
> Überzogen von Völkern, sich selbst zum Siege geleitend,
> Von Propellern entführt und rauschendem Rad.
>
> Aus dem unendlichen Raunen von Inseln und Ländern
> Hebt das Entzücken sich mit seiner Botschaft dahin,
> Wo die Verheißungen leben und die Epochen verändern,
> Namenlos sich die Zeit endlich selbst nennt:
>
> *Stalin.*

Ob erst die (kühne oder sklavische, jedenfalls neuartige) Akzentuierung des Namens Sta*lin* auf der zweiten Silbe das falsche Pathos dieser Hymne belegt, wie ein bundesbürgerlicher Kritiker damals bemerkte – sei einmal dahingestellt.

(Es blieb dies übrigens nicht die *einzige* Stalin-Hymne Hermlins. Nach dem Erfolg der ersten blieb er auf dem Gebiet der Panegyrik noch für einige Jahre tätig – bis das grause Jahr 56 kam und alles nicht mehr so war wie vordem.)

Die Huldigungen der deutschen Dichter zu Stalins Siebzigsten hatten mit Hermlin und Kuba nicht ihr Bewenden. **Arnold Zweig** zum Beispiel, im Gründungsjahr der DDR gleichfalls dort ansässig geworden, sprach gemessene Worte:

»Erstaunlicherweise haben die Menschen ... das Beiwort ›groß‹ denjenigen Exponenten der menschlichen Gesellschaft zuerkannt, die durch Betätigung des Zerstörungstriebs und einer tierischen Angriffslust ungeheure Verheerungen unter ihren Zeitgenossen anrichteten. ... Welches Eigenschaftswort sollen wir also dem Namen eines Mannes beifügen, der keinerlei Angriffskriege geführt hat, unter dessen Leitung aber ... die wildesten Angriffe abgeschlagen, die größten Vorrichtungen eingeleitet wurden, um den Millionen seiner Landsleute zu einem besseren Leben zu verhelfen..., dessen Reichweite mit den Segnungen von Gegenwart und Zukunft die halbe Erde überschattet oder besser überglänzt? Seltsamerweise verläßt uns hier die Lust und Fähigkeit zu sprachschöpferischen Einfällen. Wir geben ihm kein Adjektiv. Wir sagen einfach: Genosse J.W. Stalin. Und drücken mit dieser Schlichtheit und inneren Wärme aus, daß das Genie des Aufbauens und des unermüdlichen Einsatzes von Wachsamkeit, Mut und Menschenhilfe von den Eigenschaftswörtern nicht getroffen wird, mit denen unsere Sprache zu spielen gewohnt ist.«

Auch **Heinrich Mann**s Bewunderung erreicht erst jetzt, dem Anlaß gemäß, ihren Höhepunkt; sein Text »Die Züge des Berufenen« zählt in der deutschen Stalin-Literatur mit zum Feinsten.

»Stalin ist erfolgreich. Jede Mitwelt mißt einen Mann, den sie vor Augen hat, an seinen Erfolgen. Es gibt andere Zeichen der Größe; dieses ist greifbar und gilt für unleugbar. ... Zeitweilig erregt ein zuletzt doch sterblicher Einzelner eine Massenfurcht ... den Haß einer Welt. wie er manchmal aufsteigt gegen den einen Lebenden. Kein zweiter gebietet über dieses Maß an Leidenschaften. Indessen, bevor sie ihn treffen, sind sie schon verändert, den Haß erfährt er hauptsächlich vermischt mit einem Erstaunen ..., daß sie Größe gefühlt haben und sich beugen mitsamt ihrem Haß, der in Ehrfurcht verläuft. ... Ahnungen überkommen sie, daß von ihren Befürchtungen vieles inzwischen überholt, weil eingetreten ist; daß Zukünftigkeit unversehens schon vorkommt hier in dem wirklichen Tag. Die Wirklichkeit ist nicht eindeutig, man bequemt sich ihr nur. ... Den Willen eines Zeitalters, wenn er es ist, unterdrücken, mißlingt; ihn nur aufzuhalten, bleibt vergeblich... Noch begünstigen die Einen das Gesetz. Die Anderen überall schützen kann der bewährte Mann des Erfolges vorerst keineswegs, sie selbst verantworten ihren Kampf unter seinem Blick, dem sie vertrauen ... Sie sind unermeßlich glücklich, ihn zu haben und verschwände er, ihn auch dann zu haben. Sein Gesicht trägt, wie je, die strengen Züge des Berufenen, der eingesetzt war für eine Idee, die Macht der Idee und seine eigene. Seit neuestem zeigt dasselbe Gesicht, was es sonst nicht sichtbar entblößte ...: Menschenliebe. Sie ist die andere Seite der Größe.«

Das ist nun allerdings das krasse Gegenteil der gutmütigen Auslassungen eines Arnold Zweig – ein schon beinahe totalitärer Text. Tatsächlich hatte Heinrich Mann die Diktatur Stalins an anderer Stelle einmal schlichtweg als »Diktatur der Vernunft« bezeichnet – und gelobt. Was in diesen Jahren nicht gar so weit von den Auffassungen **Thomas Manns** lag, der 1949 einmal sagte: »Der autoritäre Volksstaat hat seine schaurigen Seiten. *Die* Wohltat bringt er mit sich, daß Dummheit und Frechheit endlich einmal darin das Maul zu halten haben.«

Von allen Huldigungstexten fällt noch der **Ernst Niekischs** ins Auge, 20 Seiten lang, mit einem Titel, der Kontinuitäten (wenngleich nicht ungebrochene) zum Stalin-Text von 1931 erkennen läßt: »Revolutionärer Realismus«.

»Wo Umbrüche und Umwälzungen in der Luft liegen, wo Neubildungen ans Licht drängen, brechen die schöpferischen Augenblicke der großen Politik an ...

Wo große Politik am Werke ist, ändern sich die Dinge von Grund auf. Ein Staat errichtet plötzlich seine Vorherrschaft über einen Erdteil, ein neues Reich entsteht und zwingt seiner Umwelt sein Gesetz auf ...

Das gewaltigste Ereignis des 20. Jahrhunderts war die Oktoberrevolution; sie gebar einen neuen gesellschaftlich-politischen Weltkörper. Ein politischer Meister höchsten Ranges hatte der neuen Schöpfung den Weg gebahnt ... Lenin ... Der Krieg 1941 bis 1945 wurde für Lenins Werk die Zeit härtester, furchtbarster, erbarmungslosester Prüfung. Es bestand sie. Auch diese schrecklichen Jahre der Erprobung finden ihren Meister: es war *Stalin*.«

Federzeichnung von Frans Masereel, 1949

# STALINE

Zeichnungen von Picasso für Stalin: »Auf Deine Gesundheit!«, zum 70. Geburtstag 1949 – Portrait zum Tode Stalins, 1953

Vorschläge an Picasso für eine Darstellung von Stalins Nachfolger Malenkow. Karikatur von Vicky, 1953

# HERR DES FRIEDENS UND DER HIRSE

Ins Zentrum des Friedenskampfes, der die sowjetische Form des »kalten Krieges« war, rückte der Kampf um die Wiedervereinigung Deutschlands – in engster Verbindung mit dem Kampf um die Wiedervereinigung Koreas, der allerdings bereits als »heißer« Krieg mit Hunderttausenden von Toten ausgetragen wurde.

Als Spalter Deutschlands galt (nicht eben zu Unrecht) Adenauer und seine »Bonner Republik« – während die auf einem *gesamt*deutschen »Volkskongreß« proklamierte DDR als das Herzstück eines wiederzuerrichtenden Deutschen Reiches auftrat – freilich eines gestutzten und der Sowjetunion auf ewig verbundenen Reiches.

Diesem Spiel mit der nationalen Karte entsprach eine exzessive nationale Rhetorik, verbunden mit der militanten Rhetorik eines Friedens der Stärke. Vor allem die deutsche Jugend sollte diesem hohen Ziel gewonnen werden. Obwohl die DDR schon längst unter massiver »Abwerbung«, sprich Abwanderung, litt, wurde (bis zum Juni 53) so getan, als sperre die westdeutsche Regierung die Grenzen für das Überspringen des patriotischen Funkens. Die »Pfingstereignisse« 1950 sollten dafür ein Fanal setzen.

**Bertolt Brecht** – mit seinem Ost-Berliner Theaterexperiment in stets prekärer Situation (weil es den herrschenden sowjetischen Theaterprinzipien direkt widersprach) – lieferte auf diese Ereignisse zum Gebrauch der FDJ ein (ziemlich lustloses) Agitprop-Stück, den »Herrnburger Bericht«, vertont von **Paul Dessau**. Kostprobe:

Deutsche wurden von Deutschen gefangen
Weil sie von Deutschland nach Deutschland gegangen.

*Im Mai 1950 wurden 10.000 junge Deutsche, zurückkehrend vom Berliner Pfingsttreffen, von der Bonner Polizei angehalten. Zwei Tage lang wurde ihnen die Heimkehr verwehrt.*

Der Mai, er war am Ende / Und hatte seine letzte Nacht
Da hat die deutsche Jugend / Vor Herrnburg haltgemacht.

Zu Herrnburg hinterm Schlagbaum / Beginnt der Bonner Staat
Bluthunde streichen schnuppernd / Um Fallgrub und Stacheldraht.

Die Bonner Polizisten / Sie halten Kind um Kind
Sie wollen kontrollieren / Ob sie nicht verpestet sind.

Auf daß sie nicht anstecken / Das ganze deutsche Land
mit einer großen Seuche / Friede genannt.

*Lagernd im Herrnburger Kessel, betreut von dem Land hinter ihnen, beschimpft von den Kriegstreibern in dem Land vor ihnen, zwischen Neuem und Altem, wurden einige von ihnen auch kleinlaut. Da richteten die Festeren die Unsicheren auf, die Wissenden die Unwissenden. Aus dem Kessel von Herrnburg gingen alle anders weg, als sie gekommen waren.*

Erzählt den Brüdern und Schwestern
Daß wir aufgebrochen sind.
Was soll uns die Wurst von gestern
Und vom vorigen Jahr der Wind?
 Schneid dir dein Haar
 Wie schön's auch war
 Jetzt kommt ein neues Jahr!

Zu uns die neuen Gedanken!
Alles zu uns, was jung!
Und ein Gruß von Josef Stalin
Und ein Gruß von Mao Tse-tung!
 Schneid dir dein Haar
 Wie schön's auch war
 Jetzt kommt ein neues Jahr!

An dem Höhepunkt des Korea-Krieges fanden dann in Berlin/DDR die III. Weltjugendfestspiele statt. Zehntausende von Jugend-Delegierten aller Länder nehmen teil, die, wie es heißt, zwei Millionen Mitglieder vertreten, welche wiederum für die *Weltjugend* stehen. Ein »Schwur der Weltjugend« beendet denn auch die Spiele.

Berlin gilt hier als die »Frontstadt des Friedens«. So nimmt denn auch unter all den vielen Nationalprogrammen auf dem Festival das »Deutsche Nationalprogramm« einen hervorgehobenen Platz ein. Es geht so:

»Die Deutsche Nationalhymne (J.R. Becher's ›Auferstanden aus Ruinen‹) und Schillers Mahnung ›Der Menschheit Würde ist in eure Hand gegeben‹ eröffnen. Der ›Dank an die Sowjetsoldaten‹ von Johannes R. Becher und Ernst Meyer ..., Ulrich von Huttens ›Ich hab's gewagt‹, ein Chor aus dem ›Mansfelder Oratorium‹ (von Stephan Hermlin), ein Kindertanzlied, das Helgoland-Lied sowie zwei Lieder aus dem ›Herrnburger Bericht‹ von Bertolt Brecht und Paul Dessau folgen. Am Anfang des zweiten Teils steht Hölderlins ›O heilig Herz der Völker, o Vaterland‹. Beethovens Chorphantasie (op. 80) mit neuen Worten von Joh. R. Becher, eine Rezitation aus ›Faust II‹, ein sorbischer Erntetanz, die Arie des Ännchen aus Webers ›Freischütz‹ und abermals Volkslieder, Jugendlieder und Volkstänze schließen sich an. Der Ausklang ist ›Das Lied an Stalin‹ von Syrkow und Blanter.«

Besondere Begeisterung weckt schließlich die »Grußbotschaft des jungen Deutschland an Generalissimus Stalin« – *während* des Festivals von angeblich *4 Millionen* jungen Deutschen unterzeichnet! –, worin »der Führer der Weltfriedensbewegung über die Ergebnisse des Stalin-Aufgebots der deutschen Jugend« unterrichtet wird. Der FDJ-Führer **Erich Honecker** hatte sich mit dieser erstaunlichen Organisations- und Propagandaleistung für Höheres qualifiziert und durfte nun vortragen:

»Teurer Josef Wissarionowitsch Stalin!

Millionen junge Deutsche, von denen sich über eine Million ... zum Treffen der jungen Friedenskämpfer gegen Remilitarisierung, für den Abschluß eines Friedensvertrages mit Deutschland im Jahre 1951 in Berlin versammelt haben, entbieten Ihnen, dem großen Führer des weltumspannenden Friedenslagers, heiße Grüße.

Anläßlich des ersten Jahrestages des Eintreffens Ihres wegweisenden Telegramms ... hat die Freie Deutsche Jugend ... ein Aufgebot zu Ehren des großen Stalin begonnen. ... Wir können Ihnen heute berichten, daß ... 390.483 Jungen und Mädchen der FDJ und den Jungen Pionieren beigetreten sind ...1.056.998 Jugendliche haben ihr bedeutendes Werk ›Über die Grundlagen des Leninismus‹ studiert ... In 121.882 Agitationsgruppen und 862.514 Einsätzen haben die Mitglieder der FDJ ihr erworbenes Wissen in der Praxis angewandt ...

Die Jugend Westdeutschlands führt ... einen mutigen Kampf ... gegen die Absichten der McCloy, Adenauer und Schumacher ... Der Ernst der Lage, der durch den Einmarsch (!) der amerikanischen und englischen Interventionstruppen in Westdeutschland und die frechen Remilitarisierungsmaßnahmen der imperialistischen Kräfte geschaffen wurde, verpflichtet uns, noch stärkere Anstrengungen zu machen ...

Dabei sind wir uns des Vertrauens des großen Stalin gewiß, der uns lehrt, wie man entschlossen für die Sache des Volkes kämpft und siegt. Wir versprechen Ihnen, teurer Josef Wissarionowitsch Stalin, daß wir unter der Führung der Sozialistischen Einheitspartei Deutschlands ... unter Führung unseres geliebten Präsidenten Wilhelm Pieck bereit sind, den Frieden bis zum Äußersten zu verteidigen. ...

Lang lebe unser weiser Lehrmeister und Führer, unser bester Freund, der große Stalin!«

Der Verweis auf einen angeblichen »*Einmarsch*« alliierter »Interventionstruppen« in Westdeutschland gibt einen unbehaglichen Eindruck von der Kriegsspannung dieser Jahre – während in Korea nach dem Eingreifen von zwei Millionen chinesischen Volksfreiwilligen die schwersten Schlachten toben.

Weltweit durch das Weltfriedenslager erklingt daher die »Stimme der koreanischen Dichter«. Das Gedicht »Rote Soldaten« von **Li Tschan** behandelt die Befreiung 1945 durch die sowjetische Armee:

»Wortlos werden wir beide bekannt:
Ein Lächeln, ein Druck seiner Hand –
Man fühlt sich wie Brüder, so nah und verwandt ...
Dann fällt das Wort ›Stalin‹ und plötzlich ... schon
Versteht du die Sprache, den Sinn, den Ton«

**Tju Son Won** spricht den Dank des ganzen koreanischen Volkes an Stalin aus: »Frei sind wir als Volk ab nun / Können neues Leben bauen. / Für die Freiheit, für das Land / Danken wir dem großen Stalin!«

Es folgen weitere Gedichte auf Stalin, auf das Lenin-Mausoleum, die Stadt Moskau, die Sowjetunion, endlich auch über die Bodenreform (»An diesem Abend gab es in seinem Hause zum ersten Mal Hühnerbrühe, und Freude leuchtete in zerquälten Augen«), über den sozialistischen Wettbewerb der Bergarbeiter usw. *Dann erst* zeugen zwei Gedichte auch »von der Verbundenheit der koreanischen Arbeiterpartei mit dem Volke, von der großen Popularität ihres Führers Kim Ir Sen« (Kim Il Sung). – Nicht ganz ohne Verblüffung liest man im übrigen, daß der Übersetzer dieser koreanischen Stalin- und Kim-Gedichte **Karl Dedecius** war.[*]

Durch den koreanisch-chinesischen Doppelsieg stieg in der DDR aber der Stern Kims und vor allem Maos leuchtend empor – so wie der rote Stern im folgenden Stück politischer Gebrauchslyrik, das **Günter Kunert** damals schrieb: »Der Übergang über den Yalu-Fluß«.

»Als Kims Soldaten mußten fliehen
Dem Norden zu, in kalten Winterwinden,
Gelang es ihnen kaum, den Weg zu finden.
Am Helm der rote Stern nur schien.

Der Yalu wurd' ihnen zum Hindernis.
Seine Brücke war zerschlagen.
Was soll uns hinüber tragen?
Fragten die Soldaten die Finsternis.

Nur einer konnt's ihnen sagen.
Der eine war an den Helm gemalt,
Und der riet, eine Brücke zu bauen,
Riet, der eigenen Kraft zu vertrauen.
Eigne Kraft macht sich immer bezahlt. ...«

Aber vor allem die Figur Maos beschäftigte die Phantasie und die Geister. Der Sieg der chinesischen Kommunisten konnte für einige Jahre in der Tat als eine weltpolitische Wende allererster Bedeutung, darin nur der Oktoberrevolution vergleichbar, erscheinen. Als Bertolt Brecht und vor allem **F. C. Weiskopf** dann die ersten Gedichte Maos ins Deutsche übertrugen, hatten gerade auch diejenigen einen neuen Helden gefunden, denen die Stalinsche Sowjetunion immer ein wenig zu *geistlos* erschienen war. Der zähe Josef Wissariono-

---

[*] Überhaupt macht man so Funde beim Blättern: wenn da etwa ein **Marceli Ranicki** aus Warschau Erich Weinert als »Dichter des deutschen Volkes« würdigt:
»...ist Weinert, besonders bei den proletarischen Massen, so populär, daß man ohne jedes Risiko behaupten kann, seit dem Tode Heines habe sich kein anderer deutscher Dichter bei seinen Zeitgenossen eines solchen Ruhmes erfreuen können«. (Vgl. »Sinn und Form«, H. 1/1953) – Ähnlichkeiten des Namens und des Stils mit dem des Feuilletonchefs einer Frankfurter Tageszeitung dürften rein zufällig sein.

witsch, der bei schwindenden Kräften unbedingt noch zum Theoretiker werden wollte, zauberte zwar aus heiterem Himmel etwas über »Probleme der Sprachwissenschaft« aus dem Hut, mit denen sich nun ganze Wissenschaftskonferenzen abmühen mußten. Welch eine Pfefferminzfrische für strapazierte Geister waren dagegen die filigranen Verse eines **Mao Tse-tung**! Und welch ein Anspruch – in wenigen, knappen Pinselstrichen:

»Nördliche Landschaft, / Meilen gefesselt vom Eis,
Meilen bedeckt vom Schnee! / Diesseits der Langen Mauer ...
Träg fließt der Gelbe Fluß. / Und die Berge, riesige Elefanten ...
Doch erst wenn die linderen Tage kommen, / Enthüllt sich uns voll
Dieser Landschaft bezaubernde Schönheit. / Ach, wieviel Krieger
Haben um diese lieblichen Hügel, / Diese zärtlichen Flüsse gefreit!
Bedauernswert ihr, / Könige aus dem Geschlecht der Tsching
Und der Han, / Die ihr so wenig wußtet,
Und ihr Tangs und Sungs, / Stumpf, ohne Liebe zur Poesie!
Ja, selbst er, / Der sich Stolz des Himmels nannte,
Dschingis-Khan. / Was sonst verstand er,
Als Adler zu schießen / Mit seinem Bogen?

Die großen Menschen. / Die wahrhaft Großen,
Wird unser Jahrhundert / erst gebären.«

**Rudolf Leonhard** hat in seiner »Ballade vom Tage des Mao Tse-Tung« diese *spezifische* Faszination in seinen Schlußzeilen zusammengefaßt:

»Staatsmann, Journalist, Philosoph, Feldherr und Richter.
Am spätesten Ende des Tages, nach dem letzten Bericht,
schreibt Mao Tse-Tung, / ohne sich zu beeilen,
an seinen Freund Li Tschung / ... ein kurzes, starkes, stilles Gedicht.

Mao Tse-Tung, so scheint es, verkörperte am perfektesten die alte Sehnsucht nach dem Plato'schen »Philosophen-König« – oder auch dem »Dichter-Tyrannen« Nietzsches.

Allerdings, im alten Europa schlief man auch nicht. Nachdem Stalin mit seinem 70. Geburtstag in die Wolken entrückt war, war Platz für einen kräftigen Schub des Personenkults unter seinen »treuesten Schülern«.

Ernsthafter Aspirant auf den Titel des »allertreuesten« war wohl der Führer der französischen KP, *Maurice Thorez*. Als er 1950 seinen Fünfzigsten feierte, war das fast eine kleine Ausgabe des Stalin-Geburtstages: Geschenke aus ganz Frankreich, Lieder und Gedichte über ihn, Picasso malt sein Portrait, die theoretische Zeitschrift widmet eine ganze Festausgabe »dem theoretischen Beitrag von Maurice Thorez zur revolutionären Bewegung« und nennt ihn »einen Schriftsteller des XX. Jahrhunderts«. Eine Biographie erscheint, die seinen Ehrennamen im Titel trägt:»Sohn des Volkes«.

Der Kult nimmt völlig überspannte Züge an, als Thorez sich zwischen Oktober 1951 und April 1953 wegen einer schweren Erkrankung in die Sowjetunion begibt. Im Januar 1952 zum Beispiel versammelt sich in Paris eine mit hochkarätigen Intellektuellen bestückte Versammlung, nur um das Thema »Maurice Thorez und die Intellektuellen« zu erörtern. Am Schluß wird eine Grußadresse verabschiedet, in der es heißt:

> »Wir möchten Ihnen, Genosse Thorez, unsere Dankbarkeit als Intellektuelle sehr unterschiedlicher Disziplinen aussprechen, daß Sie, angesichts der amerikanischen Bestrebungen zur Kolonisierung der französischen Intelligenz, unsere feste Bindung an das nationale Interesse, an unsere intellektuellen Traditionen ..., an alles, was die Größe unseres Landes ausmacht, verkündet haben.«

Im Jahr 1956 wird man im Zuge der pflichtschuldigen Selbstkritik (einen kurzen Moment lang) davon sprechen, »daß es in unserer Partei einen *doppelten* Personenkult gegeben hat: den von Thorez und den von Aragon«. Allerdings! Wenn der Kult um Thorez in diesen Jahren den eines Mao, Kim, Gottwald oder Pieck noch deutlich übergipfelt, dann ist dies wesentlich dem eminenten Dichter **Louis Aragon** zu verdanken, der in der KP Frankreichs eine Stellung einnahm, die allein mit der Gorkis in den 30er Jahren zu vergleichen war.

Aragon war 1927, noch als Dadaist, Mitglied der Partei geworden. 1931, »zurück aus Sowjetrußland«, beschließt er, auch ihr Dichter zu werden. Zu dieser Identifikation mit der Partei kommt in der Zeit der Résistance die mit der Nation hinzu. Aragon, seines literarischen Ranges als Lyriker und Romancier nun schon gewiß, beginnt sich selbst als nationales Monument zu sehen – und zu stilisieren. Er tut es, indem er zunächst andere stilisiert: seine Dichterfrau »Elsa« (Triolet); seinen Dichterkollegen Paul Eluard, den er – zusammen mit Résistance-Kämpfern und Arbeitern – als »L'Homme Communiste«, als Prototypen des »Neuen Menschen« verherrlicht. Und der höchste, der »Homme Communiste« *schlechthin*, ist eben THOREZ. Sein Dichter ist ARAGON.

Im Oktober 1952 treibt er den Kult um den noch immer kranken, abwesenden Thorez auf die Spitze mit seinem Gedicht »Il revient« (Er kehrt zurück):

[...]
On avait beau se dire Au pays de Staline
Le miracle n'est plus un miracle aujourd'hui
Deux ans l'attendre avec ce que l'on imagine
Et les propos des gens Deux ans c'est long sans lui

130

Mais voici qu'on apprend que dans le Kremlin rose
Aux assises d'un peuple il est venu debout
Dire au milieu de ce bilan d'apothéose
Comme au Vel'd'Hiv' alors qu'il était parmi nous
Ce qu'il disait naguère et nous disons encore
*Jamais non jamais le peuple de France* Non
Jamais nous ne ferons la guerre à cette aurore
Nous saurons museler l'atome et le canon

Il revient Les vélos sur le chemin des villes
Se parlent rapprochant leur nickel ébloui
Tu l'entends batelier Il revient Comment Il
Revient Je te le dis docker Il revient oui
Il revient Le wattman arrête la motrice
Camarade tu dis qu'il revient tu dis bien. ...

Il revient Ces mots-là sont la chanson qu'emporte
Le journalier La chanson du soldat du marin
C'est l'espoir de la paix et c'est la France forte
Libre et heureuse Paysan lance le grain

O femmes souriez et mêlez à vos tresses
Ces deux mots-là comme de fleurs jamais fanées
Il revient ... ...*

Nur scheinbar ähnlich liegt der Fall des **Paul Eluard**, des Dichtergenossen Aragons seit den Tagen Dadas. Aragon stirbt 1983, bis ins hohe Lebensalter Mitglied des ZK seiner Partei. Eluard stirbt 1952, in einer pompösen Zeremonie zu Grabe getragen – und immer noch ein Einzelgänger, freilich: auf der süchtigen Suche nach Gemeinschaft, mal in der Partei und mal außerhalb. Und immer bedurfte es dazu einer Frau an seiner Seite:

* Man mochte sich ja sagen Im Lande Stalins/ Ist ein Wunder heute kein Wunder mehr / Zwei Jahre ihn erwarten Mit allen Gedanken / Und allen Vorschlägen der Leute Zwei Jahre ohne ihn sind lang

Aber nun hört man Im rosenfarbenen Kreml / Sei er aufrecht erschienen Zur Verhandlung des Volkes / Um inmitten dieser Bilanzen voller Apotheose zu erklären / Wie damals im Herbst Als er noch unter uns war / Was wir seitdem sagen und noch immer sagen / *Niemals Nein niemals wird das Volk Frankreichs* / Niemals wird es diesem Morgenrot den Krieg erklären / Wir werden dem Atom und den Kanonen das Maul stopfen

Er kehrt zurück Die Fahrräder der Vorstädte / Erzählen es sich Ihre blitzenden Nikkellenker zueinander steckend / Hast Du's gehört Schiffersmann Er kommt zurück Was er / kommt zurück Ich sag's dir, Docker Ja Er kommt zurück / Er kommt zurück Der Straßenbahnfahrer hält das Gefährt an / Genosse Du sagst er kommt zurück Das sagst du gut ...

Er kehrt zurück Diese Worte sind das Lied das der Zeitungsmann, weiterträgt Das Lied der Marinesoldaten / Das ist die Hoffnung auf Frieden Das ist ein starkes Frankreich / Frei und glücklich Bauer wirf das Korn

O Frauen lächelt und flechtet in eure Zöpfe / Diese beiden Worte wie Blumen die niemals welken / Er kehrt zurück ...

131

»Es mußte so sein, daß ein Antlitz
Antwort gibt allen Namen der Welt.«

Das führte zu charmanten Verwechslungen, etwa in seinem berühmten Gedicht »Freiheit« (1942), einer Hymne der Résistance. Eigentlich hatte Eluard im letzten Vers den Namen der Frau preisgeben
wollen, der das Gedicht gewidmet war; aber dann beließ er es bei
der Ode auf die Freiheit. »So verkörperte die Frau, die ich liebte, ein
Begehren, das größer war als sie.«
    Der Tod dieser Frau, Nusch, stürzt ihn in tiefste Verzweiflung, die
dichterisch gesehen zwar ebenso produktiv war wie die Liebe. Aber
erst auf einem Friedenskongreß in Mexiko 1949 begegnet ihm Domi-
nique: »Du kamst, und ich sagte wieder ja zur Welt ...« Es wird zugleich ein später Liebesfrühling mit dem Kommunismus: »Jedes Antlitz wird Anrecht auf Liebkosungen haben.« Zum Beispiel das von
Thorez: »Ein jedes Wort aus seinem Mund ist wahr und klar, und
seine Güte liegt in seiner Wucht, sein heller Blick weist uns den
Weg.«
    Oder, nach einem langen Besuch in der Sowjetunion 1950, endlich
auch »Josef Stalin«:

Grâce à lui nous vivons sans connaître d'automne
L'horizon de Staline est toujours renaissant
Nous vivons sans douter et même au fond de l'ombre
Nous produisons la vie et réglons l'avenir
Il n'y a pas pour nous de jour sans lendemain
D'aurore sans midi de fraîcheur sans chaleur

Staline dans le coeur des hommes est un homme
Sous sa forme mortelle avec des cheveux gris
Brûlant d'un feu sanguin dans la vigne des hommes
Staline récompense les meilleurs des hommes
Et rend à leurs travaux la vertu du plaisir
Car travailler pour vivre est agir sur la vie

Car la vie et les hommes ont élu Staline
Pour figurer sur terre leurs espoirs sans bornes.[*]

---

[*] Dank seiner leben wir, ohne den Herbst zu kennen / Der Horizont Stalins erweitert
sich noch stets / Wir leben ohne den Schatten des Zweifels, und selbst auf seinem
Grunde / schaffen wir Leben und regeln wir die Zukunft / Es gibt für uns keinen
Tag mehr ohne Morgen / Keine Morgenröte ohne Mittag, keine Kühle ohne Wärme

Stalin lebt im Herzen der Menschen als Mensch / In seiner sterblichen Form, mit
seinen grauen Haaren / Brennend in einem blutvollen Feuer im Weingarten des
Menschen / entlohnt Stalin die besten der Menschen / und gibt ihrer Arbeit die
Tugend der Freude / Denn arbeiten, um zu leben, heißt tätiges Leben

Denn das Leben und die Menschen haben Stalin gewählt / um auf Erden ihre Hoffnungen ohne Grenzen zu verkörpern.

Nnicht für jeden, der sich in diesen Jahren ganz dem Weltfriedenslager verschrieb, war das ein dichterischer Frühling. **Martin Andersen Nexö**, der klassische Autor des dänischen Sozialismus, war auf seine späten Jahre noch in die DDR übersiedelt, da er allein im sozialistischen Lager seine Auflagen erzielte. Deshalb verzehrte er seine stattlichen Einkünfte hier, an Ort und Stelle.

Die immer bedingungslosere Parteinahme für die Sowjetunion hatte den Autor, dessen beste Romane im Milieu der alten dänischen Sozialdemokratie spielen (wie »Pelle, der Eroberer« und »Ditte Menschenkind«), seinem Land weitgehend entfremdet. Dem Autodidakten, der oft mit Gorki verglichen wurde, wurde (ganz ähnlich wie Gorki) ein gewisser Kult des »starken Menschen« zum Verhängnis. Schon in den dreißiger Jahren hatte Nexö sich durch ziemlich atemberaubende Verherrlichungen des GPU-Regimes in den Zwangsarbeitslagern und durch eine enthusiastische Kommentierung der »Schädlings«-Prozesse hervorgetan. Diese ganze Terminologie hatte es ihm angetan. Auch er wohnte (wie Feuchtwanger) dem Prozeß gegen Radek, Pjatakow u.a. bei. Und während er sich noch über Inquisition und Hexenprozesse lustig macht, schreibt er: »Der Trotzkismus ..., diese *Hydra*, ist wie die schwarze Reaktion selbst, vielköpfig. Ein Kopf ist ihr abgeschlagen ... Schwer müssen wir aber aufpassen, überall auf der Hut sein.«

Die Vorstellungswelt des alternden Mannes bevölkert sich mit einem ganzen Pandämonium medizinischer und biologischer Begriffe.

»Lenin..., das umfassendste *Gehirn*, das Jahrhunderte hervorgebracht haben«, Lenin habe »auf dem *Abfall* der alten Welt die Sowjetunion gegründet«. Inzwischen »ist ein ganz neuer *Menschentyp* entstanden, dessen Arbeitseifer und Kampfkraft den Menschen der alten Welt wohl den Atem rauben kann«. (Rundfunkansprache 1945)

»*Aaskäfer*‹ ist ein hartes Wort, ... wenn es einer ganzen Kultur gilt, wenn diese Kultur im Sterben liegt ... Und in muffiger Luft gedeihen böse *Krankheiten*. Im Mittelalter traten sie als *Seuchen* auf, und sie sind drauf und dran, ... (als) ›*Pest über Europa!*‹ von neuem das Haupt zu erheben.« (Zeitungsartikel 1948)

»Heute ist ihm (dem gemeinen Mann) *Reinlichkeit* Ehrensache: zum Schaden des *Ungeziefers*. Zwei Weltkriege waren nötig, der breiten Menschheit die Augen zu öffnen ..., daß Kriege von *Ungeziefer* stammen ...« (Grußbotschaft an den Weltfriedenskongreß in Paris, 1949)

»Millionen feiern dies Festival, sozusagen am Rande des Abgrunds. Zwei Schritte nach rechts, und du würdest hinunterrutschen in die Tiefe, wo tausende Rachen von *Krokodilen* bereit sind, dich zu verschlingen ... Dies Festival bedeutet ... Sieg über die letzten bösen Reste des *Hordenmenschen*«. (Ansprache auf dem Weltjugendfestival in Berlin, 1951)

»Es fing damit an, daß die Westmächte plötzlich rührend besorgt um Deutschlands Einheit wurden und gleichzeitig *maskierte Banden* über die Grenze schickten, die ... die gutgläubige Bevölkerung herüber lockten ... Dies öffnete Spionen und Agenten den Weg, die die Amerikaner hier als ihre Elitetruppe anwenden wie *Flöhe* und anderes *Ungeziefer* in Korea: sie sind gleichermaßen *pestverseuchend*.« (Zeitungsartikel 1952)

Es muß ein unruhiger und erlösender Tod zugleich gewesen sein, der den 85jährigen Mann im Juni 1954 in Dresden ereilte.

Sehr viel ruhiger verlief der Lebensabend von **Arnold Zweig** in der DDR. 1948 aus Israel zurückgekehrt, war er von 1949 bis 1967 (kurz vor seinem Tod) Präsident des PEN-Zentrums und Abgeordneter der Volkskammer. Seine alten Weltkriegsromane (»Sergeant Grischa« oder »Junge Frau von 1914«) waren bereits so etwas wie moderne Klassiker. Sein antifaschistischer Roman »Das Beil von Wandsbek« wurde dagegen nur ungern gedruckt, weil er »das Allgemein-Menschliche zu sehr in den Vordergrund stellt« und gar »die Auswirkungen des faschistischen Machtapparates psychologisch zu erhellen« suchte – statt starke, unerschrockene, kommunistische Widerständler zu zeigen.

Arnold Zweig nahm es sogar hin, daß ein Film nach seinem Roman – einer der besten Defa-Filme der Zeit – gleich nach der Uraufführung verboten wurde. Statt dessen wandte er sich wieder seinen unverfänglicheren Weltkrieg-I-Themen zu, ohne freilich noch Bedeutendes schreiben zu können. Dafür dichtete er jetzt gelegentlich wieder. So anläßlich der Verleihung des Stalin-Preises 1953, wenn er in klassischen Hexametern »Die Kränze des Friedens« besingt:

Freunde, bedenkt, wie in früheren Altern die Dichter brachen
Schwarze Lilien am Ufer des Styx und gelblich schlanke
Asphodelen und sangen Oden des Todes in allen
Sprachen der ehernen Welt und ... krönten mit lorbeerne Kränzen
Tausende Jahre hindurch die Rühmer der blutigen Schwerter!
Heut aber krönen und preisen die Völker des wehrhaften Friedens
Das verbindende Wort und die Hütung der fleißigen Werkstatt.

Und so fahrt ihr nach Moskau, den Lohn der Müh zu empfangen.
Oh, wie leuchtet der Kreml im Schnee! Und die Türme der Kirchen
Goldgekuppelt, der rote Stern benachbart den Wolken!
Frauen und Männer des Worts und der erdumspannenden Bindung
Friedlicher Arbeit belohnt dort Stalin, der Vormann der Völker,
Perikles gleich, dem Lenker Athens, an Wort und Gewaffen:
Anna Seghers, Paul Robeson, die menschlichst singende Stimme,
Ehrenburg Ilja, Yves Farge, Johannes R. Becher,
Kuo Mo-Jo und Saifuddin Kitschlew, die tapfere Branco
Und wer immer in Süd und Nord den Erdball befriedet.

Wir aber freun uns mit euch, wir danken den mutigen Gebern,
Reiser des Friedens brechen wir ab, noch kahl heut im Winter,
Aber geheim voll Saft schon und Trieb, grün unter der Rinde:
Nehmt sie statt Palme und Lorbeerkranz und tragt sie nach Hause,
Und es erblühte aus ihnen das Ölblatt der fliegenden Taube.

Nicht wenige, vor allem jüngere Schriftsteller dieser Jahre lebten, wie es scheint, fast gänzlich in dieser weiten »Welt des Friedens«, den nie endenden Kongressen, Festivals und Schriftsteller-Meetings zwischen Paris und Kanton, Mexiko und Wien, Leningrad und New York. Ein beinahe schon hauptberuflicher Friedenskämpfer war damals der brasilianische Romancier und exilierte KP-Senator **Jorge Amado.** Er hatte den (mit 100.000 Rubeln »belohnten«) Stalin-Preis bereits 1952 erhalten. Ein Korrespondent der »Prawda« besuchte ihn:

> »Wir trafen den berühmten brasilianischen Schriftsteller Jorge Amado in der Nähe von Prag in einem Schloß, das den tschechoslowakischen Schriftstellern gehört. ›Für mich ... sind dies Tage der Freude. Ich denke jetzt an mein unterdrücktes Volk und an Moskau, an den großen Stalin, der die Völker zum Kampf für Frieden, Freiheit und Demokratie anspornt. ... Ich bin besonders stolz darauf, daß mir der Stalin-Preis zusammen mit so großen Schriftstellern wie **Kuo Mo-jo** und **Anna Seghers** verliehen worden ist..., daß ich zusammen mit ihnen der großen Armee von Kämpfern angehöre, die Stalin, der große Bannerträger des Friedens, zum Siege führt.‹«

Amado erhält den Stalin-Preis vor allem für sein Buch »Welt des Friedens«, das wiederum von seinen Erlebnissen handelt, die er als Friedenskämpfer auf seinen steten Reisen von Kongreß zu Kongreß oder zwecks Reportage über den sozialistischen Aufbau sammeln konnte. Ein besonders glutvolles Kapitel ist »Stalin – Lehrer, Führer und Vater« gewidmet:

> »Ja, seine Anwesenheit fühlt man in jeder Einzelheit des Sowjetlebens ... In den vorfristig erfüllten Fünfjahrplänen und in den Zitronenhainen Grusiniens, in den Düsenflugzeugen und in der Blüte der Kunst. Er diskutiert und erarbeitet die Pläne der Industrieproduktion, er äußert sich zu einem neuen Film, einem neuen Roman. Auf Schritt und Tritt hört man in der UdSSR seinen Namen, denn Stalin ist jedem Staatsbürger gegenwärtig, ein hehres Vorbild, der erste Werktätige des Landes, der es stets zu allen seinen Siegen begeistert ...«

Vom Preisgeld verfaßt Amado das Gegenstück zur »Welt des Friedens«, die »Katakomben der Freiheit«, ein Buch, das genauso ist wie sein Titel. Aber irgendwann im Herbst 1956, auf einer Dampferfahrt in China, unterwegs für die »Welt des Friedens«, als Nachrichten von den Kämpfen und den Panzern in Budapest eintreffen, sei Amado, der *Friedenskämpfer,* »erloschen« – berichtet sein vielfacher Reise- und Kampfgefährte Pablo Neruda.

Hervorkommt der *Schriftsteller,* der Amado in den 30er und 40er Jahren schon einmal gewesen war. »Land der goldenen Früchte« hatte sein letzter, authentischer Brasilien-Roman von 1944 geheißen. Der neue von 1958 wird »Gabriela wie Zimt und Nelken« heißen.

Liest man die (kurz vor seinem Tod 1973 verfaßte) Autobiographie des **Pablo Neruda** »Ich bekenne, ich habe gelebt«, ist man frappiert, wie elementar die Nostalgie nach diesem ersten Nachkriegsjahrzehnt unter der Sonne Stalins ist – als die Welt noch klar in Freunde und Feinde, Fortschritt und Reaktion aufgeteilt schien. Die progressiven Schriftsteller bildeten so etwas wie eine große, internationale Brüderschaft, in die natürlich auch etliche reizvolle Schwestern aufgenommen wurden. Denn das Leben bestand aus Reisen, Kongressen, Begegnungen und vielen starken Freund- und Liebschaften.

Über Geld redete man in diesem großen Bund so wenig wie in einem wirklich vornehmen Hause. Es war für diejenigen, die *dazu* gehörten, einfach da, wie die Sonne, der Wind und das Meer. Wessen Bücher, Artikel, Gedichte auf die Publikationslisten des Weltfriedenslagers kamen, der konnte sich hoher Auflagen in mehreren Ländern und Sprachen sicher sein. Und die Sowjetunion – das war schon in den 30er Jahren so – zahlte die höchsten Autorenhonorare der Welt (in der Regel 15 %, manchmal bis 25 % vom Preis). Es gab generöse Vorschüsse, die oft sogar weitergezahlt wurden, wenn der Autor mit dem erwarteten Werk nicht überkam. Darin eben zeigte sich ja die moralische und künstlerische Überlegenheit der Welt des Sozialismus, im Vergleich zur kapitalistischen Welt, wo sich die Schriftsteller *verkaufen* mußten! Die Crux war höchstens, daß die Rubel oder Mark nicht konvertierbar waren. Dafür konnte man oft Wochen und Monate auf Kosten der internationalen bzw. der jeweiligen nationalen Verbände umherreisen oder sich, wie Amado im Januar 1952, auf einem Schloß der tschechischen Schriftsteller bei Prag erholen.

Aber das wichtigste war doch dies behaglich-paternalistische Beschütztsein in einer starken, vorwärtsmarschierenden Gemeinschaft, getragen von den denkbar erhabensten Gefühlen über sich selbst. »Es gibt keine Einsamkeiten!« dichtete **Stephan Hermlin** in einem ziemlich waffenklirrenden Friedensgedicht 1952: »Schon wogen beflügelt die Weiten. / Die Taube hüllt sich in Erz... Es schreitet der Friede als Krieger. / Bald heißt der Mensch endlich Sieger. / Die Welt der Taube bricht an.«

**Pablo Neruda** jedenfalls lebte ganz in dieser Welt beflügelter Weiten und großer Gemeinsamkeiten. In seinem »Großen Gesang« hat Neruda die Kosmologie seines Kontinents, Amerika, aufgemacht und sie mit indianischen Göttern und proletarischen Genossen bevölkert, mit denen allen er auf du und du steht. Die Sowjetunion ist hier der Gegenkontinent, der das arme (Süd-)Amerika vor dem reichen (Nord-)Amerika schützt, Apokalypse und Versprechen in einem:

»Sowjetunion, wenn wir alles Blut, / in deinem Kampf vergossen, vereinten, / ... würden wir einen neuen Ozean haben, / ... um in ihm zu ertränken ...

den, der sich mit hundert kleinen Hunden
am Kehrichthaufen des Westens vereinte,
dein Blut zu beschimpfen, du Mutter der Freien!«

Zu solcher Über-Mutter gehört ein Über-Vater, der gleich mehrfach auftritt:

»In drei Räumen des alten Kreml
lebt ein Mensch mit Namen Josef Stalin.
Spät verlöscht das Licht seines Zimmers.
Die Welt und sein Vaterland geben ihm keine Ruhe ...«

In seinem nächsten Groß-Poem »Die Trauben und der Wind« ist es
statt der alten Geschichte Lateinamerikas die junge Welt des Sozialismus, die der Dichter durchmißt – will man den Versen glauben: in
einem Zustand ekstatischer Dauererregung, als ginge es durch alle
sieben Himmel des Paradieses. Und wie sicher er sich der Größe des
historischen Augenblicks gewesen sein muß, erhellt daraus, daß so
gut wie *jeder* der kommunistischen Staats- und Parteiführer erster,
zweiter oder dritter Ordnung mit hymnischen Versen bedacht wird –
Leute, deren Namen die eigene Partei drei oder vier Jahre später am
liebsten schon nicht mehr gekannt hätte. Nerudas »Die Trauben und
der Wind« ist sicher eine der eigentümlichsten Großdichtungen der
ganzen Literaturgeschichte – es sei denn, daß man sie »gegenliest«:
statt der sieben Himmel die neun Kreise des Infernos, bevölkert von
einer Heerschar von *Unpersonen* und *Verdammten* aller Länder...

Die schrecklichste aller Schreckensnachrichten muß den chileni-
schen Dichterfürsten mitten in seiner Arbeit überrascht haben. Dies
Stück »unsterblicher« Dichtung, das Herzstück des Poems, muß man
langsam und im ganzen lesen.


Genosse Stalin, ich befand mich am Meer in Isla Negra, ausruhend von
Kämpfen und Reisen,
als die Nachricht von deinem Tod wie ein Schlag des Ozeans mich traf.
Zuerst war Schweigen, das Entsetzen der Dinge, und dann kam
vom Meer eine Riesenwoge.
Aus Algen, Metallen und Menschen, Steinen, Schaum und
Tränen war diese Woge gemacht.
Von Geschichte, Raum und Zeit nahm sie ihren Stoff
und erhob sich weinend über die Welt,
bis sie, vor mir angelangt, gegen das Gestade peitschte
und vor meiner Tür ihre Trauerbotschaft niederwarf
in einem ungeheuren Aufschrei,
als ob die Erde plötzlich zerbarst.

Es war im Jahre 1914.
In den Fabriken häuften sich Schmutz und Schmerzen.
Die Reichen des neuen Jahrhunderts verteilten,
bis an die Zähne bewaffnet, das Erdöl und die Inseln,

das Kupfer und die Meeresengen unter sich.
Nicht eine einzige Fahne entrollte ihre Farben
ohne Spritzer Bluts.
Von Hongkong bis Chicago suchte
die Polizei nach Dokumenten und erprobte
die Mitrailleusen am Leib des Volkes.
Militärmärsche schickten vom Frührot an
arme Soldaten zum Sterben.
Toll war der Tanz der Gringos
in den raucherfüllten Nachtlokalen von Paris.
Der Mensch aber verblutete.
Blutregen fiel herab vom Planeten
und befleckte die Sterne.
Da zog der Tod zum ersten Mal einen stählernen Panzer an.

Auf den Landstraßen Europas
war der Hunger
ein eisiger Wind, der dürres Laub aufwirbelte und Knochen zerbrach.
Der Herbst blies durch die Lumpen.
Schreckerstarrt lagen die Wege unter dem Krieg.
Ein Geruch von Winter und Blut / entströmte Europa
wie einem wüsten Schlachthof.
Unterdes waren die Herren
der Kohle, / des Eisens, / des Stahls, / des Rauchs,
der Banken / des Gases, / des Goldes, / des Mehls,
des Salpeters, / der Zeitung »Der Merkur«,
die Besitzer der Bordelle,
die nordamerikanischen Senatoren,
die mit Gold und Blut / aller Länder beladenen
Freibeuter
auch die Herren / der Geschichte.

Dort saßen sie / im Frack, höchst beflissen,
einander Ehrenzeichen zu verleihen,
sich Schecks zu schenken zu Beginn
und sie sich zu rauben am Ende,
Aktien des Gemetzels sich zu schenken
und, bis an die Zähne bewaffnet, Stücke
von Völkern und Erdreichen unter sich zu verteilen.

Da, in einfachem / Rock und Arbeitermütze
eintrat der Wind, / eintrat des Volkes Wind.
Es war Lenin.
Er veränderte die Erde, den Menschen, das Leben.

Die frische revolutionäre Luft
fegte die Aktenstücke, die besudelten,
durcheinander. Und es erstand ein Vaterland,
das nie mehr aufhörte zu gedeihen.
Groß ist es wie die Welt, doch birgt es sich
im Herzen noch des / bescheidensten
Arbeiters von Fabrik und Verwaltung,
von Landwirtschaft und Meer.
Es war die Sowjetunion.
An seiten Lenins / schritt Stalin vorwärts,

und so, in weißer Bluse, / mit grauer Arbeitermütze,
eintrat mit seinem gelassenen Schritt
Stalin
in die Geschichte, begleitet / von Lenin und dem Wind.
Seit damals baute / Stalin auf. Alles
fehlte. Lenin / hatte Spinnenweb und Lumpen
übernommen vom Zaren.
Lenin hinterließ das Erbe
eines sauberen und weiten Vaterlandes.
Stalin füllte es an
mit Schulen und Mehl, / Druckereien und Äpfeln.
Von der Wolga bis zum Schnee / des unzugänglichen Nordens
legte Stalin seine Hand ans Werk, und von seiner Hand
geführt, begann der Mensch zu bauen.

Städte erblühten. / Wüsten sangen
zum ersten Mal mit Wassers Stimme. / Die Erze
gesellten sich hinzu, / verließen
ihre dunklen Träume / und standen auf,
wurden Schienen, Räder, / Lokomotiven, Drähte,
die über den ganzen Raum elektrische
Silben in die Ferne trugen.
Stalin
baute auf. / Es entstanden
unter seinen Händen / Getreidefelder,
Traktoren, / Schulen, / Wege,
und er war da,
einfach wie du und ich,
wenn es dir und mir gelänge,
einfach zu sein wie er.
Aber wir werden es lernen.
Seine Schlichtheit und seine Weisheit,
seine Art / gütigen Brotes und unbeugsamen Stahls
hilft uns, Mensch zu sein an jeglichem Tag,
hilft uns jeden Tag, Mensch zu werden.

Mensch sein! Das ist / das Stalinische Gesetz!
Kommunist sein ist schwer.
Man mußte es werden lernen.
Kommunistischer Mensch sein / ist schwerer noch,
und man muß von Stalin lernen
diese heitere innere Kraft, / seine konkrete Klarheit,
seine Verachtung / des leeren Schön-Geredes,
des hohlen theoretischen Leitartikels.
Er ging ohne Umschweif daran, / den Knoten zu entwirren,
und zeigte das nicht aufzuhaltende / Licht des verfolgten Ziels,
drang ohne Phrasen, / die die Hohlheit verhüllen,
in die Probleme ein,
geradewegs zu auf den schwachen Punkt,
den wir berichtigen werden in unserem Kampf.
Er beschnitt das wilde Gezweig
und wies den Sinn der Früchte.

Stalin ist der hohe Mittag,
des Menschen und der Völker Reife.

Im Kriege sahen / die eingeäscherten Städte ihn
die Hoffnung / dem Schutt entreißen,
sie abermals umschmelzen, / zu Stahl sie gießen
und ihn zum Angriff schreiten mit ihren Blitzen,
das Schanzwerk also zerstörend / der Finsternis.

Aber er half auch den Apfelbäumen / Sibiriens
Früchte tragen unter dem Wettersturm.
Er lehrte alle / wachsen, wachsen,
Pflanzen und Metalle, / Geschöpfe und Ströme,
er lehrte sie wachsen.
Früchte hervorzubringen und Feuer.
Er lehrte sie den Frieden,
und also hielt er auf / mit breiter Brust
die Wölfe des Krieges.

Menschen Stalins! Wir tragen mit Stolz diesen Namen.
Menschen Stalins! Das ist die Rangordnung unserer Zeit!
Arbeiter, Fischer, Musiker Stalins!
Stahlschmiede, Väter des Kupfers Stalins!
Ärzte, Salpeterbrecher, Dichter Stalins!
Gelehrte, Studenten und Bauern Stalins!
Handwerker, Angestellte und Frauen Stalins!

Gruß euch an diesem Tag! Das Licht ist nicht entschwunden,
nicht entschwunden ist das Feuer,
doch sich mehren soll
das Licht, das Brot, das Feuer und die Hoffnung
der unbezwinglichen Stalin-Epoche!

Während der letzten Jahre ließ die Taube,
der Friede, die unstet irrende Rose, die verfolgte,
auf seinen Schultern sich nieder, und Stalin, der Mächtige,
hob sie empor zur Höhe seiner Stirn.
So gewahrten ferne Völker den Frieden.
Von Steppen her und Meeren, Weiden und Versammlungen
richteten Menschenaugen
den Blick auf jenen Leuchtturm mit den Tauben,
und nicht der blindwütende Zorn, nicht der Blutdürstenden
Abscheu erregendes Gift noch die Grimasse
Churchills, Eisenhowers oder Trujillos,
nicht das Radiogeheul der Gekauften
oder das heisere Geknurr des gestürzten Schakals
verringerten seine epische Größe,
noch befleckten sie seine aufrechte Kraft.

Im Angesicht des Meeres von Isla Negra hißte ich
zur Morgenstunde die Flagge Chiles auf Halbmast.
Verlassen lag die Küste, und ein Silbernebel
mischte sich des Ozeans erhabenem Schäumen.
In Mastes Mitte schien im blauen Feld
der einsame Stern meines Heimatlandes
eine Träne zwischen Himmel und Erde.
Ein Mann aus dem Volk ging vorüber, und da
er begriff, nahm er grüßend seinen Hut ab.
Ein junger Bursche kam und drückte mir die Hand.

Später näherte sich der Seeigelfischer, der alte Taucher und Dichter,
Gonzalito, um bei mir zu verbleiben unter der Fahne.
»Er war weiser als alle Menschen zusammen«, sagte er zu mir,
während er mit seinen alten Augen auf das Meer sah, den alten
Augen des Volkes.
Und dann sprachen wir lange Zeit kein Wort.
Eine Woge
erschütterte des Ufers Felsgestein.
»Malenkow aber wird sein Werk nun weiterführen«, fügte
der arme Fischer in gestreifter Jacke, indem er aufstand, hinzu.
Ich sah ihn an, überrascht und nachdenklich: Wieso, wieso weiß er es?
Woher, an dieser menschenleeren Küste?
Und ich verstand, das Meer hatte es ihn gelehrt.

Und so halten wir hier gemeinsam Totenwache, ein Dichter,
ein Fischer und das Meer
für den fernen Völkerführer, der bei seinem Scheiden
allen Völkern ein Erbe hinterließ: sein Leben.

Dem Morgen entgegen, Gemälde von F. Schurpin

# PERSONEN, UNPERSONEN

Das Sterben des Vaters war furchtbar und schwer... Den Gerechten gibt Gott einen leichten Tod. Der Bluterguß im Hirn verbreitete sich allmählich über alle Zentren; bei einem gesunden und starken Herzen erfaßt er das Atemzentrum nur langsam, und der Mensch stirbt durch Ersticken... Das Antlitz verfärbte sich, die Gesichtszüge entstellten sich bis zur Unkenntlichkeit, die Lippen wurden schwarz. In den letzten zwei Stunden erstickte er einfach ... Die Agonie war entsetzlich, sie erwürgte in vor aller Augen. In einem dieser Augenblicke – ich weiß nicht, ob es wirklich so war, aber mir schien es jedenfalls so –, offenbar in der letzten Minute öffnete er plötzlich die Augen und ließ seinen Blick über alle Umstehenden schweifen. Es war ein furchbarer Blick, halb wahnsinnig, halb zornig, voll Entsetzen vor dem Tode und den unbekannten Gesichtern der Ärzte, die sich über ihn beugten, dieser Blick ging im Bruchteil einer Sekunde über alle hin, und da – es war unfaßlich und entsetzlich ... – da hob er plötzlich die linke Hand (die noch beweglich war) und wies mit ihr nach oben, drohte uns allen. Die Geste war unverständlich, aber drohend, und es blieb unbekannt, worauf und auf wen sie sich bezog ... Im nächsten Augenblick riß sich die Seele nach einer letzten Anstrengung vom Körper los.«

Diese eindrucksvolle Schilderung vom Tode Stalins verdanken wir seiner Tochter **Swetlana Allilujewa**. Über die Jahre vor seinem Tod lesen wir:

»Er war bereits so isoliert, so hoch über alle erhaben, daß sich um ihn ein Vakuum gebildet hatte...« Eine Fahrt zur Datscha auf der Krim gestaltet sich als Gespensterfahrt:»In den Stationen stiegen wir aus, um auf dem Bahnsteig auf und ab zu gehen ... Passagiere waren keine zu sehen. Wir reisten in einem Sonderzug ... Es war das System, in welchem er selbst als Gefangener lebte und zu ersticken drohte vor Isolierung ...«

Stalin widmet seine letzten Lebensjahre ganz dem»Kampf gegen Zionismus und Kosmopolitismus«. Die letzten Reste autonomer jüdischer Kultur werden systematisch ausradiert – bis zu jener Nacht im Oktober 1952, in der die letzten 25 jiddisch-schreibenden Schriftsteller der UdSSR auf einen Streich erschossen wurden.»Die Zionisten haben auch dir deinen jämmerlichen ersten Mann untergeschoben«,[*] sagte Stalin damals zu Swetlana, wie diese in ihren zwischen Tochterliebe und Terror unvermittelt schwankenden Erinnerungen (»20 Briefe an einen Freund«) berichtet.»Der Zionismus hat die ganze ältere Generation angesteckt, und die gibt ihn an die Jugend weiter«, habe er fortgefahren zu räsonieren. »Überall sah er Feinde. Das war bereits pathologisch, eine Art Verfolgungswahn ... ›Auch dir

---

[*] Es handelte sich um den Filmregisseur A.J. Kapler, der sich 1942 in Swetlana verliebt und mit ihr verlobt hatte. Kurz danach verschwand er.

unterlaufen manchmal antisowjetische Äußerungen‹, sagte er ganz im Ernst und mit recht unguter Miene zu mir ...«

Den Höhepunkt erreicht der Verfolgungswahn wenige Monate vor Stalins Tod mit der sogenannten »Ärzteverschwörung«. Neun Ärzte des Konsiliums, das die Behandlung des Kranken übernommen hat, werden verhaftet; sechs von ihnen sind Juden. In der »Prawda« vom 13. Januar heißt es:

»Die meisten Mitglieder der Terroristengruppe waren der internationalen jüdisch-nationalistisch-bürgerlichen Organisation ›Joint‹ angeschlossen ... Der Angeklagte Wowski hat bei seiner Vernehmung gestanden, die Weisung, ›die führenden Kader der Sowjetunion zu vernichten‹, aus den USA erhalten zu haben, und zwar von ›Joint‹ durch Vermittlung ... des wohlbekannten bürgerlich-jüdischen Nationalisten Mikhoels.«

*Mikhoels* war der weltberühmte Direktor des Moskauer Jüdischen Theaters gewesen, der schon 1948 bei einem arrangierten Autounfall umgebracht worden war (zuvor hatte er Stalin noch privat aus Shakespeare rezitieren dürfen – sein »Lear« war ja legendär). Es mußte sich also um eine weitangelegte Verschwörung handeln, wenn sie bis auf Mikhoels zurückreichen sollte!

Tagaus, tagein erklang nun noch einmal in voller Reinheit die Lyrik des Hasses, die für diese ganze Ära so charakteristisch war:

»Wurzellose Kosmopoliten / Verächtliche Mietlinge des Imperialismus / Helfershelfer des Zionismus / Bestien in Menschengestalt / Bande von Giftmischern / Gedungene Mörder ...«

Eine allgemeine Deportation der zweieinhalb Millionen überlebender Juden in der ganzen Sowjetunion scheint bevorgestanden zu haben (das »J« stand ja als »Nationalität« in jedem Paß). Neue Lager wurden vorbereitet. Die Arbeiter der Stalingrader Traktorenwerke hatten bereits eine bestellte Resolution »einstimmig« verabschiedet, worin die Deportation *aller* »Zionisten« offen gefordert wurde.

Da stirbt Stalin endlich. Bekanntgegeben wird sein Tod jedoch erst zwei Tage später – nachdem die Kämpfe um die Nachfolge bereits zu einem vorläufigen Abschluß (der Ernennung *Malenkows* zum neuen Sekretär der Partei) gebracht waren. Der Geheimdienstchef Berija hatte gleichzeitig die Städte des Reiches mit NKWD-Truppen »sichern« lassen. Denn obwohl die Todesnachricht mit Aufrufen zu »Ruhe« und »Disziplin« verbunden war, ließen die Leute alles stehen und liegen und strömten zu Millionen auf die Straßen.

Am Tag des Begräbnisses kommt es zu nie wirklich aufgeklärten Szenen der Massenhysterie und -panik, als NKWD-Truppen versuchen, den Zustrom immer neuer Menschenmassen (die sich als »Begräbnisdelegationen« auf LKW und Bussen in Marsch gesetzt haben) in den Außenbezirken zu stoppen. Teilweise muß es sich bei den Unruhen aber auch um antisemitische Pogrome ältesten Stils gehandelt haben. Roy Medwedew, der selbst Augenzeuge war, spricht von Hunderten, vielleicht Tausenden Toten in zehn Städten der Sowjetunion.

Als Stalins Herz zu schlagen aufgehört hatte, fühlten sich Millionen Menschen verwaist. Millionen hatten den verloren, auf den sie unter allen lebenden Menschen das größte Vertrauen setzten. Bei Männern und Frauen, bei Arbeitern, Bauern, Schriftstellern, bei weißen, gelben und schwarzen Menschen entsprang dieses grenzenlose Vertrauen aus Köpfen und Herzen zugleich, denn wahres Vertrauen kommt immer aus beidem.«

So **Anna Seghers** in einer kurzen, ersten Stellungnahme. In einem Beileidsschreiben der Akademie der Künste heißt es:

»...möchten wir Ihnen sagen, daß auch wir, die Kunstschaffenden Deutschlands, in Stalin unseren großen Lehrer verloren haben ... den besten Freund unseres Volkes. Wir Kunstschaffenden Deutschlands geloben, in unserer Arbeit die Lehren Stalins zu verwirklichen und ihm, dem Genius des Friedens, die Treue zu halten ...« (Unterzeichnet u.a. von **Becher, Brecht, Bredel, Busch, Dessau, H. Eisler, Felsenstein, Hermlin, Huchel, Kuba, Langhoff, Renn, Seghers, Weigel, Weinert, Fr. Wolf, Zweig.**)

Den ersten Stellungnahmen folgten die dichterischen Ausarbeitungen zwecks Vertiefung der Trauerarbeit. **Stephan Hermlin** lieferte auf neun Seiten reifer Prosa »Das Abbild der Hoffnungen«:

»Es wird berichtet, daß bei der Nachricht von Stalins Tod die Lichter Moskaus wie auf geheime Verabredung hin zu erlöschen begannen. Dann erlosch auch die Straßenbeleuchtung. Die Hauptstadt füllte sich mit Schwärze und einem gestaltlosen Wogen, Flüstern, Schluchzen ... Die schreckliche Dunkelheit jener frühesten Frühe des 6. März 1953, in der die Nachricht über den Sender ging, legte sich von Moskau aus ... über alle Länder, über jedes ehrliche Herz. Hinter Millionen Lippen wartete ein Wort, wollte sich ein ›Nein‹ diesem Tode entgegenstellen ...
Stalin im Sarg. Dieses Bild ist unbegreiflich. An diesem Bild werden wir vielleicht etwas nie verstehen ... Stalin ruht im Regenbogenglanz von Millionen Tränen, im Ruf der Sirenen, im gewitterhaften Aufzucken der Streiks zu seinem Gedenken in Paris, Turin, Hamburg ... Die Völker sagen zu ihrem teuersten Toten hinüber: Schlafe ruhig ...«

**Kuba** dichtete auf den »5. März 1953, 21.50 Uhr«:

Gesiegt! / Und alles, alles ist vollbracht!
Er ruht! / Millionen sind die Seinen.
Sein Lächeln leuchtet uns auch diese Nacht ...

Gesiegt! / Der Schwur an Lenins Bahre ward erfüllt.
Vollbracht! / Er gab uns noch ein Buch voll guter Lehren ..
Wir schwör'n, Genosse Stalin! / Unser Schwur
wird treu erfüllt! / In Ehren!

**Ludwig Renn** erklärte (vielleicht gar nicht zu Unrecht): Noch »in Tausenden von Jahren« werde der Name Stalins nicht aus der Ge-

schichte getilgt sein. **Peter Huchel** befand, Stalins »Vermächtnis ...
(wird) bis in die fernsten Tage Zeugnis ablegen für die Größe seines
Gewissens, für die Größe seines Genies«. **Bertolt Brecht,** einleitend
schon zitiert, gab der Hoffnung Ausdruck: »Stalin ist tot ... Aber die
geistigen und materiellen Waffen, die er herstellte, sind da, und da
ist die Lehre, neue herzustellen.« (Wieder ein bißchen doppelbödig!)

**Arnold Zweig** mußte in Thüringen, wo er sich gerade in Erholung
befand, auf einer improvisierten Trauerfeier eine Rede halten, die so
endet:

> »Wenn wir morgen aus diesem Haus heraustreten und durch den Wald
> gehen und sehen, wie er dasteht, grün, fest und entschlossen ..., dann fallen
> uns vielleicht die Verse Heinrich Heines ein ...:
>
> *Deutschland hat ewigen Bestand,*
> *Es ist ein kerngesundes Land,*
> *Mit seinen Eichen, seinen Linden,*
> *Werd ich es immer wiederfinden.*
>
> Und an jeder mächtigen Eiche könnte das dankbare deutsche Volk ein
> Bild seines Befreiers Stalin befestigen und Stalins Worte daruntersetzen: ›...
> *das deutsche Volk, der deutsche Staat bleibt!‹* Dank und Ruhm dem, der dies
> sprach! Ruhe in Frieden, Josef Stalin!«

Es war also nicht ganz eine Privatmarotte des **Johannes R. Becher,**
zumal er als Kulturminister der jungen Deutschen Demokratischen
Republik zur Feder griff, wenn er zu Stalins Gedenken das folgende,
ungeheuerliche Gedicht verfaßte, an dessen Echtheit (in jeder Hinsicht) Zweifel nicht erlaubt sind:


### Danksagung

Neigt euch vor ihm in ewigem Gedenken!
O sag auch du, mein Deutschland, Stalin Dank.
Er kam, ein neues Leben dir zu schenken,
Als schon dein Land in blutgem Schutt versank.

> Er kam, aus deiner Not dich zu erretten,
> Wo immer neues wächst, gedenke sein.
> Hochhäuser ragen über Trümmerstätten
> Und ihr Willkommen lädt uns herzlich ein.

Es wird ganz Deutschland einstmals Stalin danken.
In jeder Stadt steht Stalins Monument.
Dort wird er sein, wo sich die Reben ranken,
Und dort in Kiel erkennt ihn ein Student.

> Dort wird er sein, wo sich von ihm die Fluten
> Des Rheins erzählen und der Kölner Dom.
> Dort wird er sein in allem Schönen, Guten,
> Auf jedem Berg, an jedem deutschen Strom.

Allüberall, wo wir zu denken lernen
Und wo man einen Lehrsatz streng beweist.
Vergleichen wir die Genien mit den Sternen,
So glänzt als hellster der, der Stalin heißt ...

Dort wirst du, Stalin, stehn, in voller Blüte
Der Apfelbäume an dem Bodensee,
Und durch den Schwarzwald wandert seine Güte,
Und winkt zu sich heran ein scheues Reh. ...

Mit Marx und Engels geht er durch Stralsund,
Bei Rostock überprüft er die Traktoren,
Und über einen dunklen Wiesengrund
Blickt in die Weite er, wie traumverloren.

Er geht durch die Betriebe an der Ruhr,
Und auf den Feldern tritt er zu den Bauern,
Die Panzerfurche – eine Leidensspur.
Und Stalin sagt: »Es wird nicht lang mehr dauern.«

In Dresden sucht er auf die Galerie,
Und alle Bilder sich vor ihm verneigen.
Die Farbentöne leuchten schön wie nie
Und tanzen einen bunten Lebensreigen.

Mit Lenin sitzt er abends auf der Bank,
Ernst Thälmann setzt sich nieder zu den beiden.
Und eine Ziehharmonika singt Dank,
Da lächeln sie, selbst dankbar und bescheiden.

Die Jugend zeigt euch ihre Meisterschaft
in Sport und Spiel – und ihr verteilt die Preise.
Dann summt ihr mit die Worte »lernt und schafft«,
Wenn sie zum Abschied singt die neue Weise.

Nun lebt er schon und wandert fort in allen
Und seinen Namen trägt der Frühlingswind,
Und in dem Bergsturz ist sein Widerhallen
Und Stalins Namen buchstabiert das Kind.

Wenn sich vor Freude rot die Wangen färben,
Dankt man dir, Stalin, und sagt nichts als: »Du!«
Ein Armer flüstert »Stalin« noch im Sterben
Und Stalins Hand drückt ihm die Augen zu.

Dort wirst du sitzen mit uns in der Runde
Und teilst mit uns die Speise und den Trank.
Wir heben, grüßend dich, das Glas zum Munde
Und singen dir und sagen Stalin Dank.

Stalin: so heißt ein jedes Friedenssehnen.
Stalin: so heißt des Friedens Morgenrot,
Stalin beschwören aller Mütter Tränen:
»Stalin! O ende du des Krieges Not,«

Wer je wird angeklagt des Friedens wegen,
Aufrecht stehst du in dem mit vor Gericht.
Die Richter aber ihre Hände legen
Vors Auge, den sie blendet soviel Licht.

Du trittst herein, welch eine warme Helle
Strömt von dir aus und was für eine Kraft
Und der Gefangene singt in seiner Zelle,
Er fühlt sich als Riese in seiner Haft ...

    Im Wasserfall und in dem Blätterrauschen
    Ertönt dein Name, und es zieht dein Schritt
    Ganz still dahin. Wir bleiben stehn und lauschen
    Und folgen ihm und gehen leise mit.

Du Freund der Völker, du, ihr allerbester,
Was je war rühmenswert, blüht dir zum Ruhm.
Es spielt, den Weltraum füllend, ein Orchester
Das hohe Lied von Stalins Heldentum ...

    Gedenke, Deutschland, deines Freunds, des besten.
    O danke Stalin, keiner war wie er
    So tief verwandt dir. Osten ist und Westen
    In ihm vereint. Er überquert das Meer,

Und kein Gebirge setzt ihm eine Schranke,
Kein Feind ist stark genug, zu widerstehn
Dem Mann, der Stalin heißt, denn sein Gedanke
Wird Tat, und Stalins Wille wird geschehn.

    Vor Stalin neigt euch, Fahnen, laßt euch senken!
    Es soll ein ewiges Gedenken sein!
    Erhebt euch, Fahnen, und weht im Gedenken
    An Stalin bis hinüber an den Rhein.

In Stalins Namen wird sich Deutschland einen.
Er ist es, der den Frieden uns erhält.
So bleibt er unser und wir sind die Seinen,
Und Stalin, Stalin heißt das Glück der Welt.

    Die Völker werden sich vor dir erheben,
    Genosse Stalin, und zu dir erhebt
    Mein Deutschland sich: in unserm neuen Leben
    Das Leben Stalins ewig weiterlebt.

Aus der Flut der internationalen Trauerbekundungen lohnt *eine* ebenso amüsante wie bezeichnende Episode der näheren Betrachtung, die sich im Machtfeld der KP Frankreichs abspielte. Für die Trauernummer der Kulturzeitschrift der Partei »Les Lettres Françaises«, die am 12. März unter dem Titel »Was wir Stalin verdanken« erschien, hatte **Louis Aragon** als Herausgeber den Maler **Pablo Picasso** um ein Stalin-Portrait gebeten – ein Ansinnen, dem sich der Künstler bei allem parteilichen Engagement bis dahin stets verweigert hatte. Nun aber traf ein Portrait ein, und der entzückte Aragon rückte es unbesehen in die schon im Andruck befindliche Zeitschrift ein.

Kaum war sie ausgeliefert, hagelte es einen Sturm der Entrüstung. **Pierre Daix**, der verantwortliche Redakteur, rief bei Aragon an, um ihn vor dem aufziehenden Gewitter zu warnen. Er bekam Madame Aragon alias **Elsa Triolet** an den Apparat, die befand, er (Daix) und Aragon seien wohl von allen guten Geistern verlassen. »Aber Elsa, Stalin ist doch nicht Gottvater!«, rief Daix aus, woraufhin sie eisig erwiderte:

> »Eben doch, Pierre! ... Picasso hat das Gesicht Stalins ja gar nicht einmal deformiert, er hat es sogar respektiert. Aber er hat gewagt, es zu *verändern*! Das hat er gewagt, verstehst Du?«

In der »Humanité« präzisierte sie diese Position noch, indem sie schrieb,

> »nur die gewohnte Darstellung des Menschen, der soeben gestorben ist und die Verkörperung der Weisheit, des Mutes, der Menschlichkeit war, der den Krieg gewonnen hatte, unser Retter ...«

– nur seine *gewohnte Darstellung* genüge den Kriterien des sozialistischen Realismus.

Das Sekretariat des ZK der Partei veröffentlichte eine förmliche Mißbilligung der Publikation:

> »Ohne die Gefühle des großen Künstlers Picasso in Frage zu stellen, dessen Verbundenheit mit der Sache der Arbeiterklasse wohlbekannt ist, bedauert das Sekretariat ... die Publikation unter Verantwortung des Genossen Aragon, der im übrigen mutig für die Entwicklung einer realistischen Kunst eintritt.«

Aragon machte sich in einer persönlichen Stellungnahme die (gar nicht explizierte) Kritik des Sekretariats zu eigen und dankte dafür.

Der Abdruck erzürnter Leserbriefe füllte fast wieder eine Sonder-Nummer der »Lettres Françaises«. Die Überschriften über den Briefen von Mitgliedern und Parteisektionen sagen alles: »Schmerzhafte Überraschung!« – »Ein solches Portrait entspricht nicht dem unsterblichen Genie Stalins« – »Nein, das ist nicht das Gesicht Stalins« – »Man muß sich an die Stelle der einfachen Leute versetzen, die Stalin die Treue halten« usw. usw.

Picassos Sakrileg – er hatte ganz einfach ein Jugendphoto Stalins als Vorlage genommen – lag offensichtlich in der bloßen Tatsache der Abweichung vom standardisierten Vorbild. Stalin hatte sich sosehr in sein eigenes Abbild verwandelt, daß jeder Versuch, ihn als lebenden Menschen zu zeichnen, als Entweihung erschien.

Glauben Sie mir, ich konnte mir ganz einfach nicht vorstellen, daß Stalin tot sein sollte. Ich betrachtete ihn als Teil meiner selbst, *was er übrigens auch war*. Niemals, nicht einmal in Gedanken, hätte ich mir vorstellen können, daß wir eines Tages voneinander getrennt sein würden!«

So **Ilja Ehrenburg** in seinen Erinnerungen. Wenn das eine Entschuldigung ist, so wird man ihr den Kern von Glaubwürdigkeit nicht bestreiten können. Und zu dieser *Allgegenwart* des Führers (für die man, wenn überhaupt, auch nicht so schnell eine historische Parallele finden wird) gehörte die *Stereotypie* der Bilder. So sehr, daß Ehrenburg in seinem Nekrolog auf Stalin (am 11.3.53 in der »Prawda«) vielleicht gar nicht bemerkte, daß er seine eigene Huldigung zum 70. Geburtstag einfach abschrieb:

> »In diesen Tagen bitteren Leids sehen wir Stalin in seiner ganzen Größe, sehen wir, wie er über die Straßen der Welt schreitet ... Er schreitet über die Berge seines heimatlichen Grusinien, über die Schlachtfelder zwischen dem Don und der Wolga, durch die breiten Alleen des immer schöner werdenden Moskau; er schreitet in der Ferne durch die belebten Straßen Schanghais, über die Hügel Frankreichs, durch die Wälder Brasiliens, über die Plätze Roms, durch die Dörfer Indiens, er schreitet auf den Gipfeln der Zeit.
>
> Am Vorabend der Beisetzung Stalins trat in Paris ein Arbeitsloser an das von Rosen umkränzte Bild und legte einen kleinen Veilchenstraß nieder: ›An Stelle von Brot habe ich Blumen gekauft – für ihn ...‹ ... In New York sprachen von Polizisten, Spitzeln und Pogromhelden umgebene ehrliche Menschen in tiefem Schmerz: ›Ein Freund des Friedens ist gestorben.‹«

»Unsere Stütze – die Partei« ist es, die **Alexander Twardowski** aufrecht erhält, einen der in der Stalin-Zeit emporgekommenen Autoren:

> Seit die traurige Botschaft bekannt ist,
> Find und find ich kein Wort
> Für das Leid unseres Volkes, unseres Landes,
> Für den Schmerz, der in uns allen bohrt.
> Daß der Tod uns ihn konnte rauben
> Und uns weinen jetzt macht wie noch nie.
> Doch der weisen Partei gilt mein Glauben –
> Unsere Stütze ist sie.

Bei **Alexander Fadejew**, dem Vorsitzenden des Schriftstellerverbandes, klingt die Huldigung schon anders:

> »Seit fast zwei Jahrzehnten ... denken, kämpfen und schaffen wir Sowjetmenschen alle unter der geistigen Einwirkung Stalins. ... Wir sind die Kinder der Epoche Stalins. ... Unser Schaffen, das Schaffen der Sowjetschriftsteller, ist von Stalins Ideen beseelt. ... Die edelste Schöpfung Lenins und Stalins, dieser großen Genien der Menschheit, ist unsere glorreiche Partei. ... Genosse Stalin erzog eine stählerne Kohorte unbeugsamer Revolutionäre von Lenin-Stalinscher Prägung. ... Diese Menschen marschieren jetzt an der Spitze der Partei und des Volkes ...«

Als die stählernen Kohorte 1956 ihren Erzieher plötzlich verurteilt, begeht Fadejew, der sich entehrt fühlt, vom Alkohol verwüstet Selbstmord. Ilja Ehrenburg und Alexander Twardowski dagegen sind die Initiatoren des »*Tauwetters*« (nach einem Roman Ehrenburgs aus dem Jahre 1954, der das »Auftauen der eingefrorenen Herzen« in Form einer klassischen Liebesgeschichte mit Happy end behandelt).

Nach den Aufständen des 17. Juni in der DDR, die zum Sturz Berijas führen, folgen Aufstände in einer Reihe sibirischer Lager. Ungefähr zehn Millionen Menschen, ein Zehntel der aktiven Bevölkerung, werden dort nach allen Regeln der Sklavenarbeit ausgebeutet, um die Hauptexportprodukte des Landes (Gold, Diamanten, Holz, Erze) sowie große Bauten der Infrastruktur zu schaffen. In Schüben von Hunderttausenden kehren die Lagerhäftlinge ab 1954 heim. Sie bringen das »Rotwelsch« der Lagersprache mit, das wie ein Schub vitaler Volkstümlichkeit nun in die Literatursprache eindringt (vor allem durch die unzähligen Lieder, die Okudshawa, Wissotzkij, Galitsch und viele andere als künstlerische Gattung jetzt zu einer einzigartigen Blüte bringen). Aber zuweilen bedarf es keiner künstlerischen Bearbeitung mehr – das Lager selbst hatte seine Lieder, Spottlieder fast durchwegs. Auf die Melodie des berühmten »Lieds vom Vaterland« sang das Lager ein »Lied von Stalin«:

Genosse Stalin, Sie großer Gelehrter,
haben das Wesen der Linguistik erkannt.
Ich bin nur ein gemeiner sowjetischer Häftling
Und mein Gefährte ist ein Wolf aus Brjansk.

Warum ich hier bin? Wie soll ich das wissen.
Die Ankläger sind ja immer im Recht.
Ich sitz hier im gleichen Gebiet Turuchanskij,
wo auch Sie zu des Zaren Zeiten in Haft.

Da sitz ich also im Gebiet Turuchanskij.
Die Wächter sind grausam, roh und gemein.
Natürlich, Genosse, versteh ich das alles
vom Klassenkampf, der sich historisch verschärft.

Wir haben Fehler von wer weiß, wem gestanden
und sind unserm Schicksal entgegengereist.
Wir haben Ihnen geglaubt, großer Stalin,
wie wir uns nicht einmal selber geglaubt.* ...

Die Brust ist Ihnen mit Orden behangen,
die Haare sind Ihnen vor Sorgen ergraut.
Sie sind – das war einst – gleich sechsmal geflüchtet.
Mir Dummkopf, mir ist das nicht einmal geglückt.**

---

* Dieser Vers paraphrasiert die berühmte, schon zitierte Zeile aus dem Gedicht *Michail Issakowskis.*
** Es gehörte zur Stalin-Legende, daß er aus seiner sibirischen Verbannung (die ja keine Haft war) gleich sechsmal hatte flüchten können. Aus den Stalinschen Lagern war Flucht kaum möglich, und wenn, waren die Konsequenzen meist tödlich.

Ausgerechnet, als es kaum noch etwas zu verheimlichen und zu beschönigen gab, im Jahre 1955, machte sich der angesehene DDR-Autor **Stefan Heym** (von dem einige deftige Kalte-Kriegs-Romane, aber keine Stalin-Hymnen überliefert sind) auf ins »Land der unbegrenzten Möglichkeiten«, das für ihn (den USA-Heimkehrer) nun im Osten lag. »Keine Angst vor Rußlands Bären« heißt der launige Titel des Reiseberichts. Vor seiner Abreise – schreibt Heym im Vorwort – habe er mit Arbeitern aus mehreren Betrieben gesprochen:

»Hört zu, Kollegen, ich weiß, es wird mancherlei geschrieben und gesprochen über die Sowjetunion – dafür und dagegen. Ich weiß, ihr lest das und hört das, und ihr macht euch eure Gedanken, und ihr habt Fragen ...«

Diese ehrlichen Fragen der Arbeiter wollte Heym nun in die Sowjetunion mitnehmen und dort beantwortet bekommen.

»Unter den Fragen über die Sowjetunion, die mir die deutschen Arbeiter vorgelegt hatten, war selbstverständlich auch die bewußte Frage nach den sogenannten Sklaven- und Schweigelagern ... Wenn alle andern Argumente gegen den Sozialismus versagen, ziehen die alten Goebbels-Schüler die Mappe ›Sklaven- und Schweigelager‹ aus dem Propaganda-Archiv.«

Also geht Stefan Heym gleich ins Justizministerium und fragt Herrn Bordonow, den zuständigen Abteilungsleiter für Zivilgerichte, was es mit den Sklaven- und Schweigelagern auf sich hätte. Herr Bordonow sagt, so was gäbe es natürlich nicht. Aber wie er das *beweisen* wolle?! Herr Bordonow versinkt ins Grübeln und fördert schließlich den Bericht einer amerikanischen Arbeiterdelegation von 1952 zutage, die in westliche Karten eingezeichnete Orte bei Kiew, wo Lager sein sollten, überprüft hätte. Heym zitiert:

»Auf ausdrücklichen Wunsch wurde der Delegation am 29. März 1952 ein Flug um Kiew ermöglicht. Es war klare Sicht und wir flogen nur 550 Fuß (etwa 180 Meter – S.H.) hoch, manchmal tiefer. Wir hatten die Möglichkeit, auch die Umgegend von Charkow und Moskau kennenzulernen ... Keines von den Delegationsmitgliedern sah auch nur ein einziges Arbeitslager, dafür wird aber jeder sagen, daß es in der Umgebung von Kiew viele Obstgärten gibt.«

»Nichts ist auf der Welt schwerer zu beweisen als die Nichtexistenz einer Sache, die nicht existiert«, stöhnt Stefan Heym. »Beweise dem Leser der Westpresse, dem Hörer westlicher Radiostationen, daß die Schauermärchen, die über die Sowjetunion verbreitet werden, erstunken und erlogen sind!«

Natürlich *gibt* es »Arbeitslager«, in Anführungsstrichen. Aber das hängt mit der besonderen Humanität des sowjetischen Strafvollzugs zusammen. Solch ein Lager ist eigentlich »eine Siedlung, so möchte ich das nennen« – kleinere Häuser, ein paar Baracken, kein Zaun, keine Mauer, allerdings bewacht. Da arbeiten die Leute, meist in ihrem eigenen Beruf, werden ein bißchen unter dem Gewerkschaftstarif bezahlt.

»Wer Makarenkos Schriften über die Umerziehung verwilderter Jugendlicher in den Jahren nach der Revolution gelesen hat, kann sich ein gutes Bild vom Strafvollzug in der Sowjetunion machen.«

Die wahren politischen Verhältnisse enthüllt ein Besuch im Mausoleum am Roten Platz. Eine unendliche Menschenschlange; Delegationen mit Kränzen; die Menschen flüstern, sogar die Säuglinge schweigen. Die hier als Jugendliche schon einmal waren, zeigen »die beiden Schläfer« nun ihren Kindern. Und tiefer, tiefer geht es in die Erde. Stufen, über die schon Millionen schritten ... Und da! »Ein anderes, gelbliches Licht – die Gruft«. Und ehrfürchtiges Defilee vor diesen beiden »größten Toten« der Menschheit:

»Lenin trägt eine schwarze, hochgeknöpfte Jacke. Die hohe, gewölbte Stirn, hinter der die schwersten Entscheidungen sich formten, ist glatt und ruhig ... mit den streng geschlossenen Lidern. Doch der Mund ist gütig ... Nur die Hände ... die schweren Hände des Todes, zu schwer, um sich je wieder zu heben zu der bekannten raschen, anfeuernden, vorwärtsstrebenden Bewegung, der die Millionen folgten.

Stalins Hände sind merkwürdig anders. Es sind die Hände eines alten Arbeiters ... Tatsächlich hat Stalin bis in die letzten Jahre auch mit seinen Händen gearbeitet, in seinem Gärtchen auf seiner Datsche. Ein alter, grauhaariger Arbeiter, mit sehr markantem, sehr ausgeprägtem Gesicht, starker Nase, starkem Kinn und grauem Schnurrbart, schläft in der Uniform eines Marschalls der Sowjetunion.

Draußen, hinter dem Mausoleum ..., sind die Gräber anderer Soldaten der Menschheit, die gleichfalls, wie es so wundervoll heißt, eingeschreint sind in dem Herzen der Arbeiterklasse ... Und es ist, als zögen sich weithin auch die Gräber jener, die über die ganze Welt zerstreut sind, die namenlosen Gräber ... jener, die zertreten wurden unter den Stiefeln der Faschisten und der Polizei, jener ..., die auf Streikposten starben, und jener, die einfach verhungerten, weil ihnen die Idee höher stand als der Magen. Groß ist das Herz der Arbeiterklasse.«

Groß, aber nicht groß genug. Nur wenige Schritte und ein knappes Jahr von Stefan Heym entfernt, wird *Nikita Chruschtschow* am Ende des XX. Parteitags in einer überraschenden Geheimrede Stalin unaussprechlicher Verbrechen bezichtigen – tatsächlich aber nur eines *Bruchteils* seiner Verbrechen, denn Chruschtschow geht es allein um die »unschuldig« verurteilten Kommunisten, wovon er schon alle »Trotzkisten«, »Bucharinisten« usw. ausnimmt – die demnach zu Recht erschossen wurden. Die Millionen andern, ob nun Oppositionelle oder Parteilose, Altgläubige oder Sektierer oder – wie die meisten – völlig unbeschriebene Blätter, einfache Bauern, Arbeiter, Ingenieure, Studenten, Hausfrauen, Schriftsteller, Pensionäre, Opfer einer Denunziation oder auch nur beliebig nach einem Säuberungsraster zusammengekehrte Menschen – sie alle würdigt Chruschtschow nicht eines Wortes. Wie auch! Dann hätte er über jeden Delegierten, der dort saß, über die Partei als ganze – und über sich selbst sprechen müssen. Welche moralische Legitimation hätte es für diese Stalinsche Neu-Partei, so wie sie da saß, noch geben können? Zumal Chruschtschow nicht einmal umhinkonnte, ans Allerheiligste (außer der Oktoberrevolution selbst) zu rühren – den Großen Vaterländischen Krieg, in dem der Stalinsche Machtapparat zunächst so furchtbar versagt hatte.

Die Geheimrede wird nur in begrenzter Auflage an den gehobenen Parteikader zur Einsichtnahme und Rückgabe weitergegeben; der gehobene informiert den mittleren Parteikader, der mittlere den einfachen Parteikader, jeweils durch vollständige oder auszugsweise, mündliche Verlesung des Berichts und weitere Erläuterungen. Gedruckt wurde der Bericht Chruschtschows über Stalins Verbrechen und über den »Personenkult« (wie die offizielle Verurteilungs-Formel hieß) *bis heute* nicht in der Sowjetunion.

W ie doch ein bloßes Wegtun uns reich machen kann. Diesfalls ein Wegtun des Drückenden, Falschen, Hemmenden, das sich an der großen Sache angesetzt hatte. Mit einem ist die Luft verändert ... Dem kapitalistischen Westen ist die Wendung höchst verdrießlich ... Den Abtrünnigen ist der Parteitag besonders bitter und verschlägt ihnen den Atem, obwohl sie in einigem doch Recht bekommen zu haben scheinen. Aber sie ... merken zugleich, daß sie nicht einmal das Recht haben, recht gehabt zu haben. Sie blieben nicht im Schiff, um hier die Fahne hoch oben zu halten, sie gegebenenfalls an den Mast zu nageln, sondern verrieten und hetzten ... Nun aber geschah endlich im Kreml selber das Rechte, und das ist entscheidend. Der Umschwung geschah auch gar nicht als sogenannter Neubeginn und erst recht nicht aus Schwäche, wie das die Abtrünnigen am liebsten sähen. Die im eigenen Lager bereinigte und *weiter zu reinigende* Sache wird dadurch besonders stark und freundlich.«

Diese schalen Hoffnungen in verquerer Sprache verlautbarte **Ernst Bloch**, 1956 noch »im Schiff«. »Abtrünnig« wird er erst 1961, allerdings ohne »zu verraten und zu hetzen«. Zu revidieren gibt es für ihn an der »großen Sache« ein für allemal nichts – nicht einmal an der Terminologie. Er hat seinen Beitrag 1977 unverändert drucken lassen, mit einem

»*Nachtrag 1975:* Dieser Beitrag hält sich an die damals vorhandenen Berichte vom XX. Parteitag ... Das später Eingetretene hat gezeigt, daß das Tauwetter von damals zum Teil zu optimistisch dreinsah.«

Hören wir also dem Blochschen Prinzip Optimismus, Jahrgang 1956, noch etwas zu:

»Dabei liegt ... fürs jetzt fällige Umbilden selber ein Maß vor. Das ist *erstens* der Kampf gegen alles *Anmaßen* von hochdroben, es wurde auf dem

Parteitag unbescheiden und volksfremd genannt. ... Nur die inneren Feinde sollen im Staat einen Druck empfinden, nie das Volk, auch dann nicht, wenn keine Gegenstimmen die Hand erheben. Kurz, wie alles Lebende in einem Kreislauf der Säfte vor sich geht, so erst recht das Demokratische. Damit hängt zum *zweiten* der Kampf gegen den *Personenkult* zusammen, den nach Lenin eingerissenen. Dieser Kult mag durch Eigenschaften Stalins sehr befördert worden sein ... Willfährige Untertanen weit älteren Stils haben ihn erst derart aufblühen lassen, durchaus mit Stalin wechselwirkend, oft mehr als das ... Der Muschik hatte sein Väterchen Zar, dazu sein Heiligenbildchen unter dem Öllämpchen in der Stube; daran war schneller und leichter anzuschließen als an sein – großtenteils erst zu bildendes – sozialistisches Bewußtsein ... Und im weiteren streifte, was die Inquisition der Moskauer Prozesse und die wahllosen Verfolgungen nachher angeht, das so geförderte, mit falscher Massenbasis beförderte persönliche Regiment den alten heiligen Synod. In Revolutionstribunale mischte sich ein Ketzergericht, und dieses urteilte zu oft nach den entsetzlichen Meinungen und Weisungen eines Mannes ... Solch doppelter Personenkult, nämlich mit *Unfehlbarkeit*, hatte am wenigsten im Marxismus eine Grundlage, diesesfalls eine weltanschauliche. ...

Trotzdem verlangt das konkrete Maß: Die erkannten Barbarismen und himmelschreienden Bestialitäten können nicht dazu führen, daß man (was allen Antimarxisten ja so gelegen käme) den in Rußland begonnenen Sozialismus mit der Person Stalins, gleichsam in negativem Personenkult, so übel zusammenfallen läßt. Die Belehrung durch den XX. Parteitag hat statt dessen Marxisten das Maß gebracht, das sich nun überall bewähren muß. Die Belehrung heißt im ganzen sozialistischen Lager innerparteiliche Demokratie mit endlich wieder forschender, belehrt-lehrender Theorie, und im Westen neue Volksfront dazu.«

Sauberes Herauspellen der Affäre Stalin aus der »großen Sache«, der nie zu verlierenden, stets weiter »zu säubernden« (wie eine Nase?). Innerparteiliche Demokratie (aber was ist mit der allgemeinen?). Volksfront im Westen (gegen den stets drohenden Faschismus dort?). Sozialistisches Bewußtsein für die rückständige Masse (damit sie die Stalin-Heiligenbildchen endlich beiseite legen kann?). Marxistische Forschungs- und Lehrfreiheit (bei legitimem »Druck« auf »innere Feinde« und »Verräter«?).

War DAS die *politische* Quintessenz all der immensen Massen an »belehrt-lehrender Theorie«, die Ernst Bloch 1967/68 den »Neuen Linken« übermachte? (Mir selbst zum Beispiel, wenn ich seinen langen Monologen lauschte, die er 1967/68 bei zwei oder drei Besuchen in unserem Tübinger SDS-Keller hielt? Ich weiß es nicht mehr.) Einen *Widerspruch* zu seinen übrigen Hervorbringungen scheint Ernst Bloch jedenfalls ebenso wenig gesehen zu haben, wie er zwischen diesen Text von 1956 und die *eigenen* Inquisitions-Artikel von 1937/38 eine erkennbare Zäsur gelegt hätte.

Von der zweideutig halbkritischen Distanz, die **Bertolt Brecht** zu den Enthüllungen über Stalin hielt, war einleitend schon die Rede.

Unter der Überschrift »Lehrer, Lerne! Lehre, Lernender!« läßt Brecht die Argumente so stoisch-spielerisch hin und her laufen, spielt er mit der eigenen Ketzerei wie die Katze mit der Maus.

»DIE SICH VOM VOLK entfernten / Nannten ihre Feinde Volksfeinde. Aber / Nicht in allem waren sie Lügner.
DER GOTT ist madig. / Die Anbeter schlagen sich auf die Brust / Wie sie den Weibern auf den Hintern schlagen / Mit Wonne.
DER ZAR hat mit ihnen gesprochen / Mit Gewehr und Peitsche ... / Der verdiente Mörder des Volkes.
Die Sonne der Völker / Verbrannte ihre Anbeter. Der größte Gelehrte der Welt / Hat das Kommunistische Manifest vergessen. / Der genialste Schüler Lenins / Hat ihn aufs Maul geschlagen.
Aber jung war er tüchtig / Aber alt war er grausam / Jung / War er nicht der Gott. / Der zum Gott wird / Wird dumm.

DIE GEWICHTE auf der Waage / Sind groß. Hinaufgeworfen / Wird auf die andere Skala die Klugheit / Und als nötige Zuwaag / Die Grausamkeit.
Die Anbeter sehen sich um: / Was war falsch? Der Gott?/Oder das Beten? Aber die Maschinen?/Aber die Siegestrophäen? / Aber das Kind ohne Brot? / Aber der blutenden Genossen / Ungehörter Angstschrei?
Der alles befohlen hat / Hat nicht alles gemacht.
Versprochen worden sind Äpfel / Ausgeblieben ist Brot.

Die geschichtliche Einschätzung Stalins hat im Augenblick kein Interesse und kann mangels von Fakten nicht vorgenommen werden. Seine Autorität muß jedoch zur Beseitigung der Schädigungen durch sein Beispiel liquidiert werden.

ZUR ZÜCHTUNG winterfesten Weizens / Zieht man viele Forscher heran. / Soll der Aufbau des Sozialismus / Von ein paar Leuten im Dunkel zusammengepfuscht werden?
Schleppt der Führer die Geführten / Auf einen Gipfel, den nur er weiß? / Zumindest durch die Statistik / Indem sie tun oder lassen / Führen die Geführten.«

Ungleich hartleibiger in der Selbstkritik zeigte sich **Stephan Hermlin.** In der Wochenzeitung »Sonntag« veröffentlichte er einen »Epilog 1956 zu dem Stalin-Gedicht (1949)«:

Inmitten der schwierigen Strategie
Der Dichtung, wie ich auch die Worte siebe:
Da war kein Wort, das mir nicht Liebe lieh,
Durch Frost und Flammen trug mich diese Liebe.

Im Ungewissen, unterm scharfen Hiebe
Ungünstiger Winde, wußte ich, daß nie
Wie immer auch der Schnee der Schmerzen stiebe
Im Stich mich läßt der Zukunft Prosodie.

Nie reimt sich Liebe auf Beflissenheit,
Und liebend gibt sich Liebe keine Blöße.
Was sie gemeint, wächst herrlich mit der Zeit.

Hinlauschend in der Klassenschlacht Getöse,
Seh ich die künftige Gemeinsamkeit,
Gedenkend seines Irrens, seiner Größe ...

»Prosodie«, wer's zufällig nicht weiß, ist die Lehre vom Silbenmaß im Vers. Und so kommt diese Erklärung über das Objekt vergangener Liebesmühen in der strengen Form eines klassischen Sonetts daher. Hermlin lehnt mit dieser stolzen Attitüde jeden Vorwurf der Beflissenheit ab. Geirrt hat sich nicht er, sondern die »künftige Gemeinsamkeit«, der Sozialismus selbst. Die Intensität der Liebe zu Stalin zeigte nur die Intensität der Liebe für das herrlich Wachsende an. So ist der »Epilog 1956« in der Tat nur ein präzisierendes *Nachwort* zur Stalin-Ode von 1949, die keineswegs zurückgenommen wird.

Als eine Westberliner Zeitung eine Glosse über den »Epilog« veröffentlicht, macht Hermlin in einer offenen Antwort im »Sonntag« seine Position ganz deutlich:

»Von Stalin ist gesprochen worden, von Stalin wird gesprochen werden. Von seinen Irrtümern. Von seiner Größe. Von dem, was ihn untrennbar mit dem Aufstieg der Neuen Welt verbindet. Darüber wird weiter gesprochen werden. Nur nicht mit Ihnen.«

Um wieviel zerrissener war da ein **Johannes R. Becher.** In seinen Aufzeichnungen über »Das poetische Prinzip« liest man:

»Wie von einem Fremden geschrieben, liegen Gedichte vor mir, deren Verfasser ich selber bin. Es sind teils schlechte, teils gute. Mit keinem kann von beiden vermag ich mich ohne weiteres zu identifizieren. Wenn ich die schlechten durchsehe, so erscheint es mir unglaublich, daß ich je solche geschrieben habe ... Wenn ich dagegen von den guten Kenntnis nehme, erscheint es mir ebenfalls nicht glaubhaft, daß ich ihr Verfasser sei. Sie scheinen mir über alles Erwarten gut. Was also bedeutet das?«

Becher zieht sich nicht auf die bloße Echtheit seiner Gefühle zurück. Oder wenn, dann wird er sich selbst nur um so mehr zum Rätsel, da ihm diese echten Gefühle unsäglich schlechte und auch noch erstaunlich gute Verse eingaben (was durchaus zutrifft, wenn man die Unzahl seiner Personenhymnen, von Lenin und Stalin über Zetkin und Thälmann bis Ulbricht und Pieck, nimmt).

Auch Becher verfaßt im übrigen ein Sonett auf das Jahr 1956 und seine sich öffnenden Gräber. Es heißt: »Das Unerklärliche«.

Er konnte es sich damals nicht erklären:
Er war erfüllt von einem Traurigsein.
Er trug an seiner Last, an einer schweren,
Und diese Last trug er mit sich allein. ...

Es war ein Todesjahr und noch ein Jahr,
und in dem Jahr, dem dritten, ist's geschehen:
Da wurde ein Geheimnis offenbar:

Aus Gräberweiten wehte her ein Schauer
Und ließ das Unerklärliche verstehen –
Die schwere Bürde und die tiefe Trauer.

Becher plädiert hier nicht einfach auf die eigene gute Gesinnung, sondern gesteht eine schuldhafte Mitwissenschaft ein. Auch wenn er alsbald eiligst wieder den Rückzug antrat, die eigene »Kleinmütigkeit« und »Scheu in der Anwendung administrativer Mittel« (als Kulturminister) selbstkritisch einräumte – und, beinahe schon zum Zweck der politischen Lebensrettung, eilig eine *Ulbricht-Biographie* auf den Markt wirft:

> (»der universelle Typ des politischen Führers ... der vorbildliche Lehrer ... der Genosse neuen Typs ... der Freund der Jugend ... des Sports ... der Künste ... der bedeutende Staatsmann ... Wir alle, die wir die Heimat lieben ..., wir lieben Dich, Walter Ulbricht, den deutschen Arbeitersohn«).

Als Repräsentant der DDR ist Becher nur noch ein Schatten seiner selbst. Als Autor seiner »Poetischen Konfession« läuft dieser Schatten dagegen noch einmal zu großer Form auf – so als müßte er eine ursprüngliche Spaltung seiner Person in sich zurücknehmen:

> »Du könntest der Henker deiner eigenen Jugend sein, so blickt mich dein Altersbild an, aufgeschwemmt, widerwärtig, ein Professor Unrat ... Bekenne dich zu dem, der du einstmals gewesen bist, rette die Reinheit deines einstigen Bildes vor dem Untergang, vernichte den, der du heute geworden bist und dessen greisenhaftes Grimassieren dich verfolgt bis in alle deine Träume hinein ...« – *Little Lunch!*

Die Nachricht vom Aufstand in Ungarn schweißt sie alle, die Erschütterten und die Unerschütterten, wieder zusammen – so wie es nur die Wiederherstellung eines eindeutigen *Feindbildes* kann.

»Seit gestern Nacht tobt der weiße Terror in Ungarn«, verkündete **Anna Seghers**. Es handele sich um die »Rückkehr der Aristokraten und Grundbesitzer«, wie damals in Francos Spanien. »Seit gestern nacht ist es aber auch wieder einmal ... klar geworden, wer Freund und wer Feind ist.« Das ist für Seghers die wichtige Lehre. Jetzt »gibt es nur Ja oder Nein, Dafür oder Dagegen«. Alle »Streitfragen« treten zurück ...

**Ernst Bloch** »fragt sich entsetzt, wie das in Ungarn geschehen konnte«, wo doch in Polen »die Bewegung zur sozialistischen Erneuerung bei der Stange blieb« (*sic!*). Jetzt helfe allerdings kein »überaltertes Beharren, gar Liegen oder Besitzen daran vom Volk (*sic!*) noch irgendeine Zurücknahme des XX. Parteitags«. Sondern zur Verteidigung der Sozialismus brauche es gerade jetzt »Mut und nichtsubalterne Überzeugungen, und das leuchtendgehaltene Ziel vor schemalosen Augen«.

**Günter Kunert** dichtet »An meine Freunde in Ungarn«:

Bereits hör ich euch sagen: ›Das war nicht gewollt.‹
Die Kommunisten an Laternen? Doch was soll man machen?‹
Bis die Lawine ganz euch überrollt.
So kurz der Rausch, so schlimm wird das Erwachen. ...

**Stephan Hermlin** schreit »Mörder über euch!«:

»Noch ist Ungarn nicht verloren. Man lauscht hinaus in die Nacht, hinüber
in ein schwerringendes Land ...
    Wo seid ihr, Arbeiter vom Miszkolc, die ich kenne ..., und die ihr jetzt das
Weiße im Auge des Weißen erblickt? Wo bist du, Genosse Georg Lukács,
Freund und Genosse ..., die Kultur gegen den weißen Pöbel verteidigend.
Wo bist du, Julius Hay, mein vorschneller Freund, wem stehst du jetzt gegenüber? Und du, Tibor Déry ...? Wo seid ihr? Ist euch das Ende Lorcas
bestimmt?«

»O Hermlin, mein vorschneller Freund!« rief ihm der 1955 aus der
DDR geflüchtete Jürgen Rühle in seinem Buch »Literatur und Revolution« zu: »Als diese Zeilen erschienen, rollten gerade die sowjetischen Panzer über die Arbeiter von Miskolc hinweg, führten die
Tschekisten Georg Lukács, Julius Hay und Tibor Déry ab – und nur
der Proteststurm der Welt konnte verhindern, daß ihnen das Ende
Lorcas bereitet wurde.« (Lorca wurde bei Francos Einmarsch 1936 in
Spanien von dessen Soldateska ermordet.)
    Da schätzt man geradezu die Eindeutigkeit eines Parteiveteranen
wie **Louis Fürnberg**, der stolz den Titel des »Dichters des Liedes von
der Partei« führte (»Die Partei, die Partei, / sie hat immer recht...«):
»Wenn die Sowjets unsere ungarischen Genossen jetzt im Stich lassen, zweifle ich zum ersten Mal im Leben an der Sowjetunion«, verkündete er nach dem Abzug der sowjetischen Panzer aus Budapest.
Er mußte nicht zweifeln – die sowjetischen Panzer kamen zurück
und schossen den Aufstand zusammen. Und Fürnberg konnte seinen
neu gefestigten Glauben an die Partei nun in einer »Weltlichen
Hymne« mit 89 Strophen triumphierend verkünden, worin er die Ereignisse des XX. Parteitages und die in Ungarn großzügig miteinander verknüpfte:

»Die Börse muß zuschanden,
zuschanden Wallstreet gehn.
Sowjetland hat bestanden
die Menschheit wird bestehn ...

Auch Bolschewiken weinen.
Wir haben, was Dulles uns schiert,
Genosse Stalin, auch deinen
Irrtum im Marsch korrigiert.«

Solch makabres Hurra! konnte allerdings nur noch wenige überzeugen. Von 1956 datiert nicht nur die beständige Erosion der kom-

munistischen Weltbewegung, sondern auch ihre Spaltung.

Die Sowjetunion war weiterhin das Zentrum; aber die Methode Chruschtschows, durch eine rein pragmatische »Entstalinisierung« im Innern (ohne andere grundlegende Reform als die Beendigung des systematischen Terrors) die Stellung zu halten, bei gleichzeitigem machtpolitischem Auftrumpfen nach außen, war wenig überzeugend.

Eine »rechte Abweichung« (wir verwenden diese Bezeichnung hier nüchtern beschreibend, keinesfalls vorwurfsvoll), die am klarsten verkörpert wurde durch die italienische KP unter Palmiro Togliatti, plagte sich mit prinzipiellen Zweifeln an der Sache selbst, die immer gravierender wurden.

Parallel entwickelte sich eine »linke Abweichung«, als deren Zentrum ab 1957 die KP Chinas unter Mao Tse-tung hervortrat. Dieser linke Pol wurde bald zum magnetischen Anziehungspunkt einer Reihe westlicher Intellektueller, die sich bis dahin nur im Umfeld der Kommunistischen Parteien bewegt hatten, und zwar von durchaus unterschiedlichen Positionen her. Wir werden ihnen im folgenden Kapitel begegnen: Sartre, de Beauvoir und vielen anderen, die 1968 dann zu den Taufpaten einer »Neuen Linken« wurden.

Es war dies eine (wenngleich in sich widersprüchliche) *Gegen*bewegung zum Prozeß der »Entstalinisierung«, der so oder so an die Substanz des Gebäudes marxistisch-leninistischer Doktrinen gehen mußte. Nur Mao Tse-tung besaß die undogmatische Kühnheit, neue hyper-kommunistische Doktrinen zu entwickeln, die später so genannten »Mao-Tse-tung-Ideen«, die in das alte, vor dem Einbruch stehende Lehrgebäude neue Pfeiler einzogen. Ché Guevara war im übrigen der zweite, der solche Kühnheit besaß – nur eben nicht die intellektuelle Potenz und strategische Weitsicht, um ihnen realgeschichtliche Geltung zu verschaffen.

Unter denen, die sich einer zu weitgehenden »Entstalinisierung« entgegenstellten, war auch die illustre Gestalt des italienischen Weltautors **Curzio Malaparte**.

1956/57, kurz vor seinem Tode, unternahm er noch eine Reise nach Rußland und China, die er selbst als literarisch-politische Mission auffaßte und inszenierte. In China empfing ihn Mao Tse-tung, und Malaparte wollte, wie er seinem Biographen auf dem Totenbett mitteilte, noch ein Buch über »Das Mysterium Chinas« schreiben. Dazu kam es nicht – nur noch zu der symbolischen Geste, daß er seine Villa auf Capri »dem chinesischen Volk« vermachte.

Immerhin hinterließ er der Nachwelt seinen Reisebericht »In Rußland und in China«, worin weniger noch der Ruhm Mao Tse-tungs als die offene Apologie Stalins für Aufsehen sorgte. Malaparte mißt alles, was er in Moskau sieht, am Jahr 1929, als er zum erstenmal die Sowjetunion besucht hatte.

> »Wenn ich heute wieder lese, was ich damals schrieb (1930, in meinem Buch über Lenin, und im Jahre darauf, in der ›Technik des Staatsstreiches‹), ... sehe ich deutlich, wie die Zeiten sich gewandelt haben, und auch die Schauplätze.«

Das folgende läßt sich nur richtig würdigen, wenn man weiß, daß Malaparte 1929 *Faschist* war – einer der prominenten Teilnehmer an Mussolinis »Marsch auf Rom«, den er in einem Poem »Der Eherne Reiter« verewigt hatte:

> »Es kräht der Hahn, er weckt die Erde,
> und Mussolini steigt zu Pferde ...«

Freilich, wie die erwähnten Schriften von 1930/31 zeigen, war Malaparte – wie viele genuine Faschisten – ein Doppelverehrer Mussolinis und Lenins. Er war überhaupt ein Verehrer der Macht – wie schon sein Pseudonym »Malaparte« (vs. Bonaparte) andeutete, inklusive der Bereitschaft, das »Böse« als den Ausweis wirklicher Macht zu akzeptieren. »Die Technik des Staatsstreiches« lobte denn auch (ähnlich wie Niekisch es damals tat) die Bolschewiki als die vollendeten Machiavellisten, während die deutschen Nationalsozialisten als miese Plagiatoren figurieren. Was Malaparte während der 30er Jahre allerhand Schwierigkeiten einbrachte. Nichtsdestotrotz nahm er als Kriegsberichterstatter am Rußlandfeldzug teil, dinierte er mit Heinrich Himmler und Generalgouverneur Frank. 1943 dann lief er mit Marschall Badoglio zu den vorrückenden Alliierten über.

Jetzt also, im Jahr 1956, erinnert Malaparte sich seines Moskau-Besuches von 1929 und einer platonischen Liebesaffäre mit einer gewissen Marika, einer »Bürgerlichen«:

> »Aber welchen Sinn konnte in Moskau 1929 das Wort ›bürgerlich‹ haben? Es war ein häßliches Wort. Oder vielleicht war es auch nur lächerlich. ... Das Schicksal der Oktoberrevolution hing zum großen Teil vom Erfolg oder Mißerfolg des Fünfjahresplanes ab. Zu seinem Gelingen brauchte es eine eiserne Faust, die die Einheit der Partei wiederherstellte, dem Volk einen unüberwindbaren Opferwillen aufzwang, dem Gang der Revolution eine einheitliche Richtung. Diese eiserne Faust war Stalin ...
> Ich war in Moskau, und ich habe den Stalinismus entstehen sehen. Und ich glaube, heute wie damals, daß man die Gründe nicht verstehen kann ..., wenn man nicht begreift, was in jenen Jahren in Rußland vorging. ...
> Nie werde ich das Schauspiel der Moskauer Menschenmenge in jenen Tagen vergessen können ... Alle, Männer wie Frauen, hatten blasse Gesichter, die Blicke waren voller Mißtrauen... Es war die Zeit der Angst und des Mißtrauens gegeneinander. Sich mit einem Ausländer sehen zu lassen, und sei es auf offener Straße, war gefährlich. Banden von Kindern, Jungen von acht und zehn Jahren, zerlumpt, verschmiert, verkrüppelt, blutig geschlagen, zogen durch die Straßen und forderten Almosen, in drohender Hal-

tung. Es waren die Besprisorni, die obhutlosen Kinder ... des Krieges, der Revolutionswirren, der Hungersnot. ...
Viele dieser Kinder, so schrecklich und unglaublich es klingt, waren vergiftet von Opium und Heroin. Die Rauschgifte wurden aus Persien, aus der Türkei nach Rußland eingeschmuggelt ...; sie waren Kampfmittel, ein Instrument zur Korrumpierung und physischen Verelendung, um das Blut des russischen Volkes zu verseuchen. Gewisse Elemente des internationalen Kapitalismus kennen keine Skrupel in der Wahl ihrer Kampfmethoden.«

Ist diese Situationsbeschreibung schon haarsträubend genug, so spezifiziert Malaparte seinen »Anti-Kapitalismus« aufs ungenierteste durch Erinnerungen an die faschistische Kampfzeit. (Das blieb im übrigen immer seine Spezialität als KP-Parteigänger in der Nachkriegszeit.) Luigi Barzini erinnert sich, wie bei einem großen Empfang für Ilja Ehrenburg in Rom – unmittelbar vor Malapartes letzter, große Reise – dieser Rußland-Erinnerungen aus dem letzten Kriege zum besten gab. »Voller Takt erwähnte keiner der Anwesenden, daß er diese Eindrücke als Journalist auf der Seite der nazistischen und faschistischen Streitkräfte gesammelt hatte.« Jetzt also schreibt Malaparte – als zeitgeschichtliche Analogie zur Verseuchung Rußlands durch kapitalistisches Rauschgift –, daß alle,

»die 1919 das Fiume-Unternehmen d'Annunzios mitmachten, uns berichtet (haben), wie ganze Bäche von Kokain durch tausend Kanäle nach Fiume hineinströmten, hineingeleitet wurden, zu dem Zweck, die jungen Leute, die d'Annunzio bei dem zwar rhetorischen, aber trotzdem gefährlichen Unternehmen gefolgt waren, zu schwächen, zu korrumpieren, zu besudeln.«*

Und dieselbe Situation sieht der Faschist Malaparte in Moskau 1929:

»...überall bot die Menschenmenge den gleichen Anblick, ungepflegt, schmutzig, verschwitzt. Es gab kein Wasser in Moskau. Es gab keine Wohnungen ... Nachts waren die Bahnhöfe überfüllt von Obdachlosen ... In den Industrievierteln dagegen machten die Menschen einen sehr viel entschlosseneren Eindruck ... Alle, Männer wie Frauen, zeigten im Gesicht, im Blick den klaren, harten Willen weiterzukämpfen, vor den Schwierigkeiten nicht zu weichen, Opfer zu ertragen, Hindernisse aller Art zu überwinden, den Fünfjahresplan fortzusetzen ... Dort entstand der Stalinismus ... Die Arbeiter waren für Stalin. Die Arbeiter mißtrauten den Intellektuellen in der Partei ... Sie fühlten, wie auf Rußland die Drohung der Unordnung, der Anarchie, des Verrats, der Intervention des Auslands lastete. ...
Heute haben diese Menschen, diese Millionen und aber Millionen Arbeiter keine harten Augen, keinen starren Blick mehr. Die Gesichter sind gelöst und heiter ... mit einer Spur jener besonderen Art von Puritanismus, den ich proletarisch nennen möchte ... ...

* Das »Fiume-Unternehmen« des Schriftstellers und romantischen Faschisten Gabriele d'Annunzio war 1919 die erste spektakuläre Aktion der Männer Mussolinis.

Es stimmt auch nicht ..., daß die Menschen es vermeiden, über die vergangenen Fehler zu sprechen, und vor allem vermeiden, über Stalin zu sprechen. Sie sprechen mit aller Ruhe über ihn, ohne Leidenschaft, ohne Haß, sozusagen bedauernd und achtungsvoll. Er hat sich geirrt, sagen sie: aber wer an seiner Stelle und in der betreffenden Lage hätte nicht ebenfalls Fehler begangen ... Der ›Alte‹ ist tot. Jetzt gilt es zu leben.«

Insgeheim aber, deutete Malaparte an, gehen die Gefühle für Stalin viel tiefer, zeigt sich Protest gegen die Anwürfe Chruschtschows. Malaparte fährt auf den Friedhof hinaus, wo Stalins Frau begraben liegt (die, nach dem Zeugnis ihrer Tochter, 1931 Selbstmord beging und Stalin einen Brief voller Anklagen hinterließ). Malaparte hält es, hier wie anderswo, mit dem, was er »sieht«:

»Zwischen Allilujewa Stalinas Hände aus kaltem, schneeweißem Marmor hat jemand einen Strauß roter und türkisblauer Blumen gelegt. Die Leute bleiben vor dem Grab stehen, lesen den Namen auf dem Grabstein mit leiser, achtungsvoller Stimme. Ein Mädchen sagt zu dem jungen Arbeiter, der sie begleitet: ›Er liebte sie sehr‹.

In diesem ›er liebte sie‹ liegt das ganze Problem des Mannes Stalin beschlossen. Der Chruschtschow-Bericht läßt die Beziehungen Stalins zu seiner jungen Frau Allilujewa unerwähnt. Auch Stalin war fähig zu lieben, zu leiden, zu weinen. ›Er kam fast jeden Tag‹, sagt der Wärter ... Hier, am Grabe der Allilujewa Stalina, würde keine russische Frau sich erlauben, die Frage nach Stalins Irrtümern aufzuwerfen ... Hierher kam Stalin, um einen Blumenstrauß auf das Grab seiner geliebten jungen Frau zu legen. ›Er liebte sie‹, sagte das Mädchen leise.

Dann ging er (Stalin), langsam, allein, leicht gebückt. Das ist alles.«

Die »*Entstalinisierung*« der Sowjetunion war ein sehr umkämpfter und widersprüchlicher Prozeß.

Als der XX. Parteitag 1956 eröffnet wurde, erhoben sich die Delegierten noch von ihren Stühlen, um ihres »Lehrers und Vaters« zu gedenken. Noch immer zählten die Gefangenen in den Lagern nach Millionen. Ganze 12.000 Parteimitglieder waren bis dahin »rehabilitiert« worden. Weder der Rechenschaftsbericht Chruschtschows noch die Mehrzahl der Diskussionsbeiträge (mit der Ausnahme einer vorsichtig kritischen Rede Mikojans) berührte überhaupt das Thema »Personenkult« und die »Verletzungen der sozialistischen Gesetzlichkeit«.

Der Parteitag war bereits beendet, als die Delegierten unerwartet zurückgeholt wurden, um Chruschtschows (mit dem eben neu gewählten ZK abgestimmte) Geheimrede gegen Stalin anzuhören. Der Kongreß saß schweigend da; nur einige Ausrufe der Verwunderung und Empörung verzeichnete das Protokoll. Eine Diskussion fand nicht statt. Immerhin wurde Chruschtschow ermächtigt, nicht weiter spezifizierte »Maßnahmen zu verwirklichen, die die vollständige

Überwindung des dem Marxismus-Leninismus fremden Personenkults garantieren«.

Schon in den Monaten nach dem Parteitag gab es ein erstes Rollback. Überall, wo eingehendere Diskussionen (etwa seitens der »Rehabilitierten«) verlangt wurden, wurden diese brüsk abgelehnt, diejenigen, die dennoch sprachen, wurden aus der Partei ausgeschlossen. Die »Prawda« druckte zwei große Artikel der chinesischen Parteizeitung, die offensichtlich von Mao Tse-tung selbst geschrieben oder redigiert waren. Sie versuchten zu beweisen, daß selbst einige der »Fehler« Stalins *nützlich* gewesen seien, weil sie die historische Praxis der Diktatur des Proletariats »bereicherten«.

Ein Beschluß des ZK der KPdSU vom 30. Juni 1956 »Über die Überwindung des Personenkults und seiner Folgen« fiel in seinen Feststellungen bereits weit hinter Chruschtschows Rede zurück. In seiner Silvesteransprache sah sich dieser gezwungen, ausdrücklich zu erklären, daß die Verurteilung gewisser »Fehler« Stalins sowie des Personenkults nichts daran ändere, daß Stalin ein »großer Marxist-Leninist« und »großer Revolutionär« gewesen sei und daß die Partei nicht gedenke, »den Namen Stalins an die Feinde des Kommunismus abzutreten«. Den Begriff »Stalinismus« verdammte Chruschtschow als eine anti-sowjetische Erfindung.

Immerhin leerten sich die Lager nach dem XX. Parteitag rapide. Es wurden 100 Sonderkommissionen eingerichtet, die die (vielfach längst toten) Opfer »rehabilitierten«. Das galt jedoch fast ausschließlich für Parteimitglieder, und auch hier nur für die »unschuldigen«, die sich keiner Akte von Opposition schuldig gemacht hatten. Die Frau Bucharins zum Beispiel, die nach 17 Jahren Haft und Verbannung nach Moskau zurückkehren durfte, wurde rehabilitiert – nicht aber ihr Mann. Dasselbe galt für fast *alle* Angeklagten der Prozesse, von Trotzki ganz zu schweigen.

Niemand wurde für die Mitwirkung an den Verbrechen der Stalin-Ära zur Verantwortung gezogen – nicht ein einziger. Die Heimgekehrten selbst waren eher eingeschüchtert als rachsüchtig gestimmt. Ein anonym zirkulierendes Gedicht sagte:

Ohne Trauerflaggen auf den Amtstürmen,
Ohne Gedenkreden, ohne Kerzen,
Verzieh Rußland den unschuldigen Opfern,
Den Opfern und ihren Henkern.

Tausende von Straßen, Werken und Kolchosen trugen auch weiterhin Stalins Namen, ebenso wie ein Dutzend Städte – vornan noch immer Stalingrad. Zu Stalins 80. Geburtstag im Dezember 1959 veröffentlichte das theoretische Organ der Partei, »Kommunist«, einen großen Artikel, worin Stalin als »bedeutender marxistischer Theoretiker und Organisator, ein beharrlicher Kämpfer für den Kommunismus« etc.pp verherrlicht wurde. »Seine Verdienste um die Partei, die sowjetische Heimat und das Volk, um die internationale kommunistische und Arbeiterbewegung sind groß.«

Es kristallisierten sich in diesen Jahren aber auch deutlicher die gesellschaftlichen Gegenkräfte heraus. Vor allem in der Literatur und den anderen Künsten war das »Tauwetter« übergegangen in einen »Sturm und Drang«, getragen von einer ganzen Reihe jüngerer, aber auch einigen älteren Autoren, die nun emphatisch Offenheit und Aufrichtigkeit einklagten. Die Ausstoßung Boris Pasternaks aus dem Schriftstellerverband (nach der Veröffentlichung seines »Doktor Schiwago« im Westen und der Verleihung des Nobelpreises an ihn) machte die Grenzen der Liberalisierung deutlich, ohne der literarischen Bewegung jedoch Einhalt gebieten zu können. Im Gegenteil...

Als sich die innen- wie außenpolitische Situation der Sowjetunion 1959/60 krisenhaft zuspitzte, während die offenen und verdeckten Machtkämpfe in der Führung der KPdSU sich intensivierten, trat Chruschtschow auf dem für den Herbst 1961 angesetzten XXII. Parteitag wieder die Flucht nach vorne an. Schon in der Eingangsrede forderte er den Ausschluß einer »Antipartei-Gruppe« um die Alt-Stalinisten Molotow, Malenkow u.a., denen er nun *persönliche* Mitverantwortung für die Verbrechen dieser ganzen Ära anlastete. Dies war ein Appell vor allem an die jüngeren Delegierten (unter denen auch ein junger Kader aus Stawropol namen Michail Gorbatschow war), auf einen beschleunigten Personalaustausch zu dringen.

Tatsächlich kam auf dem Parteitag selbst eine Dynamik der Enthüllungen in Gang. Chruschtschow hatte in seiner Schlußrede noch einmal den Ausschluß der Alt-Stalinisten begründet und die Errichtung einer Gedenkstätte für »die Opfer der Willkür« (unter Akklamation, der niemand mehr zu widersprechen wagte) angeregt – als eine Gruppe von Delegierten auftrat, die einen entscheidenden Schritt weitergingen: Sie verlangten, den Leichnam Stalins aus dem Mausoleum zu entfernen! Den Ausschlag gab ein Beitrag der Delegierten Lasurkina, die selbst 17 Jahre in Gefängnissen und Lagern zugebracht hatte. Nun berichtete sie, Lenin sei ihr immer wieder im Traum erschienen und habe (entsprechend seinem Testament) verlangt, den Nachfolger aus seinem Mausoleum zu entfernen. Dieser Stimme aus dem Jenseits mußte der Parteitag gehorchen. Er beschloß per Akklamation:

»Die weitere Aufbewahrung des Sarkophages ... im Mausoleum wird als nicht zweckmäßig angesehen, da die ernsthaften Verstöße Stalins gegen Lenins Vermächtnis, sein Machtmißbrauch ... und andere Handlungen während der Periode des Personenkultes es unmöglich gemacht haben, seinen Sarg im Mausoleum von W. I. Lenin zu belassen.«

Dieser Beschluß wurde am Morgen des 30. Oktober 1961 gefaßt. Auf die Nachricht hin versammelte sich sofort eine große Menschenmege auf dem Roten Platz, die sehen wollte, ob ER tatsächlich hinausgeschafft würde. Das geschah in aller Heimlichkeit in der Nacht zum 31. Januar. »J.W. STALIN« (wie eine schlichte Tafel bis heute verkündet) wurde an der Rückmauer des Kreml beigesetzt – als die *Mumie*, die er nun einmal war. Immerhin wurde als zusätzliche Sicherheitsmaßnahme eine ganze Ladung verdünnter Betonlösung auf den Sarg geschüttet, so daß er nun »festgemauert in der Erden« liegt.

**Jewgenij Jewtuwschenko** hat ein Jahr später in seinem Gedicht »Stalins Erben« das Beklemmende selbst dieses Vorgangs – der durchaus kein erleichterter Befreiungsakt war – festgehalten und mit der Aufforderung verbunden, die Wache vor Stalins Grab zu verdoppeln:

»Durch die Ritzen floß der Atem,
als man ihn durch die Mausoleumstür hinaustrug. ...
Mürrisch / die balsamierten Fäuste geballt,
im Sarge an der Ritze horchend / simulierte er den Toten.
Sie alle / die ihn hinaustrugen, / wollte er im Gedächtnis behalten:
die noch ganz jungen Rekruten aus Rjasan und Kursk,
um später einmal, / wieder zu Kräften gekommen
aus dem Sarg aufzustehen,
und mit ihnen, den Unvernünftigen, abzurechnen.
Er führt etwas im Schilde.
Er hat nur zum Ausruhen sich hingelegt.«

Es stimmt: Stalin lebt. Er lebt – und das ist nicht einmal eine Phrase – im Herzen der Millionen, die ihm ihren sozialen Aufstieg und alles, was sie geworden sind, verdanken. Die Ära Stalins, das war ein singulärer Akt der sozialen und großteils physischen Vernichtung der alten Intelligenz, der großen und kleinen Industriellen, des Kaufleutestandes, der Handwerker, der Bauern – aller ökonomisch und geistig *selbständigen* Klassen und Schichten also. Dazu kam in den 30er Jahren noch die beinahe vollständige Vernichtung der ersten, aus der Revolution hervorgegangenen Funktionärsschicht, des Offizierskorps, der neuen technischen Intelligenz usw. Und immer wurden *Millionen Plätze frei*! Der Stalinismus, das war nicht zuletzt ein mehrfacher Prozeß der Ausrottung der Älteren durch die Jüngeren.

Stalin lebt fort im ganzen Aufriß der sowjetischen Gesellschaft bis heute, die in dieser Ära geformt und mit der eigentümlichen Dynamik einer reinen Ökonomie der Macht in Gang gesetzt wurde. Als solche hat sie eine robuste Stabilität an den Tag gelegt.

Stalin lebt fort in der stählernen, großrussisch geprägten Einheit des Imperiums, das spätestens 1939/40 auf dem Territorium des alten Russischen Reiches wiedererrichtet wurde.

Stalin lebt schließlich fort in der Weltmachtstellung der Sowjetunion, die sie durch den Sieg im Weltkrieg erworben und seitdem beharrlich ausgebaut hat. Sie ist das große *Anti-Amerika* des 20. Jahrhunderts geworden, und dies in jeder Hinsicht. Wie sollte es da nicht Millionen geben, die Stalins Andenken in Ehren halten!

Welcher Zwiespalt selbst in den Seelen derjenigen lebte, die sich nun an die Spitze der Kritik an Stalin setzten, mag die Figur **Alexander Twardowskis** verdeutlichen, als Chefredakteur von »Nowy Mir« einer der Literaturgewaltigen der Nach-Stalin-Ära. Er ist es, der im Frühjahr 1962 die Erzählung »Ein Tag im Leben des Iwan Denissowitsch« aus der Feder eines gänzlich unbekannten Ex-Häftlings namens Alexander Solschenizyn zur Publikation annimmt und schließlich einen positiven Beschluß des Politbüros und Chruschtschows selbst erwirkt (ein Politbüro entscheidet über die Veröffentlichung einer Erzählung!). Twardowski hatte gerade selbst eine Verserzählung durch die Zensur bekommen, »Ferne über Fernen«, in der es hieß:

Als jener Mann im Kreml lebte,
Dem Leben fern durch eine Wand,
Und wie ein böser Geist hoch schwebte –
Da waren andere nicht genannt.
Davon stand nichts in den Gedichten,
Daß rechtlos, unberechenbar,
Er ganze Völker konnte richten,
Wenn er vom Zorn getrieben war.

Vielleicht gingen diese Verse durch, weil im selben Text Stalin auch als der »strenge Vater« auftaucht, dessen »Recht« gleich neben dem »Unrecht« steht, das er beging. Und dann die Schlußfolgerung:

... in unserem goldenen Buch,
da wirft kein Komma, keine Zeile
'nen Schatten hin auf unsere Ehre.
Ja, so wie's war – so war es eben!

Als Chruschtschow 1964 gestürzt wird, setzt sofort eine kaum verhohlene Rehabilitierung Stalins ein. Chruschtschow selbst hatte noch versucht, dem durch eine »halbe« Wende rückwärts zuvorzukommen, als er Stalin (zum 10. Todestag im März 1963) gerade für seinen unermüdlichen Kampf gegen die Opposition lobte und alle seine Fehler auf einen gewissen Verfolgungswahn in seinen letzten Lebensjahren einschränken wollte.

Er stand dabei unter dem Druck der »Revisionismus«-Vorwürfe der

KP Chinas (und Albaniens) im voll entbrannten Streit um die »Generallinie der internationalen Kommunistischen Bewegung«. Zum Verfall seiner Autorität trug der Rückzieher erst recht bei.

Der gestürzte Chruschtschow wird unter allen bisherigen Führern der Sowjetunion die größte UNPERSON. Er stirbt als Privatmann. Einen Platz an der Kremlmauer erhält *er* nicht.

顾炳鑫、何　进、颜梅华、徐正平、钟慧英、杨秉良、沈悌如等作

# SONNENKULT DES GROSSEN STEUERMANNS

Mit dem Wegfall des Zentralkultes um Stalin entfalten sich erst recht die Kulte um die Führer der nationalen Kommunistischen Parteien und Staaten. Keiner von ihnen kommt freilich der spezifischen Faszination auch nur nahe, die von der Figur MAO TSE-TUNGS ausgeht.

Neben ihm, die eigene Wirkung noch überhöhend, steht lebenslang die erlesene Figur TSCHOU EN-LAIS, wie die des Mandarins neben dem Kaiser.

Die Verteidigung Stalins durch Mao – im Zuge der sich immer mehr verschärfenden Auseinandersetzung über die »Generallinie« – ist die Anmeldung eines Nachfolgeanspruchs, worin ein nationaler Ehrgeiz die ideologischen Differenzen womöglich deutlich überwiegt, wie die folgenden Zitate andeuten:

> »Als im Jahre 1956 die Kritik an Stalin einsetzte, waren wir einerseits erfreut, andererseits sehr erschreckt. Die Decke wegzureißen, den Aberglauben auszurotten, den Druck zu nehmen und das Denken zu befreien, das war voll und ganz notwendig. Ihn (Stalin) jedoch mit einem Knüppelhieb totzuschlagen, damit waren wir nicht einverstanden.«

Aber *warum* nicht? Im Jahre 1958 kommt Mao auf die schweren Differenzen, die seine Partei und dann die junge Volksrepublik doch gerade mit Stalin gehabt hatten, zurück. Er sagt sogar:

> »Die chinesische Revolution hat gegen den Willen Stalins den Sieg errungen. Die falschen Ausländerteufel erlaubten keine Revolution. ... Nach ... der Methode von Stalin hätte die chinesische Revolution keinen Erfolg gehabt.«

Damit ist ein deutlich nationaler Ton angeschlagen, der sich wiederum gegen Chruschtschows Entstalinisierung wendet:

> »Er (Chruschtschow) versäumte es, sich mit den Bruderparteien über eine derart prinzipielle Frage ... zu beraten und versuchte, später die Bruderparteien zur Anerkennung der vollendeten Tatsachen zu zwingen.«

Die Auseinandersetzung über die Generallinie ist dementsprechend ein Kampf um die Vormacht, ein Kampf, dessen Resultate Mao 1964 im Tone seiner militärischen Schriften beschreibt:

> »Seit dem Jahre 1956 beschimpfte die Sowjetunion Stalin. Nachdem wir den Ersten und Zweiten Kommentar publiziert hatten, verloren sie die Initiative.«

China wird bereits Ende der fünziger, Anfang der sechziger Jahre zum neuen Mekka. In etlichen Fällen sind es alte Bekannte, und man meint zuweilen eine schiere Wiederholung der Reiseberichte aus den 30er Jahren zu lesen.

**Hewlett Johnson,** der Dekan von Canterbury, zum Beispiel hat sich (nach all diesen häßlichen und verwirrenden Dingen über Stalins Sowjetrußland) auf China als das genuin ur-christliche Land verlegt. Mit Verlagsort Peking publiziert er 1961 ein umfängliches Buch über »Chinas Aufbruch« (»The upsurge of China«), worin alles so klar und harmonisch ist wie eh und je:

> »Wenn man mit dem Vorsitzenden Mao spricht, ist es nicht schwer, die tiefe Zuneigung zu verstehen, die die Leute für diesen Mann hegen ... Jedermann, ob Intellektueller, Bauer oder Händler, sieht in Mao das Symbol der Errettung, den Mann, der alle ihre Leiden geteilt und ihre Bürden geschultert hat. Der Bauer sieht auf das Land, das er bestellt: Maos Geschenk. Die Fabrikarbeiter denken an ihren Lohn von 100 Pfd. Reis statt nur 10 Pfd. vorher: Maos Geschenk. Die Intellektuellen genießen ihre Befreiung von einer bewaffneten Zensur und betrachten dies ebenfalls als Maos Geschenk. ... Von Mao inspiriert, haben die chinesischen Künstler und Schriftsteller ihre Höhlen des ›Eskapismus‹ verlassen, sind sie in die Felder, Fabriken und in die Armee gegangen, um dort zu leben und so zu schreiben, wie sie leben.«

Einem modernen Heiligenbildnis nähert sich schließlich die Beschreibung Tschous:

> »Gutaussehend, höflich und freundlich sprechend, (verbirgt sich) unter seiner bescheidenen, urbanen Erscheinung ein Wille aus Stahl und ein Verstand, der schnell und scharf wie ein Schwert ist. ... Mr. Tschous Gesicht, wenn man es einmal sah, bleibt unvergeßlich. Ein wachsames und freundliches Gesicht, jugendlich, fast jungenhaft ... Ein Gesicht von sehr warmer Freundlichkeit, mit Augen, die dich geradeheraus anschauen... Tschou ist ein Intellektueller, ... mit allen Zügen des literarischen Genius.«

Oder **Anna Louise Strong:** Sie bedient nun als reife Frau die westliche Öffentlichkeit von Peking aus mit »Briefen aus China«, gerade so wie in den 30er und 40er Jahren von Moskau aus mit »Briefen aus Sowjetrußland«.

Eine wirkliche Schrittmacherrolle in der gesamten westlichen Öffentlichkeit übte aber erst **Simone de Beauvoir** mit ihrem Buch »Der lange Marsch« von 1957 aus (dt. »China – das weitgesteckte Ziel«, 1960). In ihrer emphatischen Parteinahme für die chinesische Revolution sprach sie, wie jeder wußte, auch für ihren Lebensgefährten, den Weltintellektuellen par excellence, **Jean-Paul Sartre.**

Das Buch ist zunächst eine Polemik gegen alle westlichen Kritiker, die in der Machtübernahme der chinesischen Kommunisten, ihrem militärischen Eingreifen in Korea, den mehrfachen Säuberungswellen und der 1955/56 durchgezogenen Kollektivierungskampagne nur eine konzentrierte Neuauflage der Politiken und Entwicklungsschemata der frühen Sowjetunion, vor allem auch der Stalin-Zeit, sahen. Für Simone de Beauvoir bietet China dagegen das reine Bild der »gleichermaßen von Leidenschaft und Vernunft beseelten Revolution«. Und »ein Land, dessen Generäle und Staatsmänner literarisch gebildet sind und selber Gedichte schreiben, berechtigt einen zu allerhand Träumen«.

Es beschäftigt sie durchaus – das Problem einer allzu blinden Sympathie; daß sie als Gast der chinesischen Regierung reist, Dolmetscher sie stets begleiten usf. Leider verhindern alle diese Reflexionen nicht, daß nahezu sämtliche typischen Fehler früherer Sozialismus-Reisender in schmerzlicher Weise wiederholt werden.

Wenn 1955/56 binnen weniger als zwei Jahren 90 % der Bauern (kaum drei Jahre nach der Landverteilung) in Volkskommunen organisiert sind, ist Simone von der vollständigen Freiwilligkeit ohne weiteres überzeugt, allein schon, weil Mao (anders als Stalin) im Frühjahr 1955 *persönlich* eine Reise durchs Land unternommen und sich davon überzeugt haben will, daß die Bauern selbst die volle Kollektivierung wünschten.

> »Alles in allem ist man bedächtig und behutsam vorgegangen ... Darum ist das Regime bei der Mehrheit der Landbevölkerung nach wie vor beliebt ...«

Zu Unruhen und Massakern wie in der sowjetischen Kollektivierungskampagne sei es nicht gekommen.

> »Nur *eine* Maßnahme haben sie [die Bauern] mit Mißtrauen hingenommen: das Getreidemonopol, das der Staat für sich beansprucht. Die Bauern waren es gewohnt, über ihren Überschuß an Getreide frei zu verfügen, und für die Planwirtschaft haben sie nicht viel Verständnis aufgebracht.«

Gerade darin hat sich in Simones Augen aber wieder die Weisheit der Partei bewährt:

> »Die ... Ernährungsbehörden im neuen China haben es zu verhindern gewußt, daß die selbständigen Landwirte Weizen, Reis und Hirse aufspeicherten und damit spekulierten, indem sie die staatlichen Scheuern damit füllten.«

Was im Klartext ja bedeutet, daß der Staat den Bauern ihr gesamtes Produkt zu festgesetzten Preisen abnimmt, sie insofern in bloße ländliche Arbeiter des Staates verwandelt – eigentlich *doch* ganz das sowjetische Modell. Aber die Weitsicht Mao Tse-tungs hätte eben darin bestanden, sich auf Dummheiten wie die »Neue Ökonomische Politik« Lenins gar nicht erst einzulassen, plus Verständnis und Fingerspitzengefühl. So wie in China, so hätte im ganzen östlichen Europa die Kollektivierung schmerzlos durchgeführt werden können – findet Simone de Beauvoir. Nun, *ganz* schmerzlos natürlich nicht:

>»Ein Land, das unter dem Zwang steht, Entwicklungsstufen zu überspringen, kann es nicht dulden, daß man ihm Hindernisse in den Weg legt; Sabotage, Plünderung, Verschwendung hemmen sein Vorwärtskommen; Grund genug, sie nachdrücklich zu bekämpfen... Das heißt nicht, den Terror wählen, sondern im Gegenteil den einzigen Weg wählen, der ihn zu vermeiden erlaubt.«

Wie schon im Falle der Kollektivierung, bewundert Simone bei der politischen Schädlingsbekämpfung gerade die »Prophylaxe« – die sie überhaupt für ein Grundmerkmal der Überlegenheit des chinesischen über den sowjetischen Kommunismus hält. Zum Beispiel durch die ständige Aufforderung, »konterrevolutionäre Bestrebungen« zu denunzieren. Das sei eine der ehrwürdigen alten Traditionen Chinas, zeige sie doch die Solidarität des Individuums mit dem Land als Ganzem – wie im Buch »Mo Tzu« vor Hunderten von Jahren schon formuliert:

>»Wer auch immer erfährt, daß ein anderer seinem Land Schaden zufügt, der muß darauf hinweisen, sonst wird er bestraft, als sei er selbst an dem Verbrechen schuld.«

Sie verweist darauf, daß 10 % der Bevölkerung, also 20 Millionen Menschen, offiziell als »Konterrevolutionäre« eingestuft seien, aber »nur« 800.000 politische Häftlinge laut offiziellen Angaben die Haftanstalten füllten. Daß die Verschärfung der inneren Auseinandersetzungen 1955/56 denn *doch* etwas mit dem Widerstand gegen die Kollektivierung zu tun haben könte, fällt ihr nicht ein. Höchstens so herum: daß die Konterrevolution in Taiwan und Hongkong ihre »letzte Karte« ziehe und Trupps von Saboteuren, Spionen und Mördern losschicke...

Besonders peinvoll wird die Lektüre, wenn Simone das angeblich »einzige Gefängnis« von Peking besucht (durch das noch ganze Generationen von China-Fahrern hindurchgeschleust werden sollen: das legendäre »Gefängnis Nummer Eins«). Schon der Name verfehlt seine Suggestion nicht – und Simone »sieht«, was alle Späteren sehen: normal gekleidete Gefangene und ebenso normal gekleidete Aufseher, die mehr Vorarbeiter und Erzieher seien; ein sonniger Garten mit Sportmöglichkeiten; ein leerer Wachturm; eine gut sortierte Bibliothek und Kulturattraktionen am Wochende. »Im Augenblick führen die Häftlinge selbst ein Stück auf.« Das Arrangement gleicht fast bis ins Detail demjenigen, das die Sowjet-Traveller zwanzig, dreißig Jahre vorher antrafen – oder ein Stefan Heym fast zur selben Zeit noch in der Nähe Moskaus.

Ein besonders intensives Stück Personenkult wird das Buch Simone de Beauvoirs dort, wo sie endlich den führenden Persönlichkeiten des neuen Reichs der Mitte von Angesicht zu Angesicht gegenübersteht: auf einem Bankett mit Tschou und bei einer Parade zum 1. Oktober, dem Revolutionsfeiertag, die Mao selbst abnimmt.

»Um zehn Uhr stimmt das Orchester die Nationalhymne an. Beifall bricht los: Mao Tse-tung, begleitet von Tschuh Teh, Liu Shao-tschi, Tschou En-lai ..., Ministern und Marschällen, erscheint in dem Säuleneingang, der an der Terrasse entlangführt. Er nimmt genau über seinem Bildnis Platz. Er trägt die klassische Kleidung aus graugrünem Wollstoff und eine Mütze, die er dann während des Vorbeimarsches unter dem Jubel der Menge abnimmt ... Pekings Einwohner sind es, die vorbeimarschieren werden. ... ›Hoch der erste Fünfjahrplan! – Befreien wir Formosa! – Es lebe der Frieden!‹ Dann kommen Tafeln, ähnlich denen, die man bei Paraden in Moskau sieht: die Bildnisse von Mao Tse-tung, Tschou En-lai, Sun Yat-sen, Marx, Engels, Lenin, Stalin ... In Vierundzwanzigerreihen, jede in sechs oder sieben Gruppen geteilt, fließt, die ganze Alleebreite einnehmend, drei Stunden hindurch unablässig ein Strom von Menschen in dunkelblauem Baumwollstoff gekleidet: die Arbeiter, Angestellten, Studenten, Handwerker Pekings und die Bauern der Umgebung. ...

Wie sie vor der Regierungstribüne ankommen, machen sie halt, springen und stampfen, schwenken ihre Blumensträuße, lachen aus vollem Halse. ›Ist es denkbar, daß dies nicht freiwillig ist?‹, sagt Rewi Alley zu mir. Nein, es ist undenkbar ... Ich bin tief beeindruckt vom so überaus persönlichen, unmittelbaren Charakter ihrer Beziehung zu Mao Tse-tung. Da ist nichts von dem, was man ›Kollektivhysterie‹ oder ›Führermystik‹ nennt ..., weder Servilität noch Behextsein, sondern ganz deutlich Zuneigung. Einen Augenblick lang begegnet dieser Handwerker Mao vertraulich wie unter vier Augen ..., lächelt ihm zu und sagt ihm Dank von Mensch an Mensch.«

»Das Sympathische an all den chinesischen Führern ist, daß keiner von ihnen sich als prominent aufspielt. Sie sind angezogen wie jedermann, und ihr Gesicht entstellt kein Trick ... Es sind ganz einfache und vollkommen menschliche Gesichter. Zum ersten Mal sehe ich Leute in Amt und Würden, die sich durch keinerlei Distanz von der übrigen Welt absondern. Diese vollkommene Schlichtheit ist keine Demagogie ... Dazu haben sie das heitere Naturell von Menschen, die zu sehr mit ihren weltlichen Angelegenheiten beschäftigt sind, als daß sie sich groß darum kümmerten, was für eine Figur sie machen. Doch kann man sich darüber keiner Täuschung hingeben, daß ihre Gesichter – gewaltig oder verfeinert – Persönlichkeiten bekunden, wie sie nicht zum Durchschnitt gehören. Sie wirken nicht nur bestrickend, nein, sie erregen ein recht seltenes Gefühl: Respekt.«

Beinahe Wort für Wort meint man das zu kennen: die Schlichtheit, die Erregung und den Respekt. Aber eine *besondere* Argumentationsfigur durchzieht das Buch – eine Argumentation, die Simone de Beauvoir in ihrer engen Lebens- und Gedankengemeinschaft mit **Jean Paul Sartre** damals ausgearbeitet hat. Sie macht ihren ungeheuchelten Personenkult in gewisser Weise noch eindringlicher, essentieller, als das für die Mehrzahl der KP-Sympathisanten der Epoche vorher gegolten hat. Und gerade diese Argumentationsfigur führt zur

»Neuen Linken« von 1968. Nur zwei, drei Sätze des Buches verweisen direkt darauf:

> »Was Sartre in *Les communistes et la paix* (dt. Die Kommunisten und der Frieden, 1952) hinsichtlich der KP sagt, ist hier besonders gut anwendbar: die führenden Leute lenken die Massen unter der Bedingung, daß sie sie dorthin führen, wo sie hinzugehen gesonnen sind.«

Diesen grundlegenden Gedanken führt Simone in den Schlußsätzen ihres Buches näher aus:

> »Schon die alten chinesischen Kaiser waren sich dessen bewußt: für die unterentwickelten Länder Asiens ist das Vorausplanen eine Lebensnotwendigkeit ... Nun ist allein der Kommunismus fähig, die Planung aufzustellen und aufzuerlegen ... Die Planung erfordert die Unterdrückung des freien Unternehmertums und des Profits, mithin die Liquidierung des Kapitalismus, die nur gewaltsam möglich ist... Gestern die Agrarreform, heute die Volksdiktatur, das sind unumgänglich nötige Etappen dieses langen Marsches, der China zur Großmacht machen wird. ...
> Der ›nationalistische Charakter‹ des Unternehmens ist in gewissem Sinne offenkundiger als der kommunistische. Das kommt daher, daß Mao Tse-tung von 1927 an einen den konkreten Bedürfnissen der Nation wundervoll angepaßten ›chinesischen Kommunismus‹ ausgearbeitet hat ... Sicherlich ist China kein Paradies; es muß reich werden, um sich zu liberalisieren. Wenn man aber unparteiisch erwägt, wo es herkommt und wo es hingeht, dann stellt man fest, daß es einen besonders erregenden Augenblick der Geschichte verkörpert, den nämlich, da der Mensch sich aus seiner Immanenz herausreißt, um das Menschliche zu erringen.«

Dieses Herausreißen des Menschen aus seiner Immanenz ist die existenzialistische Konzeption des Kommunismus, wie sie **Jean Paul Sartre** in diesen Jahren (und vor allem in seinen Aufsätzen »Die Kommunisten und der Frieden« von 1952) näher entwickelt hat.

Diese Aufsätze eröffneten eine ganze Phase komplizierter Sartrosowjetischer Diplomatie – nachdem der Existenzphilosoph noch 1948 geradezu als Inbegriff des kosmopolitischen Soldschreibers gebrandmarkt worden war. Das hatte ihn schwer geschmerzt. Denn wie sagte doch der Held des Schlüsselromans der Madame de Beauvoir »Die Mandarins von Paris«, der Philosoph Dubreuilh, in dem man unschwer Sartre erkennt: »Die einzige Überlegenheit der UdSSR über sämtliche möglichen Sozialismen liegt darin, daß sie existiert.«

Dies Existieren aber ist eine ungleich tiefere Sache, als es dem gemeinen Verstande erscheinen will. Sartres langjähriger Mitstreiter **Maurice Merleau-Ponty** hat in diesem Sinne vom »Ultra-Bolschewismus« Sartres gesprochen, der sich beinahe aus einer *Umkehrung* des Marxismus ergibt.

Sartres Kommunismus ist einer der reinen Aktion, dem keine *objektive* Wahrheit der Geschichte mehr zugrunde liegt. Das Proletariat ist geradezu definiert als die ohnmächtige, bedürftige, atomisierte Klasse der bürgerlichen Gesellschaft, eine Klasse im Zustand ihrer permanenten Vernichtung (weil die Bürger auf ihre Kosten leben, und gut leben).

Jeder Mensch (auch das bürgerliche Individuum, wie Sartre selbst eines ist) ist vor eine existenzielle Wahl, eine »Urwahl« gestellt: *gegen* andere leben zu wollen (die bürgerliche Alternative) oder *mit* allen anderen existieren zu wollen (der kommunistische Weg).

Die Rebellion des Proletariats ist eine Erhebung, die ihren Zweck in sich selbst trägt und keineswegs auf ein vorgegebenes Ziel hinführt. Der Griff der vereinten Proletarier nach der politischen Macht ist deshalb »reale« Demokratie zu nennen, weil er die Macht der Ohnmächtigen erst völlig frei erschafft. Dies ist seiner Natur nach ein maßloses Unternehmen. Jede Kritik im nachhinein ist völlig sinnlos.

Das gilt auch und gerade für die Partei und ihre Führer. Die Partei ist das Mittel, durch das die Klasse sich erst bilden kann – die Schnur um das Spargelbündel.

»Kurz gesagt, die Partei *ist* selbst die Bewegung, die die Arbeiter eint, indem sie sie zur Machtergreifung mitreißt. Wie sollte daher die Arbeiterklasse die KP verurteilen? ... Wenn die Partei verschwände, zerfiele sie [die Klasse] wieder in Staub.«

Deshalb ist es die Funktion des Parteimitglieds, »den Anordnungen zu gehorchen«, denn »die Partei ist seine Freiheit«. Das Prinzip der Einstimmigkeit, die Unduldsamkeit gegen jede Art von Dissidenz in der Partei ist nur zu natürlich.

»Die Unruhestifter ... (bedeuten) fast nichts; die Mehrheit geht darüber hinweg und spricht sich in Einstimmigkeit aus.«

Denn die Einstimmigkeit ist nur ein anderer Ausdruck dafür, daß alle Entscheidungen unter Lebensgefahr getroffen werden. Die Partei, und mit ihr die Klasse, existiert zwischen Sein und Nicht-Sein.

»Sie (die Arbeiter) bringen die Klasse hervor, wenn sie allen Anordnungen der Führer gehorchen.«

Punktum. Die Führer sind ganz ebenso wie die Partei – deren Prinzip der Einstimmigkeit sie ja selbst nur repräsentieren – jeder Kritik letztlich enthoben. In geschichtlichem Sinne (das hatte Simone de Beauvoir zitiert) lenken die Führer die Massen nur dorthin, wo sie hinzugehen gesonnen sind.

Das gilt selbst dann, wenn die Massen die Führer zunächst nicht begreifen. Das einzige Kriterium für die Wahrheit ihrer Entscheidungen ist der Erfolg. Die Entscheidung, die zum Erfolg führt, »*war* wahr«. Wenn die Massen ihren Sinn heute nicht begreifen, werden sie ihn morgen begreifen.

Selbst die, die dafür (scheinbar sinnlos) sterben müssen, würden morgen (wenn sie noch könnten) den *Sinn* ihres Todes verstehen. Zum Beispiel der junge Hugo in Sartres *»Die schmutzigen Hände«*, den die Partei ausschickt, einen abtrünnigen Parteiführer namens Hoederer zu töten, und der sich schließlich selbst an den Strang liefert, obwohl oder weil Hoederer inzwischen »rehabilititert« ist und die Partei die Beseitigung des Attentäters Hugo beschließt. Das Stück – eine, wenngleich viel komplizierter konstruierte, Parallele zu Brechts »Maßnahme« – gilt als »antikommunistisch«. Aber es war in Wirklichkeit die erste, frühe Liebeserklärung Sartres an die Kommunisten, die diese nur nicht verstanden hatten.

In womöglich noch radikalerer Weise, als es der extremste historische Objektivismus (Determinismus) tut, identifiziert Sartre die kommunistische Bewegung *mit ihren Führern*. Wollte man ihm zum Beispiel zeigen, daß die UdSSR oder die KP nicht mehr revolutionär und sozialistisch sind, müßte man schon »beweisen, daß die sowjetischen Führer nicht mehr an die russische Revolution glauben, oder daß sie der Meinung sind, das Experiment habe in einem Mißerfolg geendet«. Das ist per se unmöglich. Denn selbst »wenn der Sachverhalt wahr wäre, was ich stark bezweifle, (wäre) der *Beweis* dafür heute nicht möglich«. Merleau-Ponty nennt dies »die Doppeldeutigkeit des Ultra-Bolschewismus (Sartres) ..., für den Stalin mehr als ein Sinnbild war: nämlich der historische Träger«.

Die Entstalinisierung ändert für Sartre, den programmatischen »Sympathisanten«, an sich nichts; sowenig wie seine kurzfristige Parteinahme für die ungarischen Aufständischen. Sartres geschichtliche Konstruktion ist wasserdicht. **Merlau-Ponty** faßt das polemisch so zusammen:

>»Die Führer wechseln, die Nachfolger Stalins verurteilen etliche seiner Taten. Der Sympathisant gibt sich nicht geschlagen. Es gab das Handeln und die Perspektive Stalins, und es gibt die [Perspektive] Malenkows und seiner Mitarbeiter. Die UdSSR – unklar und überdeutlich zugleich – sagt niemals ja oder nein. Der Sympathisant sagt immer ja – zu Malenkow wie zu Stalin... Ihm braucht man nicht zu sagen, daß es unter Stalin eine unterdrückte Geschichte (gab) ... Was real existiert sind die Menschen und die Dinge: die Dinge aber sind stumm, und der Sinn liegt ausschließlich in den Menschen.«

Sartre sagt selbst dann weiter Ja, als er 1968 (nach dem Einmarsch der Warschauer Pakt-Truppen in die CSSR) seine quasi-formelle Stellung als KPF-Sympathisant beendet. Auch dann noch ist es ihm

>»unmöglich, der UdSSR gegenüber einen dermaßen kritischen Standpunkt einzunehmen, daß er den Abbruch der Beziehungen mit ihr zur Folge hätte«; [denn sie bleibt noch immer ein] »Land, das die Produktionsmittel vergesellschaftet hat, das vielleicht nicht den Rahmen des Vor-Sozialismus überschritten hat ..., das aber in jedem Fall das ›Konzept‹ des Sozialismus besitzt«.

Im Pariser Mai 1968 glaubte Sartre jedoch, ein seinem Bild von geschichtlicher Aktion viel *angemesseneres* Subjekt als die alten KPs gefunden zu haben.

»Sartre hat in mehreren Interviews hervorgehoben, was seiner Meinung nach das Besondere an dem Mai-Aufstand war. An die Stelle der alten Antriebskraft aller Revolutionen, der Not, hatten die Studenten eine neue Forderung gesetzt: die Forderung nach Souveränität ... Die Studenten wollten die Macht für sich: die Macht, ihr Schicksal selbst in die Hand zu nehmen.«

So Simone de Beauvoir in ihren Erinnerungen. Der Kreis schließt sich. Er wird immer enger. Als die 68er Bewegung zerfällt, nimmt Sartre noch einmal Partei, als er die Herausgeberschaft der vom Verbot bedrohten Zeitung »La cause du peuple« (Die Sache des Volkes – mit Mao-Emblem im Titel) übernimmt. Zwar erklärte er, nicht alle Thesen der Gruppe teilen zu können, vor allem, daß sie »ihre Tätigkeit mit jener der Résistance gleichsetze und die Rolle der KPF mit jener der Kollaborateure«. Doch, wie sich Simone erinnert:

»Grundsätzlich sympathisierte er mit den ›Maos‹. Er hielt es für richtig, daß sie die revolutionäre Gewalt wiedererwecken wollten ... Man mußte zu illegalen Aktionen übergehen.«

Das mündet im Terrorismus der 70er Jahre. Und Sartre, der letzte der »Mandarins von Paris«, entschließt sich noch einmal, so wie er damals über die Lager und den Terror programmatisch schwieg, der Logik seiner historischen »Urwahl« treu zu bleiben. 1974 besuchte er Andreas Baader in Stammheim. erklärt er:

»Jedesmal, wenn die Staatspolizei auf einen jungen Kämpfer schießt, bin ich auf Seiten des jungen Kämpfers.«

»Alles in allem« – so der Titel der 1972 erschienenen Autobiographie **Simone de Beauvoirs** über diese Jahre –, alles in allem war es nicht nur schwerer geworden, Partei zu nehmen, sondern überhaupt die Welt noch zu verstehen. Und das betraf nun gerade (außer Castros Kuba) das China Mao Tse-tungs.

»Was geht in China vor? Das ist eine Frage, auf die ich selber gern eine Antwort wüßte. ... China (stellte) einen armen Sozialismus als Modell hin und rief die unterdrückten Völker zu Gewaltaktionen auf: wir wendeten China unsere Sympathie zu ... Als aber die Kulturrevolution ausbrach, hat uns niemand in überzeugender Weise zu erklären vermocht, was hinter dieser Formel tatsächlich steckte.«

»Als der kubanische Schriftsteller **Alejo Carpentier** im Dezember aus Hanoi zurückkehrte, macht er in Peking Station. ... Im Flugzeug schwenkten die Stewardessen das kleine rote Buch, das in Frankreich gerade erst unter dem Namen ›Mao-Fibel‹ bekannt geworden war, und kündigten alle halbe Stunde an: ›Ich werde ihnen jetzt einen Gedanken des Vorsitzenden

Mao vorlesen.‹ In Peking rezitierten die Taxichauffeure während der Fahrt Gedanken von Mao ...

Auf dem Flugplatz hatte er vier Stunden lang mitansehen müssen, wie Ausbilder den in Zweierreihen aufgestellten Fluggästen die Gedanken Maos vorlasen; anschließend sollten sie das Gehörte wiederholen. Maos Bild war in 35 Millionen Exemplaren vervielfältigt worden; in jedem Haushalt mußte eines hängen, und eine Broschüre belehrte die Leute, wo und wie es anzubringen sei. Als Carpentier einen Verleger fragte, welche Werke im Lauf des Jahres erscheinen würden, bekam er die Antwort: ›Ausschließlich 35 Millionen Exemplare der Werke des Vorsitzenden Mao.‹ ... Alle Kinos und Theater waren geschlossen, und trotz der jungen Leute, die überall die Straßen bevölkerten, kam die Stadt Carpentier düster vor.«

Anders sah der algerische Schriftsteller **Kateb Yacine** im Herbst 1967 die Pekinger Szenerie:

»Weder er noch irgendeiner der Diplomaten, denen er begegnet war, begriffen das geringste von den Vorgängen dort. Genau wie Carpentier hatte er durch Lautsprecher Parolen verkünden gehört und Stewardessen und Taxichauffeure die kleine rote Mao-Fibel schwenken sehen. Indessen hatten ihm die den ganzen Tag und bis spät in die Nacht sehr belebten Straßen einen Eindruck von Heiterkeit gemacht. Zweifellos waren sie heiter für die Chinesen, präzisierte er. Die Ausländer jedoch lebten in Angst ...«

Die »GROSSE PROLETARISCHE KULTURREVOLUTION« in China, die zwei oder drei Jahre dauerte, aber das Leben des Landes bis 1976, bis nach dem Tode Mao Tse-tungs, bestimmt, – um dann einer ebenso plötzlichen Verurteilung zu verfallen –, liegt noch immer wie ein erratischer Block in der Landschaft dieses Jahrhunderts, kaum weniger geheimnisvoll als die Skulpturen der Osterinsel.

*Woher kam das?* Man kennt in etwa den Ablauf der Ereignisse, man hat einzelne, allerdings sehr rare Beschreibungen von Vorfällen und Schicksalen. Aber über die inneren Motive und Triebkräfte dieser einzigartigen Massenaufzüge, dieser seltsam sterilen Hysterien, dieser Kinderkreuzzüge in x-ter Potenz, weiß man noch immer ziemlich wenig. Und es würde auf jeden Fall den Rahmen dieses Buches und die Kenntnisse seines Verfassers weit übersteigen, hier mehr als ein paar Andeutungen zu machen.

Vielleicht war alles etwas banaler, als es von außen erscheint? Es handelte sich ja zunächst einmal um einen Machtkampf in der Führung, nach den ziemlich verheerenden Folgen des »Großen Sprungs« zwischen 1958 und 1962. Dieser innere Machtkampf drehte sich um den inneren Weg der Entwicklung. Er gewann seine eigentliche Heftigkeit erst durch den gleichzeitigen Prinzipienstreit mit der Sowjetunion, der sehr bald Züge zwischenstaatlicher Rivalitäten annahm (nachdem die Sowjetunion im Sommer 1960 über Nacht eine Wirtschaftsblockade gegen China verhängte).

Als 1962 der Krieg mit Indien (das mit der Sowjetunion lose verbündet war) ausbrach, während gleichzeitig die USA und die Sowjetunion ihre Konfrontationen in Berlin und Kuba beendeten, gingen in China die nationalen Emotionen hoch. Die Kulturrevolution richtete sich denn auch mit primärer Wucht gegen alle fremden Einflüsse, vor allem aber gegen die beiden Großmächte, während China sich als die revolutionäre Vormacht der Dritten Welt präsentierte. Die »Dritte Welt« – das hatte durchaus Anklänge an die Vorstellung einer »Dritten Internationalen«, nun freilich als eine Internationale der armen gegen die reiche Welt, Völker gegen Völker.

Mao Tse-tung griff in den Machtkampf innerhalb und zwischen der Staats- und Parteiführung zunächst nicht ein. Im Gegenteil, *alle* beriefen sich auf ihn, während er selbst überwiegend schwieg oder nur sibyllinische Losungen von sich gab wie »Nie den Klassenkampf vergessen!« von 1962.

Man muß an dieser Stelle ein paar Worte über die grundlegenden Unterschiede seiner Person und Stellung im Vergleich zu der Stalins sagen. Zunächst: Mao war gewissermaßen der Lenin und Stalin der chinesischen Partei in einem, oder, rein hypothetisch: der nicht so früh gestorbene, bis ins hohe Greisenalter herrschende Lenin Chinas.

Er hatte, als die Kulturrevolution ausbrach, noch fast alle historischen Führer der Partei um sich, deren Auseinandersetzungen er gelassen zuschaute. Es hatte bis dahin keine großen Säuberungen, keine Prozesse, keine bedeutenden Stürze gegeben. Daß Mao zuschaute, gehörte zu seinem Stil, oder richtiger: zu seiner Philosophie. Darin unterschied er sich wesentlich von Stalin, der alles selbst in der Hand hielt, wenn auch nur von seinen Wohn- und Arbeitsbunkern aus. Mao pflegte einen olympischen Stil. Er verschwand oft Wochen und Monate, trat nur sehr selten öffentlich auf. Er ließ die Widersprüche sich entwickeln.

Eine Philospohie der Widersprüche war ja das Zentrum seines ganzen Denkens:

> »Das Gesetz des den Dingen innewohnenden Widerspruchs ... ist das *Grundgesetz* der Natur ... Der Widerspruch existiert *in allen Prozessen* ... und durchläuft alle Prozesse *von Anfang bis Ende*. Darin besteht die Allgemeinheit und *Absolutheit* des Widerspruchs ... Der Kampf der Gegensätze geht *ununterbrochen* vor sich.«
> (Aus Maos Schrift »Über den Widerspruch« – Hervorhebungen vom Verf.)

Diese Philosophie ist der Stalins – was die Aufstellung gesellschaftlicher Naturgesetze angeht – sehr ähnlich, aber zugleich ist sie ihr auch völlig entgegengesetzt (wie es sich für eine Philosophie vom Widerspruch gehört). Entgegengesetzt darin, daß Mao Tse-tung auch im Sozialismus noch »Klassenkämpfe« und schwere soziale Widersprüche jeder Art am Werke sieht, die vielleicht in hundert Jahren noch ausgefochten werden müssen. Stalin hatte dagegen die Klassenwidersprüche »objektiv« für beseitigt erklärt – nur um daran die hinterhältige Schlußfolgerung zu knüpfen, versprengte Klassenfeinde und Schädlinge aller Art müßten ihren untergründigen Widerstand (im Zusammenspiel mit dem internationalen Kapitalismus) *um so stärker* fortsetzen. Daher das System des zeitweise fast nach »Planziffern« arbeitenden sowjetischen Terrors.

Mao Tse-tung dagegen läßt die sozialen und politischen Widersprüche sich mit einer gewissen Freizügigkeit entwickeln, um im entscheidenden Augenblick alles Gewicht auf die Durchführung einer vernichtenden Kampagne gegen diese oder jene zum Vorschein gekommene Tendenz zu legen – und dann in olympischer Ruhe zuzuschauen, wie deren Liquidierung vonstatten geht.

In der Realität ist der Unterschied zwischen Stalin und Mao wohl nicht so groß gewesen, wie man gern hätte glauben mögen. Man könnte sich fast fragen, welche Methode grausamer und totalitärer war, vor allem angesichts der Kulturrevolution. Bevor man sich jedoch diesem Ereignis zuwendet, das sogar den Stalin-Kult noch in den Schatten stellte, muß man ein paar mythische Zutaten seiner Person abstreifen.

Mao, der siegreiche *Bauernrevolutionär* – das ist das Grundklischee, und es ist ja auch wahr. Nur daß die Hoffnungen, die ein Teil der Bauern unzweifelhaft an die Rote Armee droben in Yenan knüpfte, sich auf Landverteilung richteten und nicht auf die gleich nachfolgende Kollektivierung. Auch hier ist der Unterschied zur Sowjetunion also geringer, als man so denkt. Den entscheidenden Machtzuwachs errang die Rote Armee Maos denn auch im nationalen Widerstandskrieg gegen die Japaner. Der Sieg im Bürgerkrieg von 1946–49 war (mehr noch als der Sieg der Bolschewiki) ein Produkt regulärer Feldschlachten großer Armeen, kein »Klassenkampf« im Wortsinne.

Mao – der *Philosoph und Dichter.* Auch dies Klischee ist wahr. Aber die Attitüde der Gedichte Maos ist durchweg kaiserlich (der so manches autodidaktisch gebildeten Rebellen und Warlords der chinesischen Vergangenheit sehr ähnlich); und seine Philosophie ist ein offensichtliches Amalgam des leninistisch fixierten »Diamat« mit altchinesischen (überwiegend wohl doch konfuzianischen) Gesellschaftsvorstellungen. Jenseits der großen Unordnung unter dem Himmel liegt das Bild einer GROSSEN ORDNUNG.

Maos Figur hat gerade deswegen einige Züge, die wirklich beeindrucken können. Und für Tschou En-lai und andere Führer Chinas (den alten Tschuh Teh etwa, an dessen Ziegenbart seine Bauernsoldaten so gern gezogen hatten) gilt das vielleicht noch mehr. Man muß schließlich auch berücksichtigen, daß es die Legende von Mao, Tschou und Tschuh schon gab, *bevor* sie als große Staatsmänner in Erscheinung traten – etwa durch die Berichte von **Edgar Snow**, der sie in den Lehmhöhlen von Yenan während der 30er und 40er Jahre besucht hatte. Und jener frühe Mao war das begreifliche Entzücken jedes Korrespondenten gewesen, so zugänglich, zu nächtlichen Debatten aufgelegt, schlicht, charmant und gebildet wie er war. Eine Romanfigur von Revolutionär. Sein »langer Marsch« – eines der großen märchenhaften Epen dieses Jahrhunderts.

Die wesentliche Frage ist aber, ob der Mao auf den Billionen von Bildnissen der Kulturrevolution mit *diesem*, einst lebenden Menschen überhaupt noch etwas zu tun hatte. Natürlich gab es ihn, und er machte Politik. Aber gehorchte das Schiff dem »Großen Steuermann«? Oder steuerte es ihn? Vielleicht stimmt die Sartresche Formel auf verblüffende Weise: daß der Führer »die Massen« nur unter der Bedingung lenkte, sie dahin zu führen, wohin sie auch gesonnen waren zu gehen. Vielleicht muß man nur diese *»Massen«* präziser fassen, um dem Geheimnis der Kulturrevolution etwas näher zu treten.

Die »Massen«, das waren ja vor allem Soldaten und Rotgardisten; das war – so einfach wie grausam – die Jugend. Die gebildetere Jugend vor allem, die ein Gutteil der alten Kader liquidierte (nicht soviel anders wie früher die armen Bauern auf dem Dorf die Grundbesitzer und größeren Bauern umgebracht hatten – allein schon, um nicht ihren Anblick ertragen zu müssen, wenn sie sich an ihre Stelle setzten). Ansonsten bedeutete die Kulturrevolution an sich schon eine Vervielfachung der Kaderstellen, natürlich unter der Fahne des Kampfes gegen die »Bürokratie«.

Der Kult um Mao entsprang zunächst einer spezifischen Kampfeslist des Verteidigungsministers *Lin Piao*, der schon 1964 für die Soldaten seiner Armee (als Fußtruppe seiner Ambitionen) das »ROTE BUCH« kompiliert hatte, einen förmlichen Katechismus von »Mao-Tse-tung-Ideen«, den das Blatt der Streitkräfte mit Leitartikel vom 7. Juni 1966 zum »Prüfstein« der Unterscheidung von echten Revolutionären und versteckten Konterrevolutionären erhob. In einer Situation, wo sich *alle* auf Mao beriefen, wurde ein *Ultra*-Mao-Kult als Totschläger eingesetzt, der gute Dienste leistete.

Lin Piao hatte die Parole ausgegeben:»Seid des Vorsitzenden Mao gute Kämpfer«, hatte selbst ein Vorwort zum Roten Buch verfaßt mit den lapidaren Worten »Studiert die Schriften des Vorsitzenden Mao, befolgt seine Lehren und handelt nach seinen Weisungen« und hatte der zweiten Auflage ein Vorwort hinzugefügt mit dem Satz: *»Genosse Mao Tse-tung ist der größte Marxist-Leninist unserer Zeit!«* Was ebensosehr ein Appell an nationale Instinkte war, wie es den Nimbus des Verteidigungsministers als des getreuesten Schülers und Gefolgsmannes Maos festigen mußte.

Parallel dazu verlief die Kampagne einer Gruppe um die Mao-Gattin *Tschiang Tsching* (im Kern: die spätere »Viererbande«) zwecks Vernichtung der »Vier alt« (alte Gedanken, Kultur, Gewohnheiten, Sitten). Das bedeutete, jeden als »Reaktionär« zu stigmatisieren, der sich mit irgendeiner *anderen* Frage als dem »Klassenkampf« bzw. den »Mao-Tse-tung-Ideen« befassen wollte.

Aber Mao Tse-tung selbst setzte sich an die Spitze der so geschürten, scheinbar »anti-autoritären« Bewegung der Roten Garden. Nach langer Absenz meldete er sich im Juli 1966 mit einer mirakulösen Durchquerung des Jangtsekiang zurück (15 Kilometer in 65 Minuten, schwimmend im Strom – eine sensationelle Leistung in der Tat, das drei- bis vierfache Pensum eines Fußgängers). Etwa so surreal wie Mao im Bademantel war nun seine ganze Erscheinung auf den Tribünen, waren seine Losungen wie »Bombardiert das Hauptquartier!«, die für *alles* Raum ließen. Bald gab es in jeder Stadt, jeder Provinz, sogar in den Dörfern Dutzende von Hauptquartieren, die sich gegenseitig bombardierten, im wörtlichen Sinne, aber immer die rote Fahne und das rote Buch schwenkend.

Zwischen 1966 und 1968 wurde das »Rote Buch« in nicht weniger als 740 Millionen Exemplaren gedruckt, die 4bändigen »Ausgewählten Werke« Maos in 150 Millionen, seine »Gedichte« in 96 Millionen Exemplaren. Lin Piao malte mit eigenem Pinsel das »Lied vom Großen Steuermann« auf einen Bogen Papier und ließ es Hunderte Millionen mal faksimilieren.

Das »Lied vom Steuermann« wurde nun von all den zahl- und endlosen Kolonnen marschierender jugendlicher Rotgardisten und Rotarmisten gesungen, es ertönte aus allen Lautsprechern. Außer diesem und »Der Osten ist rot« gab es fast keine anderen Lieder. Man sang in endloser Wiederholung dasselbe:

Für die Seefahrt / braucht man einen Steuermann.
Leben und Wachstum / bedürfen der Sonne...
Um Revolution zu machen / braucht man die Mao-tse-tung-Ideen.
Fische können nicht ohne Wasser leben ...
Die revolutionären Massen / nicht ohne die Kommunistische Partei.
Mao Tse-tungs Ideen sind die Sonne, / die ewig scheint.

Dies waren eben die Jahre, in denen außer Mao-Werken nichts gedruckt wurde. In den Buchhandlungen gab es allenfalls noch ein paar Ladenhüter wie Lenin, Stalin, Enver Hodscha oder Kim Il Sung. Selbst aus den Bibliotheken wurde die gesamten Weltliteratur und sogar ein großer Teil der Fachliteratur »ausgemistet«. Die Kinos und Theater waren über lange Perioden geschlossen. Und wenn es etwas gab, waren es in aller Regel die neuen Revolutionsopern. Die berühmteste (mit den meisten ›action‹-Szenen) war »Mit taktischem Geschick den Tigerberg erobert«.

Held Yang reitet zur Burg des Geiers auf dem Tigerberg, einer Räuberhöhle, um sich (selbst als Räuber malerisch verkleidet) dort einzuschleichen und der Roten Armee das Signal zur Erledigung der Konterrevolutionäre zu geben. Er »galoppiert« pantomimisch über Hindernisse und Schluchten:

> *»(Ein Tiger brüllt in der Ferne. Das Pferd erschrickt und stolpert ... Das Tigergebrüll zieht näher. Yang streift rasch seinen Mantel ab, zieht eine Pistole heraus und schießt. Der Tiger schreit gellend auf und fällt tot um.)*
> *Yang singt eine der Tigerberg-Arien:*
> Mich durch Dornen und Disteln schlagend,
> kämpf ich im Herzen des Feindes! ...
> Die Partei setzt größte Hoffnungen in mich,
> Die Genossen gaben bei der Sitzung des Parteizellenkomitees gewicht'ge Ratschläge.
> Ihre vielen Ermahnungen erfüllen mich mit Kraft,
> Ihre flammendroten Herzen lassen das meine erglühn...
> Jedes Wort der Partei ist Garantie für den Sieg,
> Ewig erstrahlen die Mao-Tse-tung-Ideen ...
> Was macht's, daß der Berg so hoch?
> Ich hab die Morgensonne in meinem Herzen,
> Die der bitteren Kälte trotzt, die Eis und Schnee schmilzt.
> *(Die Sonne geht auf, erfüllt den Himmel mit Morgenrot und färbt die zackigen Felsspitzen rot.)«*

Alles in allem gab es (aus dem Repertoire von über 1000 alten Peking-Opern herausdestilliert) nun fünf neue revolutionäre Musteropern, zwei Ballette und eine Symphonie. Das war im großen und ganzen alles, was an künstlerischem Theater und an Konzertmusik übriggeblieben war. Klaus Mehnert schätzte 1971, daß jede Radiostation täglich wenigstens eines dieser acht Stücke sendete.

Eine solche kulturelle Monokultur hat es in der Sowjetunion nicht einmal in den Wochen um Stalins 70. Geburtstag gegeben, wie in China fast ein volles Jahrzehnt lang. War nicht allein dieser völlig singuläre Sonnenkult um Mao mit seinen täglichen Ritualen ein unfehlbares Mittel, jeden irgendwie renitenten Geist zu »entlarven«? Mußte umgekehrt das ständige Rezitieren von Mao-Sprüchen, das Hochhalten des Roten Buches, nicht zur schlichten Versicherung werden, nicht aufzufallen? Oder hätte es sich irgend jemand leisten können, Mao *nicht* zu zitieren?

Als der große Sturm vorüber war, kamen (ab 1970) die ersten China-Travellers und Journalisten wieder ins Land. Fast diplomatischen Status hatte eine »Studienkommission« aus Journalisten,

Schriftstellern und Sinologen, die der gaullistische Kulturminister Peyrefitte 1972 ins neue, rote Reich der Mitte führte.

**Alain Peyrefittes** Bericht »Wenn sich China erhebt...« ist vielleicht das ausgeprägteste Beispiel jenes Schwankens zwischen Bewunderung und Grauen, das alle nicht positiv oder negativ vor-eingenommenen Betrachter unweigerlich befiel. Er nennt die chinesische Revolution, die in der Kulturrevolution erst ihre eigentliche Gestalt angenommen hat, »den außergewöhnlichsten Versuch unserer Zeit – vielleicht sogar aller Zeiten – und den faszinierendsten«. Denn schließlich: »In den Wissenschaften vom Menschen ist es fast immer unmöglich, Laboratoriumsversuche durchzuführen: das menschliche Laboratorium China bietet ein unerschöpfliches Forschungsfeld.«

Dieser betont »objektive« wissenschaftliche Beobachterstandpunkt ließ die einfache menschliche Solidarität zuweilen ganz ähnlich vermissen wie das enthusiastische Parteigängertum. Zum Beispiel erwähnt Harrison Salisbury, daß praktisch *jeder* Intellektuelle, den er 1977 in Peking traf, im Jahr 1972 entweder im Gefängnis oder in der Verbannung gewesen war. Selbstmorde, einfach aus Selbstachtung, nachdem »endlose, qualvolle, sinnlose Bekenntnisse aus ihnen herausgepreßt worden waren«, seien damals buchstäblich an der Tagesordnung gewesen.

Auch Peyrefitte bemerkt, aber eher beiläufig, daß vier Fünftel (!) der Mitglieder der Akademie der Wissenschaften in die Provinzen verbannt waren. Jedoch »scheint keines von ihnen getötet oder ins Gefängnis geworfen worden zu sein«. Das entnimmt er jedenfalls einem Gespräch mit Tschiang Kuei, dem Leiter des Revolutionskomitees von Nanking, »ein kräftiger Bursche, der schon allerhand erlebt haben dürfte«. Der erklärt ihm: »Es ist besser zu indoktrinieren als zu zwingen«, um dann auflachend fortzufahren: »Fast immer geht die Angelegenheit gut aus. Die Kader oder die Intellektuellen, die es nötig haben, umerzogen zu werden, erkennen nach einiger Zeit die Wohltaten der Umerziehung, sie verlangen noch mehr davon. Erst dann kann man sie wieder nach Hause schicken.« Woraus Peyrefitte schließt, das Erstaunlichste an den chinesischen Umerziehungsmethoden scheine zu sein, »daß sie sich so undramatisch abspielen«.

Am bemerkenswertesten sind vielleicht die Gespräche Peyrefittes mit **Kuo Mo-jo**, dem Präsidenten der Akademie der Wissenschaften und einem der wenigen frei herumlaufenden Schriftsteller. Zwar hatte auch er zu Beginn der Kulturrevolution vor Rotgardisten einen Schandhut aufsetzen und sich als alten »Schriftgelehrten« selbst denunzieren müssen, der »niedriger als der Erdboden und übelriechender als ein Dunghaufen« sei. Mao scheint seinen alten Freund jedoch vor weiteren Demütigungen bewahrt zu haben. Man brauchte ihn wieder: »Er ist wie eine Bürgschaft ... Intelligenz und Kultur gehören zum maoistischen Regime, da Ko Muo-jo einer seiner wichtigsten Würdenträger ist.«

Gefragt, was die Kulturrevolution eigentlich gewesen sei, gibt der achtzigjährige, mild sprechende Gelehrte diese Antwort:

> »Es ist eine Bewegung, durch die das Denken Mao Tse-tungs, diese geistige Atombombe ..., gewaltsam die Dämme sprengte, die den Lauf der Revolution hemmten ... und die Dämme, die der Revisionismus wieder aufzurichten versuchte.«

»Man mußte Kuo Muo-jo gar nicht sehr drängen, damit er sagte, daß Mao vor einem kulturellen *Hiroshima* nicht zurückgeschreckt ist«, findet Peyrefitte. Und erschrickt selbst vor dem Gedanken kaum viel mehr wie der Senior der chinesischen Schriftsteller. »Wenn das Denken Mao Tse-tungs so revolutionär ist, wie ist es dann zu erklären, daß Ihr System auf Fremde so typisch chinesisch wirkt?« fragt er ihn bei nächster Gelegenheit.

> »Der Vorsitzende Mao hat China umgedreht wie einen Handschuh, aber es ist immer noch derselbe Handschuh an derselben Hand.«
> »Welche grundlegenden Werte haben Sie bewahrt?«
> »Die alten konfuzianischen Tugenden. Wir fahren fort, sie zu ehren, genauer, wir beginnen wieder damit. ... Das Denken Mao Tse-tungs verfährt mit dem marxistischen Erbe nach einer chinesischen Tradition: es entledigt die Doktrinen ihrer dogmatischen Schale, zerbricht sie und nimmt den Kern heraus ...
> Was ist der Kern der marxistischen Lehre? Durch die Dialektik zum Kommunismus gelangen. Im alten China existierte der Kommunismus. Das höchste Ideal unserer gesamten Tradition verlangt von uns den Verzicht auf den Egoismus, das Aufgehen in der Gemeinschaft.«

Und wieder ein anderes Mal sagt Kuo Muo-jo, halblaut, wie zu sich selbst:

> »Die Menschen sollen wie die Wogen des Meeres sein, man soll sie nicht unterscheiden können, sie sollen jeden Moment den Platz eines anderen einnehmen können.«

Sind die Chinesen wirklich alle zu »Maoisten« geworden, ist eine Frage, die fast jeden Beobachter beschäftigt. **Klaus Mehnert** plagt sich in »China nach dem Sturm« redlich mit ihr herum, um letztlich dann zu erstaunlich wohlwollenden Schlußfolgerungen für einen so konservativen Beobachter zu gelangen:

> »Daß diese (Gedanken und Gefühle der Leute) im China von heute nicht nur und stets die sozialistischen Kampfparolen sind, wie Presse und Funk, Film und Bühne in Wort und Bild glauben machen, denkt sich der Fremde selbst. Schwieriger wird das Urteil, wenn... mir ein bedeutender Chirurg mit dem ›Roten Büchlein‹ in der Hand erzählt, daß er seine bewundernswerten Operationen nur mit Hilfe des Mao-Studiums vollbringt, wenn

seine Patienten, deren abgerissene Gliedmaßen er wieder angenäht hat, das ›Rote Büchlein‹ wie einen Zauberstab hochhalten, dem sie ihre Genesung verdanken, wenn andere Intellektuelle, dasselbe Büchlein in der Hand, berichten, wie sie durch die Arbeit an den Latrinen geläutert wurden, und das, ohne die Miene zu verziehen – soll ich mir dann sagen, daß das alles nur Lüge und Verstellung, gekonntes Theater ist ...? Ich kann nur sagen, daß ich ... in diesen zweiunddreißig Tagen nur treue Ergebenheit zum Vorsitzenden Mao und zu seinen Ideen gefunden habe, und daß bei dem allem nicht einer auch nur für den Bruchteil einer Sekunde mit dem Auge zwinkerte ...«

Überhaupt wäre die Wirkung Chinas in der Hochzeit der Mao-Kultur auf konservative westliche Betrachter eine eigene Studie wert. **David Rockefeller** etwa brachte seine Eindrücke 1973 so zu Papier:

»Man ist unmittelbar beeindruckt durch den Sinn für nationale Harmonie. Von der lauten patriotischen Musik an der Grenzstation angefangen, zeigt sich eine sehr reale und durchgehende Ergebenheit für den Vorsitzenden Mao und die maoistischen Prinzipien. Welchen Preis auch immer die chinesische Revolution gekostet hat, sie hat ganz offensichtlich nicht nur dazu geführt, eine effizientere und ergebenere Administration zu schaffen, sondern auch eine hohe Moral und Gemeinsamkeit der Ziele zu begünstigen.

Die allgemeinen ökonomischen und sozialen Fortschritte sind nicht weniger eindrucksvoll ... Straßen und Häuser sind makellos sauber, die medizinische Versorgung erheblich verbessert. Verbrechen, Drogenmißbrauch, Prostitution und Geschlechtskrankheiten sind buchstäblich ausgerottet. Die Türen bleiben gewohnheitsmäßig unverschlossen.«

Im selben Sinne fanden Theologen verschiedener Konfessionen auf einer Konferenz in Brüssel 1974 heraus,

»daß die Christenheit von der sozialen Umgestaltung in China viel zu lernen hat ... China übt einen besonderen Einfluß auf unser Verständnis und unsere Erfahrungen mit Gottes rettender Liebe aus«.

Inmitten der »bürgerlichen« bewegten sich die revolutionären Touristen, die eine ganze Literatur rotlackierter Chinoiserien lieferten, welche unter der radikalisierten Jugend der westlichen Länder (den Autor dieser Zeilen eingeschlossen) gewaltige Leseerfolge erzielten. **Jan Myrdal** besuchte sein so gewissenhaft beschriebenes »chinesisches Dorf« von 1964 noch einmal und überzeugte sich (und uns), daß die Produktion des »neuen Menschen« zügig voranschreite. **Claudie Broyelle** fand in Maos China »Die Hälfte des Himmels«, das Mekka der befreiten Frau. **Maria Antonietta Macciochi** fand das Land der befreiten Arbeit, in dem der moralische Anreiz endlich die schnöden materiellen Motive außer Kraft gesetzt habe. Besonders angetan hatte es ihr die Seidenweberei in Hangchou, in der in gigantischen Großserien »fünfzehnfarbige Mao-Bilder« und ähnliche revolutionäre Devotionalien aus besten Materialien gewebt wurden:

185

»Flink laufen die tausend Maschinen, immer im gleichen Takt, und aus den Webstühlen rollen die großen Bärte von Marx und Engels, der spitze Backenbart Lenins, das Gesicht Maos unter der Feldmütze. Daneben die Gobelins mit historischen Ereignissen: ... Mao im Bademantel vor der berühmten Überquerung des Jangtsekiang; Mao und Lin Piao beim Tee sitzend; Mao bei der Niederschrift der ersten Wandzeitung ›Zum Sturmangriff auf das Hauptquartier antreten!‹ ... Auch die Gedichte Maos werden maschinell in schwarz und weiß gewirkt ... Die Fabrik hat 1700 Arbeiter, die in drei Schichten, Tag und Nacht, arbeiten, um die Nachfrage zu befriedigen.«

Andere, frustriertere Revolutionstouristen rechneten ihr vor, daß sie sich nicht einmal für die Arbeitsbedingungen der Textilarbeiterinnen von Hangchou interessiert habe: die stockdunklen Plätze, den ohrenbetäubenden Lärm, den gesundheitsgefährdenden Staub, die weit gestaffelten Lohnskalen, die sieben Tage Urlaub im Jahr usw.

Edgar Snow, dem Autor der frühen Mao-Legende der 30er Jahre, blieb es vorbehalten, im Dezember 1970 seinen alten Freund über die Kulturrevolution und den Kult um seine Person direkt zu befragen. Mao gab seine berühmt lakonischen Antworten:

Die Kulturrevolution sei fällig gewesen, weil »ein großer Teil der Macht« 1965 nicht mehr in seinen Händen gelegen habe, so daß »mehr Persönlichkeitskult notwendig geworden (war), um die Massen zu stimulieren, die Anti-Mao-Parteibürokratie zu besiegen«. Das sei dann übertrieben worden. Aber schließlich sei es schwer für die Menschen, »die Gewohnheiten von dreitausend Jahren traditioneller Kaiser-Verehrung zu überwinden«. Und lächelnd: nun habe man ihm die »Vier Groß« verliehen: »Großer Lehrer, Großer Führer, Großer Oberbefehlshaber, Großer Steuermann« ... »Was für ein lästiger Unfug!« [What a nuisance!] Na ja, früher oder später würde das wieder aufhören.

Snow erinnert ihn daran, daß 1949 doch sogar ausdrücklich ein Dekret erlassen worden sei, anders als in der Sowjetunion keine Städte, Straßen und Plätze nach lebenden Führern von Staat und Partei zu benennen.

»Ja, das habe man vermieden, aber andere Formen des Kultes [worship] seien entstanden ... Parolen, Bilder, Gipsstatuen. Die Roten Garden hätten darauf bestanden, daß jeder, der diese Dinge nicht um sich habe, ein Anti-Mao sei. In den letzten Jahren sei ein gewisser Personenkult notwendig gewesen, jetzt aber nicht mehr, jetzt sollte eine Abkühlung eintreten.«

Und die Opfer der Kulturrevolution? Die Verluste, von denen Mao selbst sagte, daß man zehn Jahre brauchen werde, um sie wettzumachen? Der Vorsitzende ist hier ganz Serenissimus:

»Während der Kulturrevolution entwickelte sich der Konflikt zu einem Kampf zwischen politischen Fraktionen – zuerst mit Speeren, dann mit Gewehren, dann mit Granatwerfern. Als Ausländer berichteten, daß sich China in einem großen Chaos befand, logen sie nicht. Es war die Wahrheit.

Über die Mißhandlungen von ›Gefangenen‹ – Parteimitgliedern und anderen Leuten, die aus ihren Ämtern entfernt und umerzogen wurden, sei er sehr unglücklich ... Diese Mißhandlung von Gefangenen [eine ziemlich euphemistische Umschreibung für die massenweisen Foltern und Hinrichtungen, G.K.] habe den Wiederaufbau und die Umwandlung der Partei verlangsamt.
Er sei, sagte er, nur ein *einsamer Mönch*, der durch die Welt zieht mit einem undichten Regenschirm.«

Kein Satz Mao Tse-tungs hat manchen damals so begeistert wie dieser. Im konkreten Kontext gelesen, hinterläßt er freilich einen sehr schalen Geschmack. Der Führer wäscht sich die Hände in Unschuld – das heißt es doch wohl.

Schon ein, zwei Jahre nach seinem Tod ist Maos historisches Bild – das er selbst mit dem der Kulturrevolution verwoben hatte – zum Einsturz gekommen wie ein Turm, der an seinen inneren Spannungen zu zerbrechen beginnt. Die Verhaftung der »Viererbande«, die Enthüllungen über das extravagante Leben der Kaiserinwitwe Tschiang Tsching – das alles verstärkte den Eindruck einer potenzierten *Künstlichkeit* dieser ganzen Periode. Wie ihn schon der Absturz des Marschalls Lin Piao (offenbar auf der Flucht in die Sowjetunion, den Hort des »Revisionismus!«) hinterlassen hatte, mit allen Enthüllungen über einen konfuzianischen Geheimbund, über schwarze Schrifttafeln im Schlafzimmer dieses Menschen usw. usw. Und dann die noch bizarrere Kampagne gegen den (gerade erst wieder aufgetauchten) Teng Hsiao-ping, den »Wind von rechts«, das abermalige »Kritisiert Konfuzius!«, das ja nur die *Tiefe* der Verwurzelung des Alten im Neuen zeigte ...
MAO war in diesen letzten Jahren nur noch ein von Parkinsonscher Krankheit gezeichneter, des Sprechens weitgehend schon nicht mehr fähiger Schatten seiner selbst – das Ende seiner Ära eine Serie von Totenfeiern, die er selbst beschloß. Während ein verheerendes Erdbeben allen, die auf die Zeichen des Himmels achteten, andeutete, daß gewaltige Unglücke sich vorbereiteten – oder soeben vergangen seien...
Jetzt, zehn Jahre danach, beginnt auch und gerade in China sich diese letztere Meinung durchzusetzen.

# DIE UNSICHTBARE KIRCHE

*»Moi, mon Colon, celle que j'préfère,*
*c'est la guerre de quatorze-dixhuit...«*
(Georges Brassens)

Die kommunistische Bewegung hat seit dem Erlöschen des Haupt-
kultes um Stalin, frei nach Brassens, »viele schöne Kulte« hervorgebracht, die alle ihre spezifischen Stärken und Reize hatten. Sie könnten als einer der nachdrücklichsten historischen Beweise dafür gelten, daß die Menschheit im Laufe dieses Jahrhunderts, statt sich sozialistisch zu vereinheitlichen, genau umgekehrt sich erst vollends
national vervielfältigt hat. Und die verschiedenen National-Kommu-
nismen (und national waren sie alle) erwiesen sich als mächtiger
Motor gerade dieser unwiderstehlichen Tendenz der Geschichte.

Überblickt man das ganze weite Panorama von jungen Staaten,
die sich im Zuge der großen Entkolonialisierungs-Bewegung gebildet haben, stellt man sofort fest, daß der Personenkult durchweg eine
Art Verfassungselement bildet – sei es, daß die historischen Figuren
der Staatsgründer verehrt werden, daß die aktuellen Machthaber
Verehrung erheischen, oder daß einzelne Parteien und Bewegungen
ihre Gründerväter oder Märtyrer heilig halten.

Was einen Ho Chi-Minh, Kim Il Sung, Enver Hodscha, Nicolae Ceaucescu oder Fidel Castro von einem Kemal Atatürk, Juan Peron, Mu-
ammar el-Ghaddafi, Ali Bhutto oder Imam Khomeiny unterscheidet,
wäre (jeden *für sich* genommen) tatsächlich kaum zu sagen – außer
eben, daß sie in eine kommunistische Weltbewegung und Weltideolo-
gie eingebettet waren oder sind, deren internationalistisches Pathos
ihnen, wenigstens eine Zeitlang, den Nimbus von Menschheitsfigu-
ren gab.

Die Verehrung HO CHI-MINHS in Vietnam gibt vielleicht die wenigsten Geheimnisse auf. Die Résistance-Bewegung der Vietminh ging
nach 1945 in einem anti-kolonialen Befreiungskampf über. Und das
gütige Gesicht Ho Chi-Minhs war wohl tatsächlich für große Teile
der Bevölkerung Vietnams das Symbol nationaler Befreiung.

Freilich lagen im zweiten Indochina-Krieg die Dinge schon sehr
viel komplizierter: In Nord-Vietnam hatte es (wie in China und Nord-
Korea) eine rücksichtslos durchgezogene Kollektivierung gegeben,
die zur Flucht von Millionen nach Süden geführt hatte. Auch in Laos

und Kambodscha hatte das militärische Spartanertum der Nord-Vietnamesen starke Widerstände hervorgerufen; ebenso bei den ethnischen Minderheiten in den verschiedenen Bergregionen Indochinas. Die USA konnten sich bei ihrer politisch-militärischen Intervention also auf erhebliche Gegenkräfte zum Machtanspruch der Partei Ho Chi-Minhs stützen. Aber das ändert sicher nichts daran, daß Ho eine genuine, nationale Verehrung genoß.

Das »Ho-Ho-Ho-Chi-Minh« der Studenten des Westens hatte mit diesem autochthonen Kult allerdings ganz wenig zu tun. Die Parteinahme für Nord-Vietnam, d.h. den Kriegsgegner, war einfach die radikalste Form des Protestes gegen den amerikanischen Krieg in Vietnam. Onkel Ho's Gesicht eines asiatischen Weisen war ein treffliches Objekt für die überschießenden weltrevolutionären Phantasien. Und für eine Rebellion gegen die Autoritäten, zumal für eine so »vaterlose« Generation wie in Deutschland, war nichts dringender benötigt als eine alternative Vaterfigur.

Der internationale Vietnam-Kongreß 1968 in Westberlin fand statt unter der Losung »Schafft zwei, drei, viele Vietnams...«, die von Ché Guevara stammte. In der Trinität der imaginären »unsichtbaren Kirche« (R. Bahro), der sich viele damals irgendwie zugehörig fühlten, nahm CHÉ die Stelle des Sohnes ein, der für die Sünden der Welt gestorben war. Sein fast freiwillig gesuchter Märtyrertod an einer willkürlich eröffneten Front des weltweiten Kampfes gegen »den Imperialismus« war ein machtvolles Moment eines planetarischen Prozesses der *Bewußtwerdung* (des dritten Elements der Trinität). Vielleicht kannte man dieses Zitat damals nicht, das Ché Guevara aus Anlaß der Kuba-Krise gesagt hatte, aber wenn, hätte es unsereinen womöglich auch nicht erschreckt. Kuba, sagte Ché,

»...ist das fiebererregende Beispiel eines Volkes, das bereit ist, sich im Atomkrieg zu opfern, damit noch seine Asche diene als Zement für eine neue Gesellschaft.«

Im Falle Ché Guevaras stimmt das idolhafte Bild, die ganze Lebenslegende, in besonderer Weise mit dem realen kurzen Leben des Helden und dem, was man über seine tatsächlichen Charakterzüge weiß, überein – und differiert ebenso krass. Und es ist schwer zu sagen, was von beidem erschreckender ist.

Daß der lebende Guevara Züge eines »christlichen Kommunisten« hatte, der auch persönlich mit seltener Konsequenz danach lebte, was seinen mönchischen Geist der »Armut« oder was seine Bereitschaft zum Opfer auch des eigenen Lebens anging, ist unbestreitbar.

Von ihm stammen Sätze, die wie eine Fortschreibung des Neuen Testaments gelesen werden können:

> »... und wir verstanden endlich, daß das Leben eines einzelnen menschlichen Wesens millionenfach mehr wert ist als das Eigentum des reichsten Mannes der Erde«.

Andererseits: Viele hatten doch seine »Aufzeichnungen aus dem kubanischen Befreiungskrieg« gelesen. Wiedergelesen, mutet es seltsam an, wie wenig damals der Zug von Militarismus auffiel. Der im übrigen an den Rand der Geschichtsfälschung geht, denn die Guerilla-Gruppen Castros und Guevaras waren zunächst nur *ein Teil* einer pluralistischen, auf weite Teile des städtischen Bürgertums gestützten, politischen Widerstandsfront. Und die Bauern, unter denen sich die Guerilla bewegte, waren am neutralsten von allen.

Und das eben prägt den Kampf der Guerilla durch und durch. Sie ist umgeben von »Verrätern«, »Banditen«, »Verbrechern« – während die eigenen Leute »Helden« und »Märtyrer« sind. Mehr Opfer als der Kampf selbst fordert daher das »Ausmerzen« »gesellschaftsfeindlicher Individuen«, die Bekämpfung von »Disziplinlosigkeit« und »Verrat«. Es wird mit buchhalterischer Genauigkeit über eine nicht abreißende Kette von Hinrichtungen berichtet: um »gegnerische Anführer zu liquidieren« oder auch, um für die eigene Truppe ein »Exempel zu statuieren«.

> »Denn wir hatten kein Gefängnis oder sonstige Einrichtungen, die zur Abbüßung irgendeiner anderen Strafe [als der Hinrichtung] geeignet waren.«

Die Opfer waren fast durchweg Campesinos oder arme Schlucker, meist junge Leute, oft Jugendliche, die dem Teufelskreis erpreßter Parteinahmen sich zu entwinden suchten. Für jeden Hingerichteten gibt es salbungsvolle Zensuren: »aufrecht gestorben«, »widerlich um Gnade gebettelt« usw.

Hatte man das damals nicht recht zur Kenntnis nehmen wollen – oder hatte diese Mischung »naiver« Grausamkeit und heiligen Strafwillens gerade fasziniert? Vielleicht war dieser »Ché« wirklich für eine ganze Nachkriegsgeneration

> »die Ephiphanie des Heldischen – wie zum ersten Mal –, in einer Gestalt, welche die ›klassischen‹ Elemente des Heldischen in chemisch reiner Verhältniszahl in sich vereinigte: Selbstlosigkeit, Unbedingtheit, Todesverachtung, Großmut und – Grausamkeit ..., Grausamkeit von der Art, die der vom Pathos geschichtlicher Antriebe beherrschte Menschensinn ungleich bedenkenloser verzeiht als Schwäche und Zweideutigkeit« (*Hans Egon Holthusen*)

Jedenfalls gibt es eine irritierende Differenz zwischen dem Anti-Autoritarismus als dem Credo »68er-Bewegung« und diesem klassischen Heldenkult.

»Dein kleiner kühner Hauptmannsleichnam hat seine harte Gestalt ins Unendliche ausgestreckt«,

liest man in Guevaras »Bolivianischen Tagebuch«, fünf Monate, bevor er selbst seine Gestalt (wie nach einer Kreuzabnahme) ins Unendliche streckte. »Ché lebt!« war prompt die Parole, die wie ein Lauffeuer durch alle Campusse der westlichen Welt lief. Daß der Kult um den fortlebenden Toten alle Kriterien einer Theologie der Revolution erfüllte, läßt sich schwerlich bestreiten; erst recht, wenn man im Nachwort zu den Guevera-Schriften mit dem Titel »Brandstiftung oder neuer Friede?« den Herausgeber Sven G. Papcke räsonieren hört über

»Guevaras Anthropologie – eine Lehre vom Menschen, die derart brutal die Annihilation [Vernichtung] des anderen fordert, um jenseits aller Egozentrik neue, menschliche Zustände zu schaffen«.

Man versteht sie besser, die Frage, die der alte H.E. Holthusen 1969 an den Anfang seines grimmig-behutsamen Versuchs über »Ché Guevara – Leben, Tod und Verklärung« gesetzt hat:

»Ché Guevara – diese glutäugige Öldruckschönheit, in den Augen unserer Söhne und Töchter so schön wie einst Ludwig II. von Bayern in den Augen der europäischen Décadence: Wie soll man ihn und seine Legende verstehen?«

Man wird nicht behaupten können, daß man diese Frage schon angemessen beantwortet hätte. Es ist ja nicht einmal sicher, ob Ché Guevara wirklich ein Held Lateinamerikas und der Dritten Welt war – oder eher nur ein Held der europäischen und amerikanischen Campus-Jugend; und ob sein Ruhm nur halbwegs so dauerhaft sein wird wie zum Beispiel der Simon Bolivárs. (Ludwig II. einmal beiseite gelassen.) Im Augenblick scheint es, als wäre Ché die flüchtigste von allen progressiven Kultfiguren unserer Zeit gewesen.

Auch *das* ist Guevara – der Selbstlose, der stets bereit war, hinter dem soliden Machtanspruch seines Weggefährten und Kommandanten FIDEL CASTRO zurückzutreten:

»Fidel, dessen besondere Art, mit dem Volk eins zu werden, man nur würdigen kann, wenn man ihn reden sieht. Bei den großen öffentlichen Zusammenkünften bemerkt man so etwas wie den Dialog zweier Stimmgabeln, deren Schwingungen beim Gesprächspartner jeweils andere, neue hervorrufen. Fidel und die Masse beginnen, in einem Dialog von wachsender Intensität zu schwingen, der seinen Höhepunkt in einem abrupten Finale findet, gekrönt durch unseren Kampf- und Siegesruf.«

Die scheue Homophilie des unbefleckten Ché ließ ihn des öfteren nicht bemerken, wie nah am Obszönen er sich bewegte. Nach dem harten, ausgestreckten Hauptmannsleichnam hier also der lebendige, sich mit der Masse vereinigende, intensiv emporschwingende und abrupt zum Finale kommende »Lidér maximo«...

Was Guevara da deutlich genug beschreibt, ist die Figur des klassischen spanischen *Caudillo*, nur in der Kampfkluft des Revolutionärs (statt zum Beispiel einer weißen Generalsuniform).

> »Das schwer zu Begreifende für den, der die Erfahrung der Revolution nicht gemacht hat, ist die feste dialektische Einheit, die zwischen dem Individuum und der Masse besteht...«,

fügt Ché zur Erläuterung hinzu. Aber »das Individuum« ist eben jener große Mann, und die Masse ist die Masse, sein Resonanzboden. Das ist etwa die *Definition* des Caudillo.

Sie entspricht der tatsächlichen Rolle Castros in der kubanischen Revolution. Als er an der Spitze seiner Guerilla in Habana einzieht, ist der alte Diktator Batista durch eine allgemeine Volkserhebung gestürzt. Das Programm Castros (dem die Macht zufällt) entspricht zunächst dem der ganzen Oppositionsfront: Wiederherstellung der demokratischen Verfassung von 1940; eine maßvolle Agrarreform zugunsten der Kleinbauern; öffentlicher Wohnungsbau; Schulreform; Nationalisierung der öffentlichen Versorgungsbetriebe... »Unsere Revolution ist weder kapitalistisch noch kommunistisch«, verkündet er in einer großen öffentlichen Rede.

Die Wendung zum Kommunismus (kaum ein Jahr später, und zunächst nicht offen proklamiert) ist wesentlich zunächst die Wendung zu einer persönlichen Diktatur. Castro löst die eigene politische Organisation, die »Bewegung des 25. Juli««, einfach auf und holt sich einen Teil seiner Kader von der kleinen kommunistischen PSP, die bis dahin der ganzen Revolution distanziert gegenübergestanden hatte (mehrere Kommunisten hatten bis kurz vor Toresschluß in der Regierung Batistas gesessen). Im Dezember 1961 verkündet Castro: Eine leninistische Partei- und Staatsorganisation sei das »beste politische System, das die Menschheit im Lauf der Geschichte entwickelt hat«.

Nur daß es eben noch immer keine solche Partei gab (auch die PSP mußte sich auflösen). Was dann Jahre später (1965) unter dem Namen »Kommunistische Partei Kubas« (PCC) aus der Taufe gehoben wurde, war in fast absurder Weise das *Produkt* seines »Lidér maximo«. Er ernannte das gesamte ZK – das im übrigen auch keinerlei Rolle zu spielen hatte, pure Staffage war. Es gab weder einen Gründungsparteitag, noch gab es (bis in die 70er Jahre hinein) reguläre Parteitage. Warum auch? Die Partei bestand bei ihrer Gründung zu 70 % allein aus Offiziersgraden. (Davon waren knapp 40 % aktive

Offiziere der Armee, 12 % Offiziere der Sicherheitsorgane, der Rest auf zivile Posten abkommandiert.)

Die »Moviementos«, auf die andere lateinamerikanische Caudillos sich zu stützen pflegten, wie Juan Peron etwa, waren dagegen noch vergleichsweise zivile Veranstaltungen. Castro selbst definiert seine »Partei« 1965 folgendermaßen:

> »Sie ist in erster Linie die revolutionäre Avantgarde..., in der die Staatsmacht sich manifestiert. Sie mobilisiert die Massen ... erzieht und organisiert sie. Sie leitet und kontrolliert die Verwaltung ... Die Partei ist mit einem Wort die politische Macht.«

Die Partei Castros hatte im ersten Jahrzehnt ihrer Existenz kein Programm. Eine Broschüre »Über die ideologische Arbeit« von 1968 verkündet: Die Reden Fidels, Rauls (des Bruders von Fidel) und des Chés gäben genügend Weisungen. Die ideologische Arbeit müsse vor allem das Bewußtsein der »gesellschaftlichen Pflichten« vertiefen. Dann folgt ein ellenlanger Katalog dieser Pflichten:

> »die revolutionäre Disziplin im allgemeinen; die Arbeitsdisziplin; die Schuldisziplin; der Sinn für das Heroische; ... die Pünktlichkeit; die Verantwortlichkeit; die Genügsamkeit; ... die Kampfbereitschaft; ... der Geist der revolutionären Solidarität ; ... die Organisation der Arbeit ...; der Kampf gegen die Pfuscherei; ... die Opferbereitschaft; die revolutionäre Wachsamkeit ...« usw. usw.

Es ist ein klassischer Katalog von Sekundärtugenden, die bekanntlich für verschiedenste Ziele einsetzbar sind. (Weiteres in: H.M. Enzensbergers »Bildnis einer Partei« von 1970)

Dies waren genau die Jahre des honeymoons mit der ganzen revolutionären Intelligentsia des Westens. Ihre Bewunderung galt gerade dem Trumm von *Mann* – und seinen Companeros –, kaum dagegen dem, was in Kuba wirklich vor sich ging. Daß zehn Prozent der Bevölkerung geflüchtet, daß die Gefängnisse mit weiteren, offiziell »Würmer« genannten Gegnern der neuen Macht überfüllt waren; daß die Landwirtschaft (nach der abrupten Kollektivierung) beinahe zusammengebrochen, Industrie und Infrastruktur sich in desaströsem Zustand befanden – alles das wurde bereitwillig auf die Seite der »imperialistischen Blockade« und der »Einmischung« geschlagen. Es *erhöhte* nur den Eindruck eines Volkes, das alle Leiden und Entbehrungen auf sich nimmt, um »Revolution zu machen«. Auch wenn diese Revolution selbst nur den charismatischen Zielsetzungen ihres Führers entsprang. *Eben deshalb* war Fidel Castro der perfekte Intellektuellentraum!

**J.P. Sartre** war hier der Schrittmacher (wie Simone de Beauvoir für China). Er lieferte 1961 das erste Portrait der neuen kubanischen

Führer, worin sie als Männer erscheinen, die in perfekter Weise Wort und Tat, Theorie und Praxis als Einheit verkörpern, in vollständiger Hingabe an ihr revolutionäres Ziel; eine höhere Art von Renaissance-Typen:

>»Ich hörte die Tür hinter mir schlagen und verlor die Erinnerung an meine alte Erschöpfung wie jede Vorstellung von Zeit. Unter diesen hellwachen Männern, die auf der Höhe ihrer Macht stehen, scheint Schlaf nur ein natürliches Bedürfnis, eine bloße Routine, von der sie sich mehr oder minder freigemacht haben ... (Sie alle) ... üben eine wahre Diktatur über ihre Bedürfnisse aus ... sie erweitern die Grenzen des Menschenmöglichen.«*
>»Ich fragte Castro, wie er sein Berufsrevolutionärstum verstehe. – ›Ich kann keine Ungerechtigkeit ertragen.‹ – An dieser Antwort gefiel mir, daß dieser Mann, der für ein ganzes Volk gekämpft hat und noch immer kämpft, der keine anderen Interessen kennt als die des Volkes, mir zunächst über seine persönlichen Passionen spricht ...«*

Die amerikanischen Radikalen **Paul Sweezy** und **Leo Huberman** entwerfen ein ganz ähnliches Bild:

>»Fidel ist zuerst und vor allem ein leidenschaftlicher Humanist ... in jenem bedeutungsvollen Sinne, daß er ... die Ungerechtigkeit haßt, weil sie unnötiges menschliches Leiden verursacht, und ganz und gar der Aufgabe verpflichtet ist, in Kuba eine Gesellschaft zu errichten, worin die Armen und Unterprivilegierten ihren Kopf hoch tragen können ... Er behandelt die Leute in diesem Rahmen – freundlich, streng, unerbittlich, je nach ihrer gegenwärtigen oder potentiellen Rolle für die Erschaffung oder die Behinderung der guten Gesellschaft.«*

Der afro-amerikanische Schriftsteller **Julius Lester** faßt dies Verhalten von Führer und Volk noch strenger:

>»Der Westen sagt, es existiere in den Personen von Mao und Fidel ein ›Kult der Persönlichkeit‹. Das ist nicht wahr. Revolutionäres Bewußtsein und revolutionäre Hingabe haben in Mao und Fidel das Ego zerstört, und in diesem Akt der Zerstörung sind sie als Menschen [auch: als Männer – *men*] frei geworden. Mao ist China. Fidel ist Kuba. China ist Mao. Kuba ist Fidel.«*

Ganz ähnlich, wenngleich anders gefärbt, wirkt der Puritanismus der revolutionären Selbstentäußerung auf den nicaraguanischen Priester-Poeten **Ernesto Cardenal**. Er sagt einem kubanischen Freund (mit Blick auf die Rationierung der Lebensmittel, worin er einen Grundzug des »Sozialismus der Armut« sieht):

>»Dieses System, das dich erfreut, weil du Kommunist bist, erfreut mich, weil ich es evangelisch finde. Auch ich bin ein Freund der Sparsamkeit: ich bin Mönch. Ich hoffe, ihr werdet nie Überfluß haben.«*

**Abbie Hoffmann**, der Prophet der Hippie-Kultur, schätzt ganz im Gegenteil den Sinnen-Appeal Kubas, den er besonders intensiv im »Verhältnis« von Führer und Volk empfindet:

»Fidel sitzt auf der Seite eines Tanks und rumpelt so nach Havanna hinein ... Mädchen werfen Blumen auf den Tank und zupfen ihn spielerisch an seinem schwarzen Bart. Er lacht wonnevoll und zwickt in ein paar Hinterteile ... Der Tank stoppt auf dem Hauptplatz. Fidel ... schlägt sich auf die Schenkel und steht aufrecht da. Er ist wie ein machtvoller Penis, der zum Leben erwacht ...«

**Norman Mailer** schreibt einen öffentlichen Begrüßungsbrief an Castro anläßlich von dessen erstem Besuch bei der UNO in New York. Er findet zu einer ebenso phantastischen wie treffenden Bezeichnung seines Helden:

> »Nun denn, Fidel Castro, ich verkünde es hiermit der Stadt von New York, daß Sie uns allen, die wir uns in diesem Land verlassen fühlten ... einen gewissen Sinn dafür wiedergegeben haben, daß es noch Helden auf der Welt gibt. Man spürte endlich das Leben in unser übermißtrauisches Blut zurückkehren, wenn man in den Zeitungen Einzelheiten Ihrer Reise las ... [Castro war im New Yorker Zoo zum Entsetzen seiner Begleiter und Entzücken Mailers in das sprichwörtliche Löwengehege hinabgestiegen, G.K.] ... Es war, als wäre der Geist von Cortez, auf Zapatas Schimmel daherreitend, in unserem Jahrhundert wiedererschienen.«

Vielleicht dachte Mailer bei diesem gewagten Bild: Castro ist »Cortez auf dem Schimmel Zapatas«, bewußt oder unbewußt an jene »vueltas«, Blitztouren im Jeep oder auch im Helikopter, zu denen Castro – einer jeweiligen spontanen Eingebung folgend – mehrere seiner Gäste einlud, manchmal mehrere Tage dauernd. Sartre, C. Wright Mills, Senator McGovern, Ernesto Cardenal und viele andere waren in den Genuß dieser besonderen Auszeichnung gekommen. Castro, der Nachfahre spanischer Granden auf der Sklaveninsel, vermittelte dabei in der Tat gelegentlich den Eindruck eines Kolonisators oder aristokratischen Super-Hazienderos, der seine Inspektionstouren mit gebildeten Diskussionen verband. So jedenfalls der französische Landwirtschafts-Experte **René Dumont**, den er als Berater eingeladen hatte:

> »Wenn ich mit Castro herumreiste, hatte ich zuweilen den Eindruck, daß ich Kuba mit seinem Besitzer besuchte, der mir seine Felder und Weiden, sein Vieh und sogar seine Menschen zeigte. ... Castro war nicht mehr zufrieden mit seinem politischen und militärischen Ruf und seiner unbestrittenen menschlichen Ausstrahlung. Er wollte sich auch auf dem Feld der wissenschaftlichen Forschung und landwirtschaftlichen Praxis als Führer anerkannt sehen. Er ist der Mann, der alles weiß ... Die fortgesetzte Ausübung der Macht hat ihn davon überzeugt, daß er jedes Problem besser versteht als irgendjemand anderes. ... Er findet eine Brücke in schlechtem Zustand und gibt Anweisungen, daß sie unverzüglich repariert wird. Fünfzig Meilen weiter bleibt der Jeep im Schlamm stecken ... ›Seht zu, daß hier eine anständige Asphaltstraße hinkommt.‹ ... An anderer Stelle scheint die Anpflanzung vernachlässigt. ›Ich will eine landwirtschaftliche Schule hierhin.‹«

Nur zu begreiflich das Entzücken eines C. Wright Mills, bei den endlosen Diskussionen einer Dreitagestour zwischendurch zu erfahren, Fidel habe sein Buch »Die Machtelite« in der Sierra Maestra auf dem improvisierten Nachtkasten liegen gehabt. Der Kreis schließt sich hier: Wo Castro in der autokratischsten Weise Führer ist, *scheint* er in der demokratischsten Weise volksnah, geistvoll, praxisfest – der Traum jedes Intellektuellen.

Indessen fiel es zunehmend schwerer, die Degradation des wirtschaftlichen und öffentlichen Lebens zu übersehen (erst recht, nachdem Castro unter sowjetischem Einfluß sich, in einer abrupten Abkehr von allen früheren Proklamationen, dazu entschloß, die Zukker-Monokultur auf Kuba *zu vollenden*). Nachrichten über die immer gehässigere Verfolgung von »Parasiten«, Langhaarigen, Trägerinnen von Miniröcken, Homosexuellen, von buchstäblich allen unabhängigen Geistern, über Foltern und menschenunwürdige Zustände in den Gefängnissen und Lagern, waren nur noch schwer zu ignorieren.

Als im März 1971 der berühmteste Lyriker des Landes, **Heberto Padilla**, wegen seines Gedichtbandes »Außerhalb des Spiels« inhaftiert wurde, um nach 37 Tagen Haft eine »Selbstkritik« ältesten Stils zu Papier zu bringen und vor 100 Schriftstellerkollegen stockend vorzutragen, war bei der Mehrzahl der intellektuellen Sympathisanten Kubas eine Schmerzgrenze überschritten. Sartre, Enzensberger, Moravia, Cortázar, Vargas Llosa, Marguerite Duras und 60 weitere westliche und lateinamerikanische Schriftsteller protestierten. Castro replizierte mit höhnischer Geste: »Kuba braucht diese schamlosen Pseudolinken ... nicht, die in Paris, London oder Rom fern der Schlacht leben.« Er schloß sie aus dem Paradies aus: Kuba werde diese »Bürgerlichen und Liberalen, Agenten des CIA« nicht mehr hineinlassen. »Die Tür ist zu, für unbegrenzte Zeit.«

Mit der unerschütterbaren Treue mancher hatte er womöglich gar nicht gerechnet. Garcia Marquéz zog seine (angeblich nie geleistete) Unterschrift zurück. Für andere, wie Ernesto Cardenal, schien die Verfolgung von »Parasiten« und »Konterrevolutionären« (selbst wenn sie Priester-Poeten waren) nie ein Problem.

**Sartre** aber verkündete im selben Jahr 1971, und nahm das nicht etwa zurück: »Es ist für einen Intellektuellen absolut unmöglich, *nicht procubanisch* zu sein.« Pro-Cuba aber ist für ihn identisch mit Pro-Fidel. Denn »kein Intellektueller existiert, der nicht ›links‹ ist«. Und: »Was ich einen Intellektuellen nenne, rekrutiert sich aus der ... Gesamtheit derer, die man *Theoretiker des praktischen Wissens* nennen kann.« Und zweifellos ist es »absolut unmöglich«, eine Vorstellung vom so definierten ideellen Gesamt-Intellektuellen zu entwickkeln, ohne dabei an eine Figur »*wie Fidel*« zu denken!

Der Rest der großen Gesänge ist nicht gerade Schweigen, aber doch eher traurig. KIM IL SUNG zum Beispiel: Zwar war es auch ihm zeitweise gelungen, eine illustre internationale Gemeinde von Bewunderern – schwarzen »Black Panthers« und rotbackigen SDS-Führern – zusamenzubekommen. Aber der Funke der Begeisterung für sein »Djutsche«-Prinzip (des Vertrauens auf die eigene Kraft) wollte nicht recht überspringen, auch wenn die »Pjöngjang Times« bis heute täglich und im Weltmaßstab die Bildung neuer Studienkreise der Kim-Il-Sung-Ideen meldet.

Der Grund liegt wohl in der *untrennbaren* Einheit, die Kim und Korea (Nord) eingegangen sind – so untrennbar sogar, daß das besagte Prinzip darunter leidet. Denn Kim ist vor allem die herrschende Sozialisationsform dieser Gesellschaft. Es *gibt* sie beinahe nicht, wenn der Klebstoff Kim entfiele. (So daß man sich über sein Ableben jedenfalls nur die düstersten Gedanken machen kann.)

Kim läßt sich wahrscheinlich nur vom Kindergarten aus richtig erfassen. »Die Kinder sollen es am schönsten haben«, ist eine seiner Maximen, nach denen das Land lebt.

Vom 44. Lebenstag an kommt das Kind in die Krippe beim Wohnblock oder dem Betrieb der Mutter. Bis zum 11. Monat stillt die Mutter, aber das Kind wird ihr allmählich und systematisch entwöhnt. Vom 6. Monat an findet entschiedene Reinlichkeitserziehung statt. Mit 12 Monaten geht das Kind allein und zu Fuß auf den Topf. Ab dem 15. Monat beginnt es zu sprechen. Mit 18 Monaten soll es seinen ersten zusammenhängenden Satz sprechen: *»Ich danke Dir, Genosse Kim Il Sung.«*

Dieser Satz ist sozusagen der Ur-Satz. Ab jetzt steht das Kind in einer Art sozialistischem Wettbewerb für die Ziele Sauberkeit, Leistung, Höflichkeit, Ordnung und Schönheit (letzteres teils durch grazile, ballettartige Bewegungen, teils durch strammes Marschieren mit Gesang).

Vom 4. Lebensjahr an soll das Kind die Geschichte des Führers mit einfachen Sätzen wiedergeben können; dazu gibt es anschauliche Bildtafeln, kleine Modelle seines Geburtshauses z.B. und andere Hilfsmittel mehr. Im 5. Jahr lernen die Kinder, von der »Hilfe-der-Kinder-für-den-Führer« während des Befreiungskampfes zu erzählen, diese auch tänzerisch und schauspielerisch darzustellen.

Sechsjährige lernen schon ganze Sing- und Tanzspiele wie »Wer-gab-uns-unsere-Kleider-und-unseren-täglichen-Reis«. Auswendiglernen spielt eine große Rolle, vor allem von Geschichten aus der koreanischen Revolution, d.h. der Heldengeschichte Kim Il Sungs. Die Spiele werden in den nächsten Jahren komplizierter, wie auch die Texte. Es wird Bastel- und Gesangs-, Sport- und Tanzunterricht miteinander verbunden. Thema sind: Dankbarkeits-, Sauberkeits-,

Sanitäts- und Verteidigungsspiele.

Mit acht Jahren (bis zum 17. Lebensjahr) gehen die Kinder in die Einheitsschule, wobei dies mit ihrer Aufnahme in die Pionier-, dann die Jugendorganisation zusammenfällt. Auswendiglernen ist bis zur Universität ein fester Bestandteil jeder Ausbildung. Immer verbindet sich Fachwissen mit politischem Wissen, d.h. Wissen über den Führer. Ständige Leistungskontrollen überprüfen, was hängen geblieben ist. Besonders ehrgeizige Schüler schließen sich auf der Schule in Studiengruppen für die Kim Il Sung-Ideen zusammen. Das signalisiert: sie möchten einmal Kader werden.

Mit 17 Jahren wird über den weiteren Weg des Schülers anhand der Bedürfnisse des Staatsplanes und seiner Qualifikationen bestimmt. Das Höchste ist es natürlich, auf die Kim Il Sung-Universität in Pjöngjang gehen zu dürfen. Der Besuch der Vorlesungen und Seminare ist dort Pflicht. Es wird unverändert viel auswendig gelernt und in permanenten Prüfungen abgefragt. Außer dem Fachstudium sowie dem obligatorischen Sport steht das Studium der Kim-Il-Sung-Ideen im Mittelpunkt. Ohne deren erfolgreiche Absolvierung gibt es keinen Studien-Abschluß. Und so – so möchte man einfach schließen – baut sich die Gesellschaft des sozialistischen Korea *von unten nach oben* auf.

Dabei ist Kim Il Sung, ähnlich wie Castro und ganz im Unterschied zu Mao, der Typ des Führers, der sich um *alles* kümmert. Wo immer er nach dem Rechten sieht (und fast kein Platz seines kleinen Landes dürfte inzwischen *nicht* inspiziert worden sein), hinterläßt er eine Weisung, die das »Hauptkettenglied« erfaßt. Dort entsteht sogleich eine Gedenkstätte über den Besuch des Führers, so daß das Land mit 2896 Gedenkstätten (Stand: ca. 1982) buchstäblich gepflastert ist. Zu sagen, Kim hinterließe eine Art »Duftmarke«, wäre zu respektlos.

Kim Il Sung hatte lange im Schatten Stalins gestanden. Die Führerschaft des noch recht jungen Mannes, der mit der Roten Armee aus der Sowjetunion gekommen war, war nicht von vornherein anerkannt und gefestigt. Er mußte sich mit seiner »Geschichte des koreanischen Befreiungskrieges« das erste dauerhafte Denkmal selbst errichten. Der reife Kim-Il-Sung-Kult ist wohl überhaupt erst ein Produkt der 60er und 70er Jahre.

Von daher muß es als ein spätes Glück erscheinen, noch in den 80ern die ungeheuchelte Bewunderung einer sehr gut aussehenden katholischen Schriftstellerin aus dem fernen Bayern gefunden zu haben. Und vice versa. Denn **Luise Rinser** hatte 1979 den Iran besucht und sich dem Problem eines authentischen Gottesstaates ganz offen und aufgeschlossen genähert, nur um letztlich sehr frustriert heimzukehren. »Khomeiny und der islamische Gottesstaat – Eine große Idee. Ein großer Irrtum?« (So der Titel ihres damaligen Reiseberichts.) Leider *beides*. Und so macht sich die Grüne Präsidentschaftskandidatin 1981 noch einmal auf ins Land Kim Il Sungs, mit einem sehr originären Anliegen:

»Wir nähern uns schon der Hauptstadt ... Das Land verengt sich zu breiten Straßen mit Grünstreifen und Alleenbäumen, viel Grün, wenig Laub, viel blühendes Gesträuch, wenig Verkehr, niemand in Eile. – Aber dann: auf einem Hügel das bronzene Riesenstandbild des Präsidenten ... Warum diese Altäre im Freien, diese grellbunten Farbtafeln ...: Kim Il Sung im Partisanenkrieg, Kim Il Sung bei den Bauern, Kim Il Sung bei den Kindern, ... ›Personenkult‹.
Freilich: in katholischen Gegenden hängt auch überall der Papst in Farbdruck. Für Katholiken ist das etwas anderes, als wenn da der Präsident hinge. Aber für Nichtkatholiken ist es auch Personenkult. Das muß ich bedenken. Ich werde noch verstehen lernen, was dieser Kult um Kim Il Sung WIRKLICH meint.«

Der Kim-Kult meint, wie Luise Rinser nach langem Suchen endlich herausfindet, nur das *Allerbeste*. Sie hat noch einmal ein, wenn auch seltsam verkehrtes, religiöses Ur-Erlebnis:

»Ihr, liebe atheistische Nordkoreaner, ihr *lebt* das Christentum; ihr seid die ›anonymen Christen‹. Ihr lebt die Liebe und nennt das: eine sozialistische Revolution machen. Ihr mordet nicht ..., Ihr denkt nicht an Geld und Geldeswert ..., Ihr mißhandelt nicht Kinder und Frauen, Ihr vergewaltigt keine Mädchen ..., Ihr kennt keine Aggressionen schwerer Art, Ihr wollt den Frieden ..., Ihr wißt noch, was Sozialismus ist und was ›Kommunismus‹ sein soll. Plötzlich denke ich: Christus ist ausgewandert nach Nordkorea. Gott ist bei den Atheisten, da ihn die Christen verraten haben.«

Nach langen inneren und äußeren Vorbereitungen gelingt es Luise, IHN, den Spiritus rector dieses ur-christlichen Gemeinwesens, von Angesicht zu Angesicht zu treffen, und zwar ganz persönlich (nicht, wie früher schon einmal, offiziell). Sie möchte ihm klarmachen, daß seine Wirkung (in christlichem Sinne) noch viel *tiefer* ginge, wenn er seinem Kult gewissermaßen offiziell entsagte, um ihn um so freier, authentischer im Herzen der Menschen blühen zu sehen. Aber das richtige Wort will ihr in dieser intimen Stunde nicht über die Lippen. Und so schickt sie ihm später (in der Hoffnung auf christliche Wirkung) eine Bibel. Und ihr »Nordkoreanisches Tagebuch«:

»Die Audienz hat über eine Stunde gedauert, das Essen dauert noch länger, denn wir essen nicht nur, sondern unser Gespräch geht weiter ... Er wird immer gelöster und privater und herzlicher, und er wird witzig: er schildert mir die Politiker, die bei der Totenfeier Titos zugegen waren, er nimmt kein Blatt vor den Mund, er charakterisiert sie ungemein treffend, und wir lachen ungehemmt über die Schwächen eitler Leute. Kim Il Sung ist nicht eitel, und nun versteh ich überhaupt nicht mehr, daß er den so verrufenen Personenkult duldet oder will. Der paßt gar nicht zu ihm... Ich habe nie einen Politiker, einen Staatsmann erlebt, der natürlicher, entspannter und weniger pretentiös gewesen wäre. Braucht das VOLK den Kult ..., da es keinen religiösen Kult mehr hat? Würde das Volk, würde die übrige Welt es als Minderung der Machtposition Kim Il Sungs werten, wenn er die Riesenaltäre im Freien beseitigen ließe und den Byzantinismus seiner Leute im Umgang mit ihm? Sicher wäre das Gegenteil der Fall. Ich hätte gern gesagt: Der Personenkult hier ist ein Rest der konfuzianisch-feudalen Kultur der Vergangenheit ... Wenn Sie, Herr Präsident, so hätte ich gern gesagt, mit gekreuzten Beinen und einer Zigarette in der Hand (viel zu viel rauchend, wie alle Nordkoreaner) unter ihren Bauern sitzen auf dem Boden, auf dem Acker, dann ist das STIL. Sie haben, Herr Präsident, diesen Kult nicht nötig. Sie sind Sie, Sie wirken durch ihre Person. Weg mit dem überflüssigen Kult.«

Aber sie hat es nicht gesagt. Sie stellt »noch einige kleinere Fragen«, zum Beispiel, ob es *wirklich* keine Gefängnisse in Nordkorea gebe, was Kim »fast belustigt« bestätigt. So ist eine unwiederbringliche Gelegenheit verpaßt – worin man einen Gott hätte überzeugen können, daß er eigentlich ein Mensch ist.

Luise Rinser könnte es nicht nur verstehen – sie fände es wunderbar, wenn Kim Il Sung seinen ältesten Sohn Kim Tschon Il seinem Volk als Nachfolger schenken würde:

> »(Der) kennt das Land, die Leute, die Ideologie, der weiß, wie man das so mühsam aufgebaute Land weiterentwickeln muß, dem kann er voll vertrauen, der würde dafür sorgen, daß nicht nach dem Tod des Präsidenten ein Bruch entstünde, eine Spaltung zum Unheil für das Volk«.

Leider, meint sie, habe man wohl anders entschieden...

Mittlerweile darf frohlockt werden! KIM TSCHON IL ist ganz offiziell jetzt der »liebe Führer« hinter dem »großen Führer«. Das Bild des Thronfolgers hängt schon in allen Haushalten, rote Tafeln (fast bereits Gedenkstätten) erinnern an die Plätze, wo er »richtungsweisende Befehle« erlassen hat. Und schon gibt es ein Buch mit dem Titel »Eine große Persönlichkeit«:

> »Die revolutionäre Geschichte des lieben Genossen Kim Tschon Il ist voller unsterblicher Vorkommnisse, die von seinem erhabenen kommunistischen Charakter zeugen, einem Charakter, der in den Tiefen der Herzen des koreanischen Volkes verwahrt wird. Er hat die reinste und klarste Loyalität gegenüber dem Genossen Kim Il Sung, er ist begabt mit solch unübertroffenem Mut, wunderbarer Weisheit und Voraussicht, daß er der Menschheit weit vorausblickt.«

Ähnlich erfolgreich wie Kim Il Sung war nur der Führer des albanischen Volkes, ENVER HODSCHA, sein Land ganz nach seinem Bilde zu prägen. Obwohl sich gerade hier die Frage stellte: wer – wen?

Die Nachrufe auf Enver Hodscha waren alle schon geschrieben, als ich von **Joseph Roth** einen »Artikel über Albanien – Geschrieben an einem heißen Tag« (Ende der 20er Jahre), fand:

»Albanien ist schön, unglücklich und trotz seiner Aktualität langweilig. ... Das ganze Land ist wie ein abgeschlossener Hof, von natürlichen Gefängnismauern eingefaßt, die Freiheit ist ein relativer Begriff, man fühlt deutlich, daß es keine Eisenbahnen gibt, uns in das Jahrhundert zu führen, das unsere Heimat ist ..., und die Exotik lastet doppelt grausam als selbstgewählte Pein. ...

Mögen mir Albaner und andere Nationen nicht übelnehmen, daß ich einen unproduktiven Konservativismus zu schätzen nicht genug begabt bin ... Sie haben wie manche kleine Völker jene Art von nationaler Treue, die der Nation zum Aussterben verhilft und die nationale Kultur arm erhält. Daher kommt es, daß die albanische Sprache heute noch kein Wort für ›Liebe‹ hat. ... Ein albanischer Major sagte mir: ›Es ist noch ein Glück, daß uns die Türken unterdrückten und von ihrer Kultur abgeschlossen hielten. Denn sonst wäre heute die albanische Sprache spurlos verschwunden.‹ Es war, wie gesagt, ein albanischer Major, der so sprach. Deshalb erwiderte ich nicht, was mir auf der Zunge lag, nämlich:

Was haben Sie davon? Sagen Sie Ihrer schönen Frau: Ich liebe dich! auf albanisch. Wäre es nicht besser, auf türkisch alles zu sagen als auf albanisch nur die Hälfte?«

Die Abwesenheit des Wortes »Liebe« (wie des Wortes »Gott« oder »Seele« – behauptet Roth) ist mir damals nicht aufgefallen, als ich 1972 Albanien, das kleine, wackere Bollwerk des Anti-Revisionismus und somit des *real* existierenden Sozialismus in Europa, besuchte. Wohl aber die Tatsache selbst. Die Liebe zu einer französischen Genossin fand in diesem Lande keinen Ort – nirgends. Ob es sich um revolutionäre Wachsamkeit handelte, die das verhinderte, oder »weil jeder albanische Städter, mit Leidenschaft und ohne aufgefordert zu sein, Nachbarn und ihre Handlungen und Wege beobachtet (und) ein kindisches Vergnügen darin findet, ›Geheimnisse‹ zu entschleiern«, wie Roth schrieb, das ist im nachhinein schwer zu sagen.

Bei Tage sahen diese Menschen gelassen, gebräunt und furchtbar gut trainiert aus; sie joggten morgens, und abends spielten sie Volleyball oder Karten; nur ein paar dekadente Elemente hörten Tom Jones aus winzigen Transistoren (von Italien herüber). Manchmal zogen tagsüber Kinderkolonnen auf der Straße vorbei, schüttelten die Fäuste, verdammten den Revisionismus und Imperialismus und ließen Enver hochleben. Die Fabriken und Staatsgüter, die wir besuchten, waren so, wie Fabriken und Staatsgüter sind. Das ganze Land machte den Eindruck eines halbwegs aufgeräumten, überdimensionalen Wirtschaftshofes, mit Arbeitern, Kadern und Soldaten bevölkert, die die Fremden scheu musterten. Die Fremden schüttelten die Fäuste, verdammten den Imperialismus und Revisionismus und ließen Enver hochleben. Die Antwort kam von den Kindern, die jede, selbst bescheidene Abwechslung schätzten.

Abends gab es im malerischen Freiluftkino am Meer Filme über den Aufbau des Sozialismus in Albanien. Am faszinierendsten waren die langen Filmpassagen über die Parteitage, auf denen stets Enver redete. Auf der Parteitagstribüne hinter ihm flimmerten weiße Spiralnebel, manchmal fünf, manchmal mehr, dort wo einst Köpfe saßen, die inzwischen, hoppla!, wohl gefallen waren. Die Gestalten in schwarzen Anzügen saßen noch da, aber ihre Gesichter waren unter immensen Mühen, Bild für Bild, mit einer Nadel aus dem Filmstreifen herausgekratzt worden – die stärkste Darstellung von *Unpersonen*, die man sich denken kann. Um so prägnanter trat die Figur im hellen Anzug am Rednerpult hervor. Sein harmloses Apothekergesicht gewann jetzt erst den Ausdruck unerbittlicher Entschlossenheit, die ihm nachgesagt wurde: ENVER HODSCHA.

Daß sein System seinen Tod (nach einer klärenden Schießerei im Politbüro) tatsächlich bruchlos überlebt hat, könnte allerdings dem Misanthropen *Joseph Roth* noch einmal recht geben, wenn er fortfuhr:»In diesem Land ... gäbe (es) keine öffentliche Meinung – selbst wenn sie gestattet würde.«

Über Tito oder Mengistu, Husak oder Honecker hätte sich dies oder jenes noch beitragen lassen. Aber eine – wenn auch morbid – markante Erscheinung bietet allenfalls noch Genosse NICOLAE CEAUCESCU, Herrscher von Transdanubanien und -sylvanien, vulgo »Sozialistische Republik Rumänien«, der 1974 formell die Königsinsignien Szepter und Schärpe überreicht bekam. Allerdings scheute er – vielleicht durch das Schicksal des Kaisers Bokassa gewarnt – vor einer regelrechten Inthronisation zurück.

Der Ceaucescu-Kult sticht in der kommunistischen Weltbewegung dieses Jahrhunderts hervor durch seinen nackten Chauvinismus. Vom Sozialismus ist übrig geblieben, daß das Volk geschlossen»Den Weisungen des Genossen Nicolae Ceaucescu entsprechend denken, planen, handeln!« muß – so die Dauerlosung eines jeden Tages.

Ceaucescu rückte 1965 – etwas überraschend – als Nachfolger des macchivellistischen Alt-Stalinisten Gheorghiu-Dej in die Funktion des Generalsekretärs – vielleicht nur, weil er der farbloseste von allen war. Sein erstes Amtsjahrzehnt widmete er – unter der Fahne der »nationalen Unabhängigkeit« – einem ziemlich übergeschnappten Industrialisierungsprogramm; alles auf Kredit. Allein im Jahr 1969 kaufte er 200 komplette Industrieanlagen mit allem Drum und Dran im Ausland. Seitdem funktioniert buchstäblich nichts mehr.

Es hieße den Mann aber unterschätzen, würde man in seinem ständig sich steigernden monarchischen Pomp lediglich eine *Ausflucht* aus der dramatischen Wirtschaftsmisere sehen, in die der

»Conducator« sein Groß-Rumänien hineingeritten hat.

Viel prägnanter ist die Steigerung seines chauvinistischen »Rumänisierungs«-Wahns. In den historischen »Dacern« aus römischer Zeit will er »die klare Quelle des rumänischen Volkstums« gefunden haben. Von dort reicht eine geschlossene Ahnenreihe starker Herrscher bis in die Neuzeit, an deren Ende er selbst steht. Der dissidente Schriftsteller **Paul Goma** drückte das ziemlich hart aus:

> »Irgendwann Ende der 60er Jahre, der genaue Zeitpunkt ist schwer auszumachen, glaubte Ceaucescu selbst daran, die Inkarnation eines Decebal, Mircea des Alten und Stefan des Großen zu sein – von diesem Tag an sitzt in Rumänien ein Größenwahnsinniger auf dem Thron.«

Zum Lebensende hat Ceaucescu noch zwei Ziele: Zum einen will er sich in pyramidalen Großbauten verewigen, d.h. an Stelle der komplett abgerissenen Altstadt von Bukarest einen gigantischen »Palast der Republik«, umgeben von einem ganzen Ensemble neo-klassizistischer Regierungsbauten, errichten. Seit neuestem soll dieses funkelnagelneue Machtzentrum auch noch mit der Errichtung einer »historischen« Nebenhauptstadt in Tirgoviste verbunden werden, wo die walachischen Fürsten des Mittelalters ihren Hauptsitz hatten.

Das andere große Ziel ist die Sicherung, das heißt eigentlich erst: die *Errichtung* seiner Dynastie. Seinen Sohn Nicu konnte Ceaucescu – anders als Kim Il Sung – unter den Granden seines Reiches nicht als Nachfolger designieren lassen. (Nicu ist nämlich ein noch ausgemachterer Playboy als der junge Kim.) So deutet zunächst alles auf die eiserne Gattin Elena hin, die ohnehin die Zügel des Reiches in der Hand hält.

Der Hofdichter **Mihai Beniuc** durfte denn auch schon eine »Huldigung« auf sie veröffentlichen:

> »So schreitet sie den Weg, der in die Zukunft weist...,
> unter dem stolzen Banner der Partei
> und an der Seite des genialen Gatten,
> des größten Steuermannes, den wir jemals hatten.
> Traget denn, künftige Generationen,
> den Lichtstrahl durch Äonen,
> von jener weisen Frauen Wissen,
> das sprühend Leben ließ zum Heile sprießen.«

Von solchen Hofdichtern gibt es im neuen Rumänien Nicolae I. heute eine ganze Zunft – wie man das auf dem Balkan seit Jahrhunderten nicht mehr gesehen hat. Ein **Teodor Bratu** verkündet zum Beispiel dem ganzen Volk: »Der neue Mensch, das ist Er!«.

> Kein Mensch auf Rumäniens Erde,
> Der seine Stimme nicht hörte.
> Kein Bach, kein Ast, kein Fels,
> der seinen sicheren Schritt nicht erkennte.
> Von der Morgenröte bis zur Dämmerung abends,

Kennt weder Rast er noch Ruh.
Unermüdlicher Baumeister der Heimat,
Mensch, Neuer, der seinesgleichen nicht hat.

Erschlagen ziehen wir nach Haus ... – ins Mutterland des großen sozialistischen Personenkultes, die Sowjetunion. Und eben dort werden nun plötzlich die schweren Vorhänge des Obskurantismus ein Stück weit beiseite gezogen, tritt ein neuer Generalsekretär auf den Plan, der die wahrhaft klassische Parole ausgegeben hat: »MEHR LICHT!«

Es ist gerade ein paar Jahre her, daß Leonid Iljitsch Breschnew mit 60 Orden als der *höchstdekorierte Mensch der Geschichte* von ihrer Bühne abtrat. Überhaupt, das ist schon so gut wie vergessen: Wie Leonid Iljitsch sich in den fast zwanzig Jahren seiner Tätigkeit als Generalsekretär sehr bemühte, *an Stelle* des halb, aber eben nur halb rehabilitierten Jossif Wissarionowitsch als der einzig legitime Nachfolger Wladimir Iljitschs zu erscheinen. Als 1973 die Parteibücher umgetauscht wurden, erhielt Lenin die Nr. 00 000 001. Das Parteibuch –02 bekam Breschnew.

Der Kult um Breschnew erreichte in den Jahren nach dem XXV. Parteikongreß 1975 seine eigentlichen delikaten Höhen. Da nannte ihn der Chefideologe der Partei, Suslow, einen »Titanen der Menschheit«. Rachidow säuselte: »Breschnew ist nicht nur der hervorragendste Politiker der Welt, sondern der einflußreichste seiner Zeit.« Und Kirilenko rief ihm zu: »Die Partei und das Volk lieben dich, Leonid Iljitsch.«

Breschnew erhielt den fünften Leninorden, den zweiten Goldenen Stern eines Helden der Sowjetunion, den Goldenen Säbel der Roten Armee etc.pp. Er bekam die Goldene Karl-Marx-Medaille als Theoretiker, den Lenin-Friedenspreis als Friedensstifter und endlich gar den Lenin-Literaturpreis 1979 für drei kleine Broschüren (»Das kleine Land / Wiedergeburt / Neuland«), worin er vor allem von seinen eigenen Ruhmestaten im Krieg und an der Wirtschaftsfront berichtet hatte. Breschnew wurde in der Laudatio zum besten, populärsten und einflußreichsten Schriftsteller seines Landes erklärt.

Das würde man mit Recht für sterbenslangweilig halten, gäbe es nicht einen Zusammenhang zwischen diesen krampfhaften Versuchen eines Neu-Kultes und dem untergründig weiter grassierenden Stalin-Kult.

**Anton Antonow-Owssejenko,** der Sohn des (1937 ermordeten) Erstürmers des Winterpalais, sah gerade in den Jahren des langen

Sterbens Breschnews eine halboffiziell betriebene Kampagne zur Rehabilitierung Stalins, verbunden mit einer regelrechten Verschwörung zugunsten einer stalinistischen Wende in der Innenpolitik.

»Im Dezember 1979 wurde beispielsweise Stalins hundertster Geburtstag mit großen Artikeln in ›Prawda‹ und ›Kommunist‹ gefeiert, den offiziellen Organen des Zentralkomitees. Ein Jahr davor, am 21. Dezember 1978, fand am Geburtstag des Tyrannen im Moskauer Haus des Schriftstellerverbandes eine Versammlung statt. Thema der Diskussion: ›Klassik und Moderne‹. Im Saal saßen an die tausend Studenten und Doktoranden aus dem Gorki-Institut für Weltliteratur. Viele hatten sich Abzeichen mit dem Portrait Stalins angesteckt. Pjotr Palijewski, der Direktor des Instituts, pries die Stalinschen Terrorjahre als ›großartige Blütezeit der Literatur‹. ...
In unseren Tagen verfolgt die Sowjetbürger überall das Abbild des seligen Generalsekretärs – auf den Straßen und in den Eisenbahnzügen, im Kino und zuhause. ... Heutzutage kann man hören: ›Unter Stalin hat *Ordnung* geherrscht‹ ... Im ganzen Land verbreiten unbekannte Personen privat hergestellte Erzeugnisse – Abzeichen, Plakate, Kalender – mit Bildern von Stalin. Eine Frage an den Leiter des KGB: ›... Sind privater Handel und ›Samizdat‹ (nicht) verboten?‹ ... Warum hat man bis heute an der Kremlmauer noch kein Feuer für die Opfer der Stalinschen Lager und Gefängnisse entzündet?« (Obwohl der XXII. Parteitag die Errichtung eines Mahnmals formell beschlossen hatte!)

Im Frühjahr 1985 – zu Beginn der Ära Gorbatschow –, als der vierzigste Jahrestag des historischen Sieges im Weltkrieg gefeiert wurde, erschien Stalin wiederum in Filmen, Ausstellungen usw. Als Gorbatschow selbst in seiner Gedenkrede den *Namen* »des Oberkommandierenden« erwähnte, erhob sich der ganze Saal zu einer langen Ovation. Gorbatschow klatschte nicht mit.

Das knappe Jahrzehnt zwischen 1975/76 und 1984/85 – zwischen Maos Siechtum und Tod und dem langen Sterben im Kreml (von Breschnew über Andropow bis Tschernenko) – schien einen unaufhaltsamen Prozeß der Degeneration zu markieren, sowohl der führenden Persönlichkeiten und ihrer Kulte wie auch der kommunistischen Weltbewegung im ganzen: Marxismus-Senilismus...
Es war tatsächlich nur ein kurzes Interregnum. Mit Michail Gorbatschow hat ein neuer, tatendurstiger Typ von Parteiführer die Bühne betreten. Mit bemerkenswert kurzer Schamfrist hat er die beinahe rituelle Verstoßung seines Vorgängers (Breschnew) vorgenommen und sich damit den Ausweis seiner neuen Führerschaft gesichert. Mehr denn je stellt sich die kommunistische Bewegung damit als eine Kette von Un-Personen dar (Trotzki, Stalin, Berija, Malenkow, Chruschtschow, Breschnew...). Aber solche Brüche gehören gerade zu ihrer *Kontinuität.*

205

Ohnehin sollte man nicht übersehen, daß die Bühne, die Gorbatschow betreten hat, breiter denn je ist. Der Verlust an Ausstrahlungskraft der kommunistischen Parteien ist in keiner Weise zu verwechseln mit realen Bestandsverlusten im sozialistischen Lager. Ganz im Gegenteil. Dieses Lager, das sich um die Sowjetunion als seinen natürlichen Machtkern gruppiert, steht als irreversibles politisches Faktum in der Landschaft dieses Jahrhunderts. Schon daß alle Welt heute von »Reform« und längst nicht mehr von »Zusammenbruch« spricht (wie in der ersten Hälfte des 80jährigen Bestehens der Sowjetunion die Regel), spricht für sich. Das Imperium hat nicht nur die äußere Aggression der Hitler-Armeen und den Spannungs- und Wirtschaftskrieg mit den USA, sondern auch eine nie abgerissene Kette innerer Krisen (in der charakteristischen Form von Meutereien) siegreich überstanden, von Kronstadt 1921 über Budapest 1956 bis Danzig 1980. Keine einzige erfolgreiche »Gegenrevolution« ist bis heute zu verzeichnen. Dagegen sind auch im Jahrzehnt der Stagnation nach 1975 wenigstens sieben neue Volksrepubliken mit marxistisch-leninistischen Einparteienregimes hinzugestoßen – um nur die sicheren Kandidaten zu nennen (Vietnam, Laos, Kampuchea, Afghanistan, Süd-Jemen, Äthiopien und Angola). Daß es sich hierbei nicht um das Resultat einer russischen Weltverschwörung und -unterminierung, sondern eher schon um ein Gegenresultat zur ungebrochenen Erfolgsstory des amerikanischen, westeuropäischen und südostasiatischen Kapitalismus handelt, liegt eigentlich auf der Hand.

Nun also Gorbatschow. Anders als alle früheren sowjetischen Führer, hat er sich jeden Kult traditioneller Art um seine Person mit schroffen Worten verbeten – genauer gesagt: jeden Kult der Partei um ihren Generalsekretär. Mit umso größerem Geschick versucht er, mit Hilfe der modernen Massenmedien am Parteiapparat vorbei sich eine direkte Popularität im Volk zu verschaffen. Zum anhaltenden Kult um Stalin verhält er sich taktisch: Er zollt ihm, wo es sein muß, seinen vaterländischen Tribut. Indem er sich dem Applaus nicht anschließt, gibt er der eigenen imperatorischen Attitüde erst recht Kontur.

»Das Volk schweigt« (einstweilen) – wie in Puschkins ›Boris Godunow‹, wie in der längsten Zeit seiner Geschichte. Um so wunderbarer wirkte das endliche »Erscheinen«, die Epiphanie dieses neuen, zivileren Führers aus der Mitte eines verknöcherten Apparates auf größere Teile der kritischen Intelligentsia und auf die jungen, welthungrigen Mitglieder der politischen Amtsträgerklasse selbst.

Noch stärker war und ist womöglich die Wirkung Gorbatschows und seiner schönen Prinzipalin auf die Öffentlichkeit der westlichen Demokratien, die konservative kaum weniger als die liberale oder progressive. In dieser Wirkung kommt noch etwas ganz anderes als die jeweiligen konkreten (politischen oder geschäftlichen) Interessen mit ins Spiel: die Suggestionskraft nämlich, wie sie nur je in der Geschichte vom Erscheinen eines wahren Fürsten ausgeht.

Zum Friedensforum in Moskau im Februar 1987 pilgerten an die 1000 Schriftsteller und Künstler, Wissenschaftler und Bankiers aus aller Herren Länder. Graham Greene fungierte als Sprecher für eine ganze internationale Schriftstellergruppe (u.a. Norman Mailer, James Baldwin, Max Frisch, Friedrich Dürrenmatt), als er feststellte: Gorbatschow wisse die Intellektuellen zu inspirieren, im Gegensatz zu seinem westlichen Widerpart, der an Militarismus, Businessgeist und intellektueller Sterilität kranke. Der ebenfalls katholische Schriftsteller Josef Reding sagte es ganz schlicht: »Ich würde mich ihm anvertrauen, wenn ich in Schwierigkeiten wäre.«

Der Sprecher der Deutschen Bank sagte es eher noch emphatischer:

CHRISTIANS: Gorbatschow hat eine neue Sittlichkeit gefordert. Es gibt veränderte Moralbegriffe, neue Anschauungen, die der Parteichef sogar verbindlich für die Politik machen will, weil er den Globus als eine kleine Einheit sieht, die nur gemeinsam weiterleben oder gemeinsam untergehen kann. ...

Jetzt, zum Ende dieses Jahrhunderts..., erleben (wir) eine Verdichtung der Kommunikation. Es kommt eine größere Erlebnisdichte, es ist einfach so, daß wir alle das Gefühl haben, die Erde sei ein Raumschiff, in dem wir alle sitzen, und keiner kann mehr allein eine Atombombe basteln, weil uns das alle angeht.

SPIEGEL: Uns kommt es so vor, als spräche Gorbatschow zu uns.

CHRISTIANS: Dann haben Sie begriffen, was ich meine.

Die Irritation, Gorbatschow durch den Sprecher der Deutschen Bank sprechen zu hören, wäre womöglich noch größer gewesen, hätte man gebührend beachtet, *wer* eigentlich durch Gorbatschow spricht.

»Macchiavelli hat nicht das Glück gehabt, seinen *Fürsten* erscheinen zu sehen ... Der *Fürst*, den ich antizipierte ..., ist erschienen. Er benutzt die erprobte Tyrannis, während er sie abbaut, um – wie es einst Plato verzweifelt ersehnt und nicht erlebt hatte – die ursprüngliche Idee, die urbildliche heilige Ordnung wiederherzustellen ...

Ich habe selbst nicht genug an die Möglichkeit geglaubt, die ich auf den letzten 250 Seiten meiner ›Alternative‹ umrissen hatte. Man kann die jetzt wieder lesen, und man wird die Richtung wissen, in die er geht. ... Es ist die Stunde, dem, was er *will*, soviel Sympathie und positive Energie zuzuwenden (und nicht etwa nur ›linke‹), wie nur immer möglich ist, in der ganzen Welt ...

›Und was wirst Du an ihm kritisieren?‹, hat mich der Redakteur der Taz gefragt. Nichts werde ich kritisieren. Wo seine Vision noch undeutlich erscheint, da hat er sie vielleicht nur noch nicht voll ausgesprochen, um die Perlen nicht vor die verzauberten Säue zu werfen ...

Eines kann ich mit einigem Recht sagen: Ich weiß, was er *will*. ... Ich weiß es mit der Vernunft und mit dem Herzen, weil er *praktisch* ... zu dem Programm vorstößt, daß ich vor zehn, elf Jahren aufs Papier warf, zu dem Programm der kommunistischen Kulturrevolution ...«

Es ist **Rudolf Bahro**, der in Gorbatschow seinen endlich erschienenen »Principe«, den starksinnigen Verwirklicher seines (Bahros) Programms, begrüßt – auch wenn er (Gorbatschow) davon gar nichts weiß. Und der Ex-Dissident hat das mit jenem Mut zur Lächerlichkeit getan, den jedes entschlossene »Erhebet Eure Herzen!« nicht fürchten darf.

Schon als politischer Funktionär der SED war Bahro ein gläubiger Kommunist im Wortsinne. Er schrieb Gedichte an Hyperion oder Lenin. Und eines »An Denselben« – dessen Name *damals* noch nicht feststand:

Vieles verbindet viele. / Eine Zeit. Ein Raum.
Dieser Gedanke. Dies Gefühl. / Dies Bündnis heute.
Diese Liebe heute / (und die am meisten).

Wir haben Freunde. / Und wo ihrer jeder
immer Etwas ist, / daß er Uns annimmt,
hat auch jeder einmal / mit uns geschworen ...

Und allmählich wächst – / wie lange schon,
durch wieviel Räume, Zeiten doch
die *Unsichtbare Kirche* an ...

Die »Unsichtbare Kirche«, das ist eine verschworene geschichtliche Bruderschaft – von Plato und Joachim von Fiore bis Ché Guevara und Rudolf Bahro –, die den geschichtlichen Traum von einem reichhaltiger wiederzubelebenden Ur-Kommunismus (»die urbildliche heilige Ordnung«) wie eine Fackel, die nicht verlöschen darf, durch die Zeiten getragen hat. Heute aber – das eben war die Verkündigung in der »Alternative« – ist die Rückkehr zu einer solchen, in sich ruhenden ur-kommunistischen Gesellschaft das einzige Mittel »für die Rettung der Welt vor den Selbstzerstörungskräften der Zivilisation«. Und dafür, so Bahro damals wie heute, biete das sowjetische System eben doch die viel besseren Voraussetzungen, gerade *weil* es historisch aus der »orientalischen Despotie« erwachsen ist, d.h. das Diktat der Politik über die Ökonomie tradiert hat. In all seinen Rohheiten bietet dieses System mit seiner einheitlichen, alles erfassenden Politökonomie viel Wertvolleres, als die sinnlose, »seelenlose« Effizienz der Güterproduktion des kapitalistischen Westens je bieten kann; und gerade *dieses* Höhere will Gorbatschow (das weiß Bahro mit dem Verstand und mit dem Herzen) wieder zur Entfaltung bringen:

»Er will die Kompaßnadel der Russischen Revolution wieder ausrichten auf die allgemeine Emanzipation der Menschen, Mann und Frau, auf unseren Aufstieg zur Freude und darüber hinaus zur Kommunikation und Kommunion mit dem Ganzen.«

Es kommt nicht sehr darauf an, daß Bahros Vision sich empirisch auf das paradoxeste mit Gorbatschows Effektivierungs- und Beschleunigungsparolen stößt – von so schnöden Tatsachen wie der noch heilloseren Überrüstung der Sowjetunion oder den womöglich noch zugespitzteren Umweltproblemen (als wäre Tschernobyl wirklich nur eine »Havarie«, ein Betriebs-Zufall, gewesen) ganz zu schweigen.

Der beklemmende Realitätsgehalt der Bahro'schen Vision vom »Principe« liegt vielmehr darin, daß sie uns, in durchaus aktualisierter Version, auf den Kern unserer ganzen Themenstellung zurückverweist.

Dieses Buch hat einen nicht eben kleinen Teil der großen Geister dieses Jahrhunderts als Sänger des Kultes der sozialistischen Führer-Persönlichkeit(en) vorgeführt. Das mag reichlich respektlos, stellenweise fast hämisch und insgesamt ziemlich überheblich erschienen sein – so als hätte der Schreiber dieser Zeilen sich von Haus aus über alle diese Dinge erhaben gefühlt.

Das Gegenteil ist der Fall: der sarkastische Tenor der – der natürlich in keinem Falle dem Gesamtwerk, der Persönlichkeit usw. des jeweils zitierten Schriftstellers, Philosophen, Geistlichen oder Politikers gerecht werden konnte oder wollte –, rührte gerade aus der Erfahrung der *eigenen* Anfälligkeit her, mit der es noch nicht einmal ganz vorbei ist.

> »Zerschlagen zurückgekehrt von einer imaginären Reise, die über Afrika, Kuba und Südostasien (oder auch über die großen Fabriken des Spätkapitalismus) bis nach China geführt hatte, ... akzeptiert man den Gedanken, daß ... schon das Verlangen nach einer mit sich selbst versöhnten Gesellschaft totalitär ist ... Daß es zwar notwendige Auseinandersetzungen gibt, aber keine Endlösungen ... Daß die Idee einer universellen Klasse nicht greift ...« (**Alain Finkielkraut**)

Das Verlangen nach einer mit sich selbst versöhnten Gesellschaft »totalitär« zu nennen, ist keine Beschimpfung. Es drückt vielmehr eine ebenso melancholische wie noch ganz prekäre historische Einsicht aus.

Denn dieses Verlangen ist unverändert stark und populär, im Sinne eines fast allgemeinen spontanen Wunsches. Es ist, weitergedacht, auch intellektuell *beinahe* zwingend. Wo eine Gesellschaft versucht, ihre bisher blind wirkenden zerstörerischen oder ausbeuterischen Tendenzen in den Griff zu bekommen und in produktive Entwicklungspotentiale umzuwandeln, wo es also zum ersten Mal in der Geschichte eine »Wissenschaft von der Gesellschaft« gibt – wie sollte da nicht auf höherer Ebene der alte, Platonische Gedanke einer mit sich selbst versöhnten Gesellschaft gedacht werden?

Hören wir noch einmal Ernst Bloch, dem Philosophen der Hoffnung zu, der in einem Gespräch 1975 grollend über den Zustand der sozialistischen Weltbewegung sagte – und damit eine Richtung wies:

>»So hat man kampflos das alles preisgegeben. Den Nazis preisgeben, was eigentlich kommunistisches Erbgut war. Die Kommunisten haben es freiwillig aufgegeben. Auch die Kategorie ›Führer‹ ... Der ›Führer‹ ist eine kommunistische Parole gewesen. Spartakus ist doch ein Führer gewesen, zum Donnerwetter. Warum läßt man sich das Wort stehlen?«

Und tatsächlich: ist nicht der Gedanke der Demokratie – nämlich der Anerkennung dessen, daß die Interessen, Anschauungen, Lebensziele und Geschmäcker der Menschen ein für allemal *nicht* auf einen Nenner zu bringen sind –, ein viel unbequemerer, unpopulärerer, aber auch intellektuell unbefriedigender Gedanke?!

Positiv ist er ja eigentlich noch kaum gedacht worden. In seiner Logik müßte es zum Beispiel liegen, den Wunsch nach klugen, standhaften *Gegnern* als Inbegriff politischer Kultur zu denken, und zwar nicht etwa aus Edelmut, sondern aus ureigenem Interesse. Offensichtlich ist auch die Realität der bürgerlichen Demokratien (ohne Anführungsstriche) davon sehr weit entfernt. Sie sind ja zunächst nichts anderes als das »blinde« Resultat langer sozialer Kämpfe um Hegemonie, in deren Verlauf die kämpfenden Parteien zur Einsicht genötigt wurden, daß sie sich gegenseitig nicht dauerhaft unterwerfen oder gar vernichten können, also irgendwie miteinander leben müssen.

Zwar ist gerade in den bürgerlichen Demokratien auf relativ undramatische Weise auch das Regime der materiellen Knappheit (Armut) für die überwiegende Mehrzahl der Gesellschaft überwunden worden. Freilich nur, um in neuer Dramatik ein nächstes Problem hervorzubringen: das der Vergeudung der knappen, nicht reproduzierbaren Natur-Ressourcen, einer potentiellen Selbstvergiftung oder sonstigen Selbtauslöschung der Gesellschaft – von der gesteigerten Entfremdung der Menschen in einer restlos menschen-gemachten Welt ganz zu schweigen. Das neue Problem der Ökologie potenziert im übrigen nur das uralte Problem der Ökonomie, des Mangels an Lebensmitteln in der südlichen Hemisphäre der Welt. Und umgekehrt. Kann man es also schlichtweg zurückweisen, wenn ein Rudolf Bahro (und sei es mit sektenhaftem Fanatismus) darauf verweist, daß sich aus den Problemen der Ökologie, des Welthungers und des Rüstungswettlaufs die alten Ur-Anliegen des Sozialismus (d.h. einer im Gesetz und in der Natur *gebundenen* Gesellschaft) mit neuer Plausibilität und Dringlichkeit ergeben?

Nicht so leicht. Es sei denn, man dächte *positiv* darüber nach, ob und wie die alten und neuen Anliegen des Sozialismus vieleicht gerade in einer demokratischen Kultur des Widerspruchs aufgenommen und aufgehoben werden können – *ohne* davon allerdings eine mit sich selbst, geschweige mit der Natur, »versöhnte« Gesellschaft oder gar Menschheit jemals zu erwarten...

Dieser Gedanke einer auf Dauer *unversöhnten* Gesellschaft ist nicht nur weniger glanzvoll. Er ist beinahe – unerträglich. Und so erscheint heute wie gestern, und im Zeichen ökologischer Knappheit und katastrophisch sich türmender Weltprobleme vielleicht stärker denn je, der Gedanke einer aufgeklärten Autokratie, eines guten Führers oder besser noch: einer mütterlich-strengen Führerin, als die eigentliche *Idealform* von vernünftiger Gesellschaft, ja, als die einzige, intellektuell inspirierende und emotional befriedigende Form politischer Verfassung. Wäre Stalin *wirklich* der gewesen, als den ihn Henri Barbusse zum Beispiel besungen hat: »... der väterliche Bruder, der für alle gesorgt hat. Ihr, die ihr ihn nicht gekannt habt – er hat von euch gewußt ... Wer ihr auch seid – der beste Teil eures Geschicks liegt in den Händen jenes ... Mannes, der auch jetzt *für euch* wacht und arbeitet ...« – wäre das denn nicht schön gewesen?!

Es zeigt sich, daß all unser betonter Sarkasmus gegenüber den »GROSSEN GESÄNGEN« nur der Versuch war, uns die Ohren zu verstopfen und an den Mast zu binden; uns hartleibig zu machen gegen das Parfum einer undurchdringlichen, unverändert wirksamen *Verführung*...

# Hinweise zur Literatur / Quellenverzeichnis

Bertolt Brecht, Rote Fastnacht, in: Gesammelte Werke in 8 Bde. (GW), Suppl. Bd. 2 (Gedichte aus dem Nachlaß)

## Einleitung

Stephan Hermlin, Leben in Deutschland, in: Ders., Traum der Gemeinsamkeit. Ein Lesebuch, Berlin 1985, S. 164/65, 158 ● Bertolt Brecht, Zum Tod Stalins, in: GW Bd. VIII, S. 881 ● B. Brecht, Über die Kritik an Stalin, ebd., S. 881/82 ● Manès Sperber, Taten der Gewalt, in: Ders., Sieben Fragen zur Gewalt, München 1978, S. 32.

## Helden des Oktober

Maxim Gorki, Unzeitgemäße Gedanken über Kultur und Revolution, Frankfurt 1974 ● Wladimir Majakowski, 150 Millionen, Nachd. v. Joh. R. Becher, Berlin 1924/Königstein 1981 ● Sergej Jessenin, Inonien, in: Gedichte, Leipzig 1975 ● Alexander Block, Die Zwölf, in: Kreuzwege. Gedichte und Poeme, München 1978 ● Franz Werfel, Revolutionsaufruf, in: Kameraden der Menschheit. Dichtungen zur Weltrevolution, hrsg. von A. Rubiner, Leipzig 1919 / Stuttgart 1979 ● Johannes R. Becher, Little Lunch, zit.a. Jürgen Rühle, Literatur und Revolution, München-Zürich 1963, S. 220/21 ● Ders., Gruß des Deutschen Dichters ..., in: Kameraden d. Menschheit, a.a.O. ● Ders., Hymne auf Rosa Luxemburg, ebenda ● Mark Etkind, Nathan Altman, Dresden 1984, S. 61 ff. ● Maxim Gorki, Lenin (Kommunistische Internationale Nr. 12/1920), zit.a. Bertram D. Wolfe, Brücke und Abgrund – Lenin und Gorki, Wien 1970; vgl. Marietta Schagimjan, Weihnachten in Sorrent, S. 65 ff. ● Herbert G. Wells, Russia in the shadows, London 1920 ● Bertrand Russell, Aus dem bolschewistischen Rußland, zit.a. Freibeuter H. 18/1983, vgl. Ders., Autobiographie II, 1914–1944, Frankfurt 1973 ● Franz Kalka an Milena, zit.a. Freibeuter, a.a.O. ● John Reed, Zehn Tage, die die Welt erschütterten, Berlin 1957 ● Thomas Mann, zit.a. Guenter Caspar (Hrsg.), Er rührte an dem Schlaf der Welt – Lenin im Werk deutscher Schriftsteller, Berlin 1954 ● Alfred Kerr, ebenda ● Heinrich Mann, zit.a. A. Kantorowicz, Der Einfluß der Oktoberrevolution auf Heinrich Manns Entwicklung, in: Neue Deutsche Literatur, Sonderheft Nov. 1952 ● Maxim Gorki, Nachruf auf Lenin 1924, zit.a. Bertram D. Wolfe, a.a.O. ● Maxim Gorki, Wladimir Iljitsch Lenin (Tage mit Lenin, 1930), in: Gorki, Literarische Portraits, Berlin-Weimar 1979

## Der Hüter des Planes

Leo Trotzki, Mein Leben. Versuch einer Autobiographie, Frankfurt 1974, S. 396, 438 f. ● Walter Benjamin, Moskauer Tagebuch, Frankfurt 1980, S. 75, 95/96, 107 ● Wladimir Majakowski, Wladimir Iljitsch Lenin, in: Werke, Bd. 2: Poeme, Frankfurt 1973 ● Ders., Lied der Komsomolzen, Nachd. v. Paul Wiens, in: Und danken wir ihnen das lichte Jahrtausend. W.I. Lenin und J.W. Stalin im Werk sowjet. Schriftsteller, Berlin 1955 ● Ders., Nach Hause, in: Werke, Bd. 1: Gedichte, a.a.O. ● Heinrich Vogeler, Reise durch Rußland. Die Geburt des neuen Menschen, Dresden 1925 / Wismar 1974, S. 61 ● Käthe Kollwitz, zit.a. G. Schmolze, Zurück aus der Sowjetunion, in: Radikale Touristen, hrsg. v. G.K. Kaltenbrunner, München 1975, S. 28 ff. ● Armin T. Wegner, ebenda, S. 116 ff. ● Joh. R. Becher, Ein Name bisher nicht genannt (aus: Der Große Plan), in: Günter Caspar (Hrsg.), Die Welt im Licht. J.W. Stalin im Werk deutscher Schriftsteller, Berlin 1954 ● Ezra Pound, zit.a. Daniel Aaron, Writers in the left, N.Y. 1969, S. 132 (eigene Übers.) ● Ernst Niekisch (»Spectator«), Stalin, in: Widerstand Jg. 1931, H.9 ● George Bernard Shaw, The Rationalization of Russia, Bloomington, Indiana, S. 75 ff. (eigene Übers.) ● Herbert G. Wells, Gespräch mit Stalin, in: J.W. Stalin, Werke Bd. 14, Dortmund 1976 ● H.G. Wells, Experiment in Autobiography, N.Y. 1934, S. 689 (eigene Übers.) ● Theodore Dreiser, Dreiser looks at Russia, N.Y. 1928, zit.a. Paul Hollander, Political Pilgrims, N.Y.-Oxford 1981. S. 113 (eigene Übers.) ● J. Meynard Keynes, in: Stalin-Wells Talk. The Verbatim Record and A Discussion by G.B. Shaw, H.G. Wells, J.M. Keynes, Ernst Toller and others, London 1934, S. 35/36 (eigene Übers.) ● André Gide, Tagebuch 1889–1939, Bd. III, Stuttgart 1954 ● Ilja Ehrenburg, Menschen, Jahre, Leben,

Bd. II, Berlin 1978, S. 285 ff. ● Maxim Gorki, J.W. Stalin (1934), in: Gorki – Ein Lesebuch für unsere Zeit, hrsg. von H. Müller-Muck, Weimar 1953, S. 441.


# Der Herr des Morgengrauens

Henri Barbusse – Kämpfer für Frieden und Freiheit, aus: Börsenblatt f.d. Deutschen Buchhandel Nr. 20/1953 ● Henri Barbusse, Stalin – Eine neue Welt, Paris 1935 ● Halldor Laxness, Zeit zu schreiben. Erlebnisse und Erfahrungen, Frankfurt 1980, S. 201 ff. ● Dschambul, Mein Stalin, Dir sing ich mein Lied, in: Und danken wir ihnen ..., a.a.O. ● Effendi Kapijew, Suleijman der Dichter, Berlin 1952, S. 352 ● Romain Rolland, Briefe an Gorki und Stalin, zit.a. La nouvelle critique, Numéro hors Série, 1953 (eigene Übers.) ● Heinrich Mann, Die verwirklichte Idee, in: Internat. Literatur, Moskau 1937, zit.a. Die Welt im Licht ..., a.a.O., S. 90 ● Sidney und Beatrice Webb, The Truth about Soviet Russia, with a Preface by Bernard Shaw, London-N.Y.-Toronto 1942 (überarbeitete Fassung der Einleitung zur Neuherausgabe von: Soviet Communism – A New Civilisation, 1941) ● André Gide, Zurück aus Sowjet-Rußland, Zürich 1937, S. 69 ff. ● Lion Feuchtwanger, Moskau 1937. Ein Reisebericht für meine Freunde, Amsterdam 1937 ● Ernst Bloch, Kritik einer Prozeßkritik. Hypnose, Mescalin und Wirklichkeit, in: Ernst Bloch, Vom Hasard zur Katastrophe. Politische Aufsätze aus den Jahren 1934–1939, Frankfurt 1972 ● Ders., Feuchtwangers ›Moskau 1937‹, ebenda ● Nikolaj Bucharin, Schlußwort vom 12. März 1938, in: Die Moskauer Schauprozesse 1936–1938, hrsg. von Theo Pirker, München 1963 ● Alice Rühle-Gerstel, Kein Gedicht für Trotzki. Tagebuchaufzeichnungen aus Mexico, Frankfurt 1979, S. 13 ff., 36 ● »Offener Brief an die amerikanischen Liberalen« u.a. Dokumente in: Eugene Lyons, The red Decade, N.Y. 1970 ● Gesang der Ehefrauen der Verhafteten, zit.a. Roy A. Medwedew, Die Wahrheit ist unsere Stärke. Geschichte und Folgen des Stalinismus, Frankfurt 1973, S. 464 ● Bruno Jaśienski, Das Lied von Jakub Schele, zit.a. Medwedew, a.a.O., S. 259 ● Ossip Mandelstam, Wir lebten, unter uns das Land nicht kennend (Schmähgedicht gegen Stalin), in: Nadeshda Mandelstam, Das Jahrhundert der Wölfe. Eine Autobiographie, Frankfurt 1974, S. 459; darin auch das Kapitel »Die Ode«, S. 230 ff. ● Bertolt Brecht, Über die Moskauer Prozesse; und: Voraussetzungen über die Führung einer auf soziale Umgestaltung gerichteten Bewegung, in: GW Bd. VIII, S. 667 ff. ● Ders., Ansprache eines Bauern an seinen Ochsen; Kantate zu Lenins Todestag; Der Große Oktober, in: Die Gedichte von Bertolt Brecht in einem Band, Frankfurt 1981 ● Ders., Arbeitsjournal, hrsg. v. Werner Hecht, Frankfurt 1973, S. 41, 74 ● Erich Weinert, im Kreml brennt noch Licht, in: Die Welt im Licht, a.a.O.


# Vater der Völker

Peter Pawlenko, Im Osten, zit.a. Michail Heller, Geschichte der Sowjetunion, Bd. 1: 1914–1939, Frankfurt 1985, S. 287 ● Kraskin über Stalins Frontbesuche, zit.a. J. Fishman / J.B. Hutton, Das Privatleben des Josef Stalin, München 1968, S. 12 ● Julius Hay, Geboren 1900. Aufzeichnungen eines Revolutionärs – Autobiographie, München 1980, S. 240 ● Georgi K. Schukow, Stuttgart 1969, S. 353 ● Hitler-Monologe, zit.a. Alexander Kluge, Schlachtbeschreibung, München 1978, S. 234 ff. und: Marianne Feuchtwanger, Mein Kriegstagebuch. Führerhauptquartier und Berliner Wirklichkeit, Freiburg 1982, S. 96 ● Alexej Tolstoj, Brot, Und danken wird ihnen ..., a.a.O. ● Nicolás Guillén, Ein Lied auf Stalin, Nachd. v. Erich Arendt, in: Bitter schmeckt das Zuckerrohr. Gedichte von den Antillen, Berlin 1952 ● Erich Weinert, Stalin spricht, in: Ders., Kapitel II der Weltgeschichte, Berlin 1954 ● Emil Ludwig, Stalin, Zürich 1954, S. 92 f., 103 ff., 109 ff., 128 f., 133, 188 f. ● Gesandter Davies an seine Tochter, zit.a. Die neue Gesellschaft, H. 12/1949 ● US-Vizepräsident Wallace, Prof. Owen Lattimore in Magadan/Kolyma, zit.a. P. Hollander, Political Pilgrims, a.a.O., S. 156 ff. (eigene Übers.) ● Hewlett Johnson, Dekan von Canterbury, zit.a. ebd., S. 126, 172 (eigene Übers.) ● Emil Ludwig, Epilog 1945, in: Stalin, a.a.O., S. 195 ff.


# Der große Kolonisator

Michail Scholochow, Der Vater aller Werktätigen, in: Sowjetliteratur Jg. 1950, H. 1 ● Michail Issakowski, Ein Wort an Genossen Stalin, in: Und danken wir ihnen ..., a.a.O. ● Nikolaj Gribatschow, Kreml. An Stalin, in: ebenda ● Julian Twim, Ex oriente, in: Polnische Lyrik, Wien 1953 ● Wladyslaw Broniewski, Lied von Stalin, in: Polnische Lyrik, Berlin 1953 ● J. Stalin, Kurze Lebensbeschreibung, Singen 1947; vgl. Chruschtschows ›Geheimrede‹ vom 25. Februar 1956, zit.a. Entstalinisierung. Der XX. Parteitag der KPdSU und seine Folgen, hrsg. v. R. Crusius / M. Wilke, Frankfurt 1977, S. 527 ff. ●

214

Dimitri Schostakowitsch, Unschätzbare Hilfe, in: Sowjetliteratur Jg. 1950, H. 4 • Walter Hollitscher, Der Begriff der Entwicklung, in: Aufbau Jg. 1949, H. 12 • Peter Pawlenko, Das Glück, zit.a. Die neue Gesellschaft Jg. 1949, H. 12 • Bertolt Brecht, Die Erziehung der Hirse, in: Die Gedichte von B. Brecht in einem Band, a.a.O. • Elena Katerlis, Die Stoscharows, zit.a. Richard Sennett, Autorität, Frankfurt 1986, S. 91/92 • Ilja Ehrenburg, Hohe Gefühle, in: Sowjetliteratur, Jg. 1950, H. 1 • Jorge Semprun, Federico Sanchez. Eine Autobiographie, Frankfurt-Berlin-Wien 1981, S. 18 ff. • Vitezlav Nezval, Ich singe den Frieden, Nachd. v. Kuba, Berlin 1951 • Milovan Djilas, Tito, Wien-München-Zürich-N.Y. 1980, S. 122 ff. • Leitartikel ›Szabad Nép‹, Budapest, zit.a. Béla Szász, Freiwillige für den Galgen. Die Geschichte eines Schauprozesses, Nördlingen 1986, S. 105 ff. • Kuba, Kantate auf Stalin, in: Die Welt im Licht, a.a.O. • Stephan Hermlin, Stalin, in: Aufbau, Jg. 1949, H. 12 • Arnold Zweig, Stalins Größe, in: Die Welt im Licht, a.a.O. • Heinrich Mann, Die Züge des Berufenen, in: Die Welt im Licht, a.a.O. • G.B. Shaw, Interview zum 70. Geb. Stalins in der polnischen Zeitschrift ›Odrodzenie‹, zit.a. Börsenblatt f.d. Deutschen Buchhandel, Leipzig, Jg. 1950, Nr. 46 • Begrüßungsschreiben der Sowjetschriftsteller zu Stalins 70. Geb., in: Sowjetliteratur Jg. 1950, H. 1 • Wera Inber, Geschenke an Stalin, in: Neue Zeit, Jg. 1949, H. 51 • Jürgen Kuczynski, Wendepunkt in der Geschichte Europas – Stalins historisches Telegramm an den Präsidenten u. Ministerpräsidenten der DDR. Ein Kommentar, in: Die neue Gesellschaft, Jg. 1950, H. 3 • Ernst Niekisch, Revolutionärer Realismus, ebd., Jg. 1949, H. 49

## Herr des Friedens und der Hirse

Bertolt Brecht, Herrnburger Bericht, in: GW, Suppl. Bd. 2, a.a.O. • Das Deutsche Nationalprogramm auf d. Weltjugendfestspielen in Berlin, zit.a. Börsenblatt f.d. Deutschen Buchhandel, Jg. 1951, Nr. 33 • Das junge Deutschland grüßt Stalin, ebd., Nr. 34 • Die Stimme koreanischer Dichter, übers. von Karl Dedecius, ebd., Nr. 28 • Marceli Ranicki, Erich Weinert – Dichter des deutschen Volkes, in: Sinn und Form, Jg. 1953, H. 1 • Günter Kunert, Der Übergang über den Yalu-Fluß, in: Neue Deutsche Literatur, Jg. 1953, H. 9 • Mao Tse-tung, Schnee, in: F.C. Weiskopf, Gesang der Gelben Erde, Berlin 1951 • Rudolf Leonhard, Ballade vom Tage des Mao Tse Tung, in: Weltbühne, Jg. 1950, H. 39 • Louis Aragon, Il revient, in: L'Oeuvre poétique, Tome XI, Paris 1980 • Paul Eluard, Staline, in: Poèmes pour tous 1917–1952, Paris 1952 • Martin Andersen Nexö, Zitate aus: Das Wort, Moskau, Jg. 1937, H. 3; Erinnerungen, Berlin 1953, S. 339 f., 347; Die rote Fahne. Reden und Aufsätze, Berlin 1957, S. 369, 388 • Arnold Zweig, Die Kränze des Friedens. Zur Verleihung des Stalinpreises 1953, in: Aufbau, Jg. 1953, H. 4 • Jorge Amado, Die Welt des Friedens, zit.a. Börsenblatt f.d. Deutschen Buchhandel, Jg. 1952, Nr. 4, 21, 49 • Pablo Neruda, Ich bekenne, ich habe gelebt, Darmstadt-Neuwied 1974 • Stephan Hermlin, Der Flug der Taube, Berlin 1952 • Pablo Neruda, Der Grosse Gesang – Canto General, Nachd. von Erich Arendt, Berlin 1953, S. 393/94 • Pablo Neruda, Die Trauben und der Wind, Nachd. von Erich Arendt, Berlin 1955, S. 135–143

## Personen, Unpersonen

Swetlana Allilujewa, Zwanzig Briefe an einen Freund, Wien 1967, S. 24/25, S. 274 ff. • Roy A. Medwedew, Die Wahrheit ist unsere Stärke, a.a.O., S. 618 • Anna Seghers, Brecht, Huchel, Renn u.a. zum Tode Stalins; Beileidsschreiben der Akademie der Künste, in: Aufbau, Jg. 1953, H. 4 • Kuba, 5. März 1953, 21.50 Uhr, ebenda • Stephan Hermlin, Das Abbild der Hoffnungen, in: Die Welt im Licht, a.a.O. • Arnold Zweig, Totenrede auf J.W. Stalin, ebenda • Joh. R. Becher, Danksagung, ebenda • Dokumentation der Debatte um das Picasso-Portrait in: Louis Aragon, Oeuvre poétique, T. XI, a.a.O., S. 472 ff. • Ilja Ehrenburg, Der große Beschützer des Friedens, zit.a. Börsenblatt f.d. Deutschen Buchhandel, Jg. 53, Nr. 12 • Alexander Twardowski, Unsere Stütze – die Partei, in: Sowjetliteratur Jg. 1953, H. 4 • Alexander Fadejew, Es lebe und siege die Sache Stalins!, ebenda • Anonymes Lagerlied über Stalin, zit.a. Mihajlo Mihajlov, Moskauer Tagebuch, 1963, S. 45 • Stefan Heym, Keine Angst vor Rußlands Bären. Neugierige Fragen und offene Antworten über die Sowjetunion, Düsseldorf 1955, S. 138 ff., S. 58 ff. • Ernst Bloch, Über die Bedeutung des XX. Parteitages, in: Entstalinisierung, a.a.O., S. 423 ff. • Bertolt Brecht, Lehrer, Lerne! Lehre, Lernender!, in: GW, Suppl.Bd. 2, a.a.O., S. 435 ff. • Stephan Hermlin, Epilog 1956 zu dem Stalin-Gedicht (1949); Brief in eigener Sache in: Sonntag, 1. April, 6. Mai 1956 • Joh. R. Becher, Das poetische Prinzipt, zit.a. Jürgen Rühle, Literatur und Revolution, a.a.O., S. 224 • Ders., Sonett ›Das Unerklärliche‹, zit.a. ebd., S. 230 • Stellungnahmen zu Ungarn von A. Seghers, E. Bloch, Günter Kunert, Stephan Hermlin, in: Sonntag, 4. November 1956 • Louis Fürnberg, Weltliche Hymne, zit.a. Lothar v. Balluseck, Dichter im Dienst, Wiesbaden 1956, S. 173 • Curzio Malaparte, In Rußland und in China, Karlsruhe 1959, S. 28, 42 ff., 30 f. • Jewgenij Jewtuschenko, Stalins Erben, zit.a. Entstalinisierung, a.a.O., S. 46/47 • Alexander Twardowski, Ferne über Fernen, zit.a. Wolfgang Kasack, Die russische Literatur 1945–1982, München 1983, S. 22/23; vgl. auch Alexander Solschenizyn, Die Eiche und das Kalb, Reinbek 1978, S. 22

# Sonnenkult des großen Steuermannes

Mao Zitate, aus: Helmut Martin, Stalin, Revisionisten und die maoistische Strategie der KP Chinas, in: Entstalinisierung, a.a.O., S. S. 196 ff. ● Hewlett Johnson, Dekan von Canterbury, The upsurge of China, zit.a. P. Hollander, Political Pilgrims, a.a.O., S. 228/29, 230/31 (eigene Übers.) ● Simone de Beauvoir, China – Das weitgesteckte Ziel, Reinbek 1960, S. 114 ff., 376 ff., 420 ff., 491 ● Jean-Paul Sartre, Die Kommunisten und der Frieden, in: Ders., Krieg im Frieden 1 – Artikel, Aufrufe, Pamphlete 1948–1954, hrsg. von Traugott König, Reinbek 1982 – Maurice Merleau-Ponty, Sartre und der Ultra-Bolschewismus, in: Ders., Die Abenteuer der Dialektik, Frankfurt 1968 ● Simone de Beauvoir, Alles in Allem, Reinbek 1974, S. 417 ff. ● Lied vom Steuermann: Arie vom Tigerberg, zit.a. Klaus Mehnert, China nach dem Sturm, München 1973, S. 321, 334/35 ● Alain Peyrefitte, Wenn sich China erhebt ..., Reinbek 1976, S. 66 ff. 275, 281 ● Klaus Mehnert, China nach dem Sturm, a.a.O., S. 224 ● David Rockefeller, zit.a. P. Hollander, Political Pilgrims, a.a.O., S. 294 (eigene Übers.) ● Maria Antonietta Macchiochi, zit.a. H.M. Enzensberger, Revolutions-Tourismus, in: Ders., Palaver. Politische Überlegungen, Frankfurt 1974, S. 158 ● Edgar Snow, Gespräch mit Mao Tse-tung, zit.a. K. Mehnert, China nach dem Sturm, a.a.O., S. 221 ff.

# Die unsichtbare Kirche

Hans Egon Holthusen, Ché Guevara – Leben, Tod und Verklärung, in: Merkur Jg. 1969, H. 11 ● Ernesto Ché Guevara, Brandstiftung oder Neuer Friede? Hrsg. von Sven G. Papcke, Reinbek 1969, S. 160 ● H.M. Enzensberger, Bildnis einer Partei – Vorgeschichte, Struktur und Ideologie der PCC (KP Kubas), in: Palaver, a.a.O. ● Sartre on Cuba, N.Y. 1961, zit.a. P. Hollander, Political Pilgrims, a.a.O., S. 237 ● Paul Sweezy, Julius Lester, Ernesto Cardenal, Abbie Hoffmann, Norman Mailer, René Dumont zit.a. ebd., S. 236 ff. (eigene Übers.) ● Heberto Padilla, Außerhalb des Spiels (Gedichte), mit einem Nachwort von Günther Maschke, Frankfurt 1971 ● J.P. Sartre, Der Intellektuelle und die Revolution, Neuwied-Berlin 1971, S. 11 ff. ● Horst Kurnitzky, Chollima Korea: Ein Besuch im Jahre 23, in: Kursbuch 30, 1972 ● Luise Rinser, Nordkoreanisches Tagebuch, Frankfurt 1981, S. 14, 142 f. ● »Er macht Bomben aus einem Zweig«, Stefan Simons über Nordkorea, in: Der Spiegel Jg. 1986, Nr. 52 ● Joseph Roth, Artikel über Albanien – Geschrieben an einem heißen Tag, in: Ders., Panoptikum. Gestalten und Kulissen, Köln 1983 ● »Du bist zu groß für ein so kleines Volk«, Spiegel-Report über Ceaucescu und sein Land, in: Der Spiegel Jg. 1986, Nr. 49 ● Teodor Bratu, Der neue Mensch, das ist Er!, zit.a. Cather Jarim, Nicolae I., Kaiser von Rumänien, Pflasterstrand Nr. 195, 1985 ● Anton Antonow-Owssejenko, Stalin. Portrait einer Tyrannei, München-Zürich 1984, S. 414 ff. ● »Es tut sich wirklich entscheidend Neues«. Deutsche-Bank-Sprecher Friedrich Wilhelm Christians über den Moskauer Frühling und die deutsche Wirtschaft, in: Der Spiegel Jg. 1987, Nr. 9 ● Rudolf Bahro, Il Principe, in: die Tageszeitung, 14.2.87 ● Ders., An Denselben, in: ... die nicht mit den Wölfen heulen. Das Beispiel Beethoven und sieben Gedichte, Köln-Frankfurt 1979 ● Alain Finkielkraut, Der eingebildete Jude, Frankfurt 1984, S. 133 ● Revolution der Utopie. Texte von und über Ernst Bloch, hrsg. von Helmut Reinicke, Frankfurt-New York 1979, S. 89

# Register

## Die Scarabäus-Bücher bei Eichborn

»Mäßige Abweichung vom humanen Geschmack gilt als anstößig – größere als pervers.
Hyänen und Geiern ist die Witterung des Aases, Scarabäus der Kot angenehm. Sie alle sind nützliche Tiere, Abräumer.« (Ernst Jünger)
Scarabäus heißt der von den alten Ägyptern als heilig verehrte »Pillendreher«. In seiner Mistkugelproduktion ist das keimende Leben der nächsten Käfer-Generation verborgen. Die Buchreihe »Scarabäus bei Eichborn« macht das »Mistkäfer-Prinzip« auf dem Feld des Geistes fruchtbar. Im Dunkeln, im »Fallengelassenen« brüten die Gedanken von morgen. Unter den Übersehenen, scheinbar »abseitigen« Themen sind die Themen, die uns bald packen werden. Dafür lohnt es sich, die Hinterlassenschaften dessen, was in Vergangenheit und Gegenwart sich groß und mächtig gespreizt hat, bis es unter dem Pusten irgendeines Zeitgeists in die Tiefe gefallen ist, genau zu inspizieren.
Für die vergangenen beiden Jahrzehnte war das Thema »Mythos« abseitiger Geschichtsmüll, in dem Fachleute, Ewiggestrige und Esoteriker herumstocherten. Seit der »Fortschritt« langsamer tritt, steht das Verhältnis von Mythos und Moderne wieder auf der Tagesordnung. Die Wellen von kollektiver Angst, die in den letzten Jahren besonders auch die sich einst als »progressiv« Deklarierenden erschüttert haben, sind noch lange nicht verebbt. Sie haben im Saldo zu einer Aufwertung des Religiösen, sogar zur wachsenden Reputation der offiziellen Kirchen geführt. Sie haben die Sehnsucht nach harmonischer Gemeinschaft, nach der Gewißheit spendenden überschaubaren Ordnung geweckt.
Man kann solche Bedürfnisse als Bestätigung für die immergültige Wahrheit der Institutionen und Ideologien, von Staat und Religion lesen. Man kann sie aber auch als ewigen Nährboden von Unmündigkeit, Sehnsucht nach Verantwortungslosigkeit und Angst vor der Freiheit interpretieren, gegen die jede neue Generation aufs neue zum Kampf anzutreten hat.
In der Scarabäus-Reihe kommen Positionen zu Wort, die da NEIN sagen, wo hohe Gefühle beschworen, Harmonie gestiftet und die Macht der großen Mehrheit in Bewegung gesetzt wird.
Die katholische Kirche hat bei ihren Heiligsprechungsverfahren einen Anwalt, den »advocatus diaboli«, der alle Einwände gegen den in Frage stehenden Kandidaten sammelt. Ist sein Material überzeugend, fällt der vorgeschlagene Heilige durch. Die Bücher der Scarabäus-Reihe haben eins gemeinsam: Sie versuchen allen verordneten Wahrheiten und einlullenden Majoritätshymnen den Part des »advocatus diaboli« zu halten.

# Die Titel der Scarabäus-Reihe:

Matthias Beltz: **Schwarze Politik.** Pamphlet gegen die öffentlichen Harmoniestifter. Frz. Broschur, 112 Seiten. 20,— DM

Gerd Koenen: **Die großen Gesänge.** Lenin, Stalin, Mao, Castro ... Sozialistischer Personenkult und seine Sänger von Gorki bis Brecht – von Aragon bis Neruda. 224 Seiten. Frz. Broschur, 28,— DM

Norbert Seitz: **Bananenrepublik und Gurkentruppe.** Die nahtlose Übereinstimmung von Fußball und Politik. 1954–1987. 144 Seiten. Frz. Broschur, 22,— DM

## Und im Herbst:

Josef Dvorak: **Satanismus.** Eine Religion des Lebens. 128 Seiten. Frz. Broschur, 20,— DM

Taygun Nowbary: **Glück ist keine Utopie.** Die 2500jährige Suche nach der harmonischen Gemeinschaft. 128 Seiten. Frz. Broschur, 20,— DM

Jochen Köhler: **Das Gewitter der Freiheit.** 1789: Ein 200jähriges Erbe. 144 Seiten. Frz. Broschur, 22,— DM

Hermann Rotermund: **Heldinnen.** Ein Roman. 160 Seiten. Frz. Broschur, 24,80 DM

Hansi Linthaler/Antonio Fian: **Der Alpenförster.** Aufwühlende Bildgeschichten über Liebesgewalt, Herzenstreue und Schicksalsmacht. 96 Seiten. Frz. Broschur, 16,80 DM

Albert Sellner: **Die befremdlichen Heiligen.** Ein immerwährendes Kalendarium mit abartigen, absurden, aufwühlenden, blutigen, einfältigen, erschütternden, fröhlichen, grausamen, grotesken, herzzerbrechenden, humorvollen, mysteriösen, perversen, rührenden, traurigen, unerhörten, unkeuschen, wunderreichen, zeitvertreibenden Legenden. 400 Seiten. Hardcover, 38,— DM